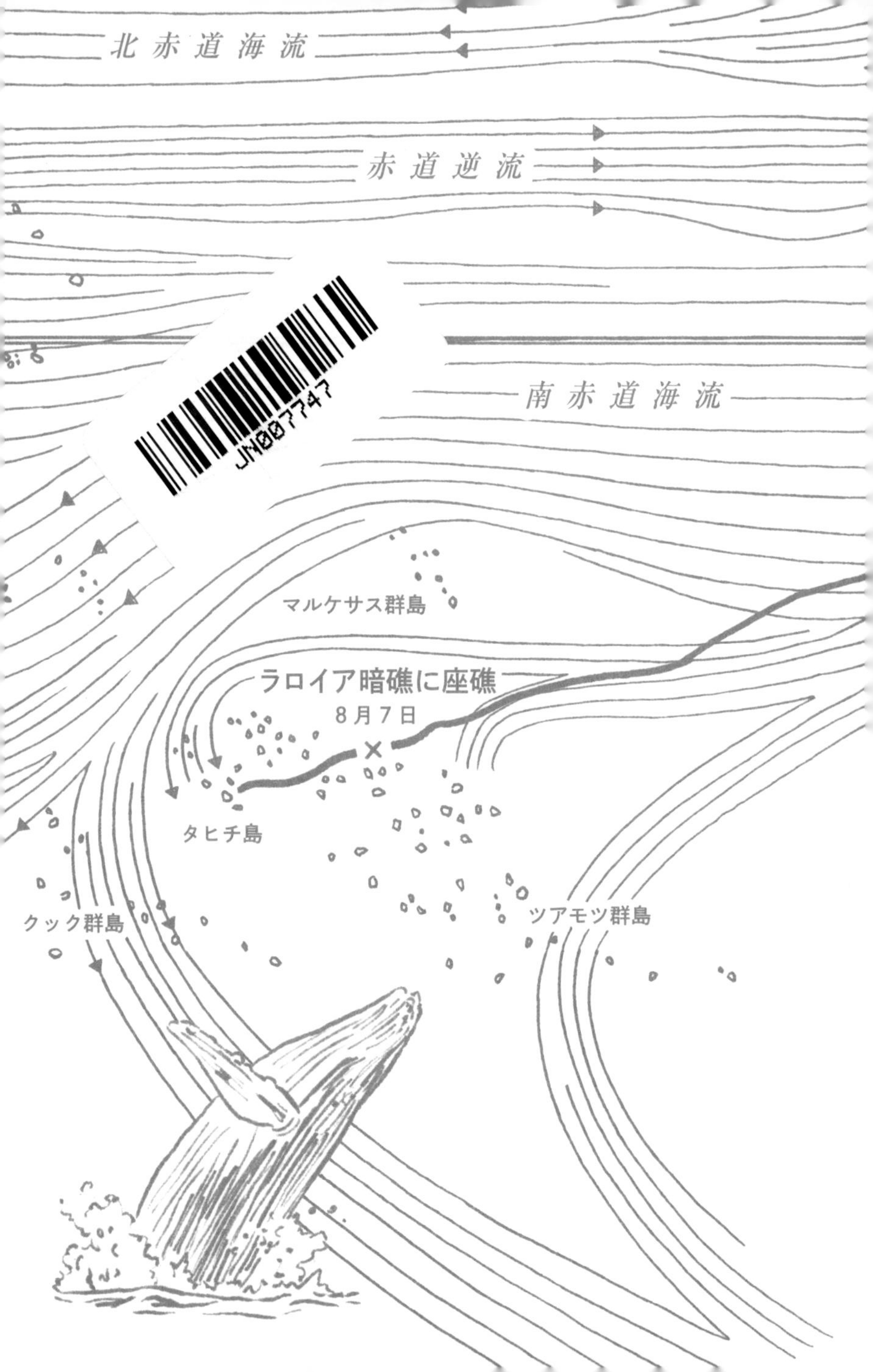
北赤道海流
赤道逆流
南赤道海流
マルケサス群島
ラロイア暗礁に座礁
8月7日
タヒチ島
クック群島
ツアモツ群島

世界探検全集一14

コン・ティキ号探検記

Kon-Tiki Ekspedisjonen

Thor Heyerdahl

トール・ヘイエルダール

水口志計夫 訳

河出書房新社

①順風満帆、フンボルト海流に乗って一路西へ向かうコン・ティキ号。外洋で激しい嵐に襲われたり、ラロイア礁での座礁の際に海水をかぶったりで、すべての写真が一時はその現像さえ危ぶまれた。

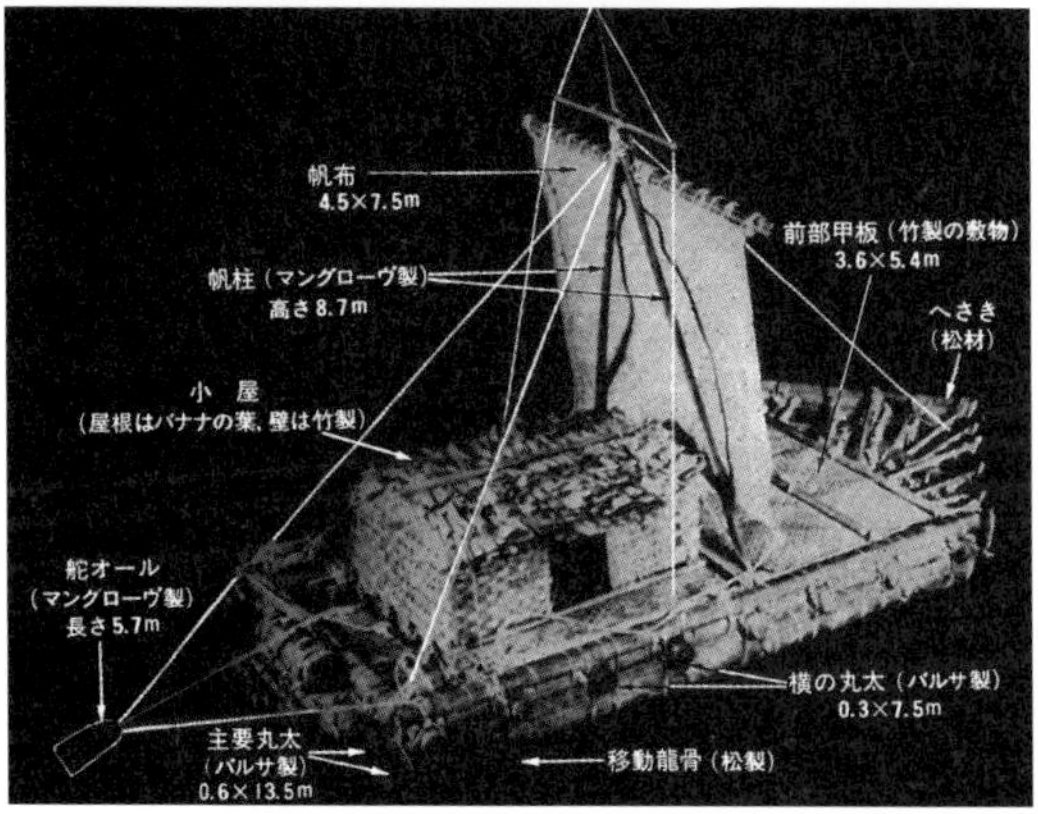

②コン・ティキ号遠征隊の陣容。左からクヌート・ハウグランド、ベングト・ダニエルソン、著者、エリック・ヘッセルベルグ、トルステイン・ロービー、ヘルマン・ワッツィンゲル（上）。③コン・ティキ号の各部位（下）。

④舵オールを握る船長。速い潮流の中で進路を定めることは極めて困難であった。2時間交替で舵オールを握りつづけた（左）。　⑤船上にサメを引きあげる（中）。　⑥毎日位置を測定し、海図上に進路を記入する（右）。

⑦風の測定をするワッツィンゲル。このようにして一日に何度か観測をした（左）。　⑧魚の訪問。積みこんだ果物がなくなるまえに新鮮な魚がとびこんできた（中）。　⑨炊事。箱の中のこんろで煮炊きした（右）。

⑩微風と熱帯の暑さ。熱帯の暑さは苦にならなかった。穏やかな風の日には、ゴム・ボートに乗って遠出した。

⑪途の半ばにて。いちばん近い陸地からでも2000海里という地点で、コン・ティキ号の中央に立ち太陽の高度を測定するヘッセルベルグ。

ナビゲーション

漂流と航海

絲山秋子

一九四七年四月二八日、ペルーの首都リマに近いカヤオ港から木製の筏が出航しました。乗り組んだのはこの本の著者であるトール・ヘイエルダールと五人の男たちです。

インカ時代に作られたものを忠実に再現した筏は、インカの太陽神をあらわす「コン・ティキ」と命名されました。バルサ材の巨大な丸太を麻の綱で結びつけ、竹を割った板で甲板が敷かれています。その上に竹を編んだ壁と、バナナの葉で葺いた屋根を持つ小屋が設置されています。マングローヴの木で作られた帆柱には大きな横長の帆がかけられ、中心には顎ひげが印象的なコン・ティキの姿が描かれています。くぎや金属材は一切使われていません。

コン・ティキ号はどのくらいの大きさだったのでしょうか。

図面によると筏の最長部は一五メートル、幅は七・五メートルです。ちょうど大型バス（全長一二メートル、車幅二・五メートル）を三台並べてその前に軽自動車をぴったりくっつけたくらいの大きさです。帆柱の高さは八・七メートルですのでバスの高さの二倍以上あります。

コン・ティキ号の航海の目的は、冒険心を満たすためでもお金儲けのためでもありません。インカ帝国以前に南米に住んでいた人々が太平洋を渡ってポリネシアの島々の最初の住民となった、というヘイエルダール自身の学説を実証するために行なわれました。一九四五年、第二次世界大戦が終結すると彼はアメリカに渡り、精力的に準備を進めます。装備や食糧を供給してくれる協力者を獲得し、筏の乗員を探します。候補となる人に向けて、ヘイエルダールはこんな手紙を書きました。

「南海の島々にペルーから人が渡ったという学説を支持するために、木の筏に乗って太平洋を横断しようと思います。来ませんか。ペルーへ行き、南海の島々へ行き、帰って来る、ロハの旅行の他は何も保証しません。そして貴兄は航海で技術的な能力を活用することができるでしょう。至急ご返事をお待ちしております」

こうして機械技師であるヘルマン・ワッツィンゲル、無線技師であるクヌート・ハウグランドとトルステイン・ロービー、商船学校出身の画家でギターも弾くエリック・ヘッセルベルグ、そしてアマゾンでの探検を終えたばかりのスウェーデン人の科学者ベングト・ダニエルソンが筏に乗り組むことになりました。

出航予定までは間がありません。南米に渡ったヘイエルダールは筏の材料となる、世界で最も軽い木材であるバルサ材をジャングルの奥地まで行って伐採し、ペルーの海軍工廠の敷地で筏を作り始めます。


コン・ティキ号が目指すのはポリネシアの島々で、南太平洋を横断する航海は八〇〇〇キロにも及ぶものとなりました。八〇〇〇キロという距離はどのくらいのものなのか、いくつかものさしとなる例を挙げますと、日本列島の北海道から沖縄までの距離が約三〇〇〇キロです。東京からハワイのホノルルまでは六一四二キロ、オーストラリアのキャンベラまでは七九四六キロ、アメリカ西海岸のサンフランシスコまでは八二六九キロとなっています。

コン・ティキ号は、当初に見積もった通りの九七日目にフランス領ポリネシアのツアモツ群島に属するプカ・プカ島沖を通過、一〇二日目の八月七日にラロイア暗礁に到着します。

単純に比較するわけにはいきませんが、ヨットでの太平洋横断を調べてみると日本の海洋冒険家である堀江謙一氏は、一九六二年には九四日間で、二〇二二年には六九日間で到着しています。コン・

ティキ号の速度はなかなかのものだと思います。

なぜか。

貿易風と赤道海流が筏を運んだからです。

もちろんヘイエルダールたちも、遠い昔に筏に乗っていた南米の人たちもそのことを知っていたのです。


この本は「漂流記」として紹介されることもあります。たしかにコン・ティキ号にエンジンなどの動力はありません。操縦のための装置としてモミの板で作られた垂下竜骨とマングローヴの木で作られた舵オール、そして大きな帆がありますが、基本的には潮流と風がコン・ティキ号を運んでいくのです。ですから「漂い、流れる」という意味の「漂流」という言葉の選択は間違っていません。しかし、「漂流記」と題される書物の多くは、船の破損や、航路から外れることによって遭難し、本来の航海の目的を果たすどころかまったく先が読めない状態から救出されるまでのサバイバルを描いています。コン・ティキ号の場合は、（それが奇抜なものだと思われていたかどうかは別として）、学説があり、計画と準備があり、無線機器を積んで交信し、ほぼ見込み通りの日数で乗員全員が目的地に到着したわけです。変わったかたちではありますが、これは学術調査のための「航海」なのです。

コン・ティキ号は太平洋横断に成功しましたが、ヘイエルダールによる南米からポリネシアに最初の住民が渡ったという学説は現在、正しいものとはされていません。けれども、大戦後間もない時代に書かれたこの本は、どれだけ多くの人々に勇気や希望を与えてくれたことだろうと思います。

旅立つ前、コン・ティキ号の航海は失敗するに違いないと多くの人が言いました。潮流や風は気まぐれであてにならないという考えや、遠い昔の人々の観測技術や筏の性能は劣っているに違いないという決めつけもありました。

コン・ティキ号の探検から七〇年以上経った現代に生きる私たちも、古い考えや慣習にしばられていることに気づくときがあります。前例がないと言われて諦めてしまうことも、人と違うからと否定されることもあるでしょう。でもこの本を読んでいると、私は自分自身を閉じこめていた狭い心から解き放たれるような喜びを感じます。会うたびに勇気づけられる、情熱的で行動力のある友達と過ごしたような気分になるのです。

ナビゲーションのしめくくりに、ラロイア島の人々がヘイエルダールたちを歓迎して贈った美しい言葉をご紹介したいと思います。

「遠い国へ行ってしまわれたときでも、いっしょにいることができるように、わたしたちと追憶を分かってください」

　本を読むということもそれに近いのかもしれません。読み終えてそれぞれの生活に戻っていったとしても、会うこともない著者が書いたものだとしても、私たちは本を通して思いを分かち合い、いっしょにいることができるのです。ヘイエルダールたちとともに海を渡り、食べられる魚や珍しい魚を眺め、嵐に耐え抜いたのちに遠い昔の小さな島で祝福を胸いっぱいに受け止めることができるのです。

　さて、この先にはすばらしい夏の海が待っています。どうぞ良い旅を！

絲山秋子（いとやま・あきこ）

一九六六年東京都生まれ。早稲田大学政治経済学部卒業後、住宅設備機器メーカーに入社し、二〇〇一年まで営業職として勤務する。〇三年「イッツ・オンリー・トーク」で文學界新人賞を受賞しデビュー。〇四年「袋小路の男」で川端康成文学賞、〇五年『海の仙人』で芸術選奨文部科学大臣新人賞、〇六年「沖で待つ」で芥川龍之介賞、一六年『薄情』で谷崎潤一郎賞を受賞。著書に『御社のチャラ男』（講談社）、『まっとうな人生』（河出書房新社）ほか。

目次―世界探検全集14―コン・ティキ号探検記

世界探検全集14―コン・ティキ号探検記

第一章　学説

　ほんのときどきのことではあるが、奇妙な境遇に陥っていることがあるものだ。しだいに、ごく自然に陥っていくのだが、そのまっただなかに来たときに、突然驚いて、一体全体どうしてこんなことになったのかと自問する。

　もし、たとえば、一羽のオウムと五人の仲間といっしょに、木の筏《いかだ》に乗って海に出たとする。そうすれば、おそらくいつもよりもすこしばかりよく眠った後で、遅かれ早かれある朝海の上で目を覚まして、それについて考えはじめるに違いない。

　そのようなある朝、わたしは坐《すわ》って、露《つゆ》に濡《ぬ》れた航海日誌に書きこんでいた。

「五月一七日。ノルウェー独立記念日。波高し。順風。わたしはきょう炊事《すいじ》当番で、甲板《かんぱん》の上にトビウオ七匹、小屋の屋根の上にヤリイカ一匹、トルステインの寝袋の中に知らない魚一匹を発見した。……」

　ここで鉛筆が止まった。そして同じ考えが忍びこんできた。これはほんとうに奇妙な五月一七日だ。まったく、どう考えても、奇妙きてれつな生活だ。いったいどういうふうにして始まったのか。

　左を向けば、波がヒューヒュー音を立てている広大な青い海がさえぎる物もなく見渡せる。行けども行けども近くならない水平線を果てしなく追いかけながら、すぐ近くのところを波打ちながら通りすぎていく。右を向けば、陰《かげ》になった小屋の中が見える。顎《あご》ひげを生やした男があおむけにねてゲーテを読んでいる。グラグラする小さな小屋の低い竹の屋根の格子細工の中にはだしの爪先《つまさき》を注意深く突っこんでいる。その小屋がわれわれの共通のホームなのだ。

「ベングト」と、わたしは航海日誌の上にとまりたがる緑色のオウムを押しのけながら言った。「一体全体われわれがどうしてこんなことをするようになったかわかるか」

ゲーテが赤味がかった金色の顎ひげの下に沈んだ。

「わかるもんか。君が一番よく知ってるわけじゃないか。君の考えじゃないか。しかし僕はすばらしい考えだと思ってるがね」

彼は爪先を横木三つだけ上に上げて、何もなかったようにゲーテを読みつづけた。小屋の外では、三人の男が、焼けつくような陽《ひ》を浴びながら、竹の甲板の上で働いている。半裸体で、褐色の肌、顎ひげを生やしている。背中に塩の縞《しま》ができて、木の筏に乗って西のほうに太平洋を横断する以外には何もしたことがないように見える。エリックが入口をはってはいってきた。六分儀と一山の紙を持っている。

「西経九八度四六分、南緯八度二分、――きのうはよく走ったなあ！」

彼はわたしの鉛筆を取って、竹の壁にかかっている海図に小さな丸を書いた。ペルーの海岸にあるカヤオの港からカーブを描いている一連の一九の丸の最後に書かれた小さな丸だった。ヘルマンとクヌートとトルステインもまた、われわれが一連の丸の最後のものよりも四〇海里も南海の島々に近づいたということを示す新しい小さな丸を見るために、勢いこんではいこんできた。

「わかるか」とヘルマンは得意そうに言った。「これはわれわれがペルーの海岸から八五〇海里のところにいるという意味なんだ」

「そして、一番近い島々に着くまでに、もう三五〇〇海里行かなければならないんだ」とクヌートは注意深くつけ加えた。

「そして、本当に正確には」とトルステインは言った。「われわれは海底から五〇〇〇メートル上、月から何尋《ひろ》（一尋は一・八三メートル）か下にいるってわけだ」

そこでわれわれはみな、自分のいるところが正確にわかった。そしてわたしは何故こんなことになったのかということについて、考えつづけることができるのだ。オウムはそんなことはどうでもよかった。彼はただ航海日誌を引っ張りたいだけだった。そして海は空に取り囲まれて、丸く、青また青だった。

おそらく、そもそもの始まりは、この前の冬、ニューヨークの博物館の事務室であったであろう。あるいはおそらく、すでに一〇年早く、太平洋のまんなかにあるマルケサス群島の中の小さな島の上であったかもしれない。北東の風によって南のほうに、タヒチとツアモツ群島の方向に、送られることがなければ、おそらくわれわれは同じ島に上陸することであろう。わたしはその小さな島を心の目の中にハッキリと見ることができた。峨々《がが》たる赤錆《あかさび》色の山々、その斜面を海に向かって流れ下りてい る緑のジャングル。そして海岸にそってわれわれを待って、手招きしているように風に揺れているすんなりとした椰子《やし》。その島はファツ・ヒヴァと呼ばれていた。そしてその島とこうして漂っているわれわれの間には、陸はなかった。しかしそれにもかかわらずその島は何千海里の彼方《かなた》だった。わたしには海に向かって開いているオウイアの峡谷が見えた。そして毎晩その淋《さび》しい浜辺に腰を下ろして、この同じ果てしない海を見渡していたありさまを、まざまざと思い出した。そのときは、妻といっしょだった。いまのように顎ひげを生やした海賊たちといっしょではなかった。われわれはあらゆる種類の生物、そして死んだ文化が残したいろいろな像やその他の遺物を収集した。わたしはある夕方を非常によく覚えている。

文明世界は考えられないほど遠く非現実的に見えた。われわれは一年近くその島に住んでいた。その島の唯一の白人だった。われわれは自分自身の意志から文明のよい物を、その悪とともに捨てたのであった。海辺の椰子の下の杭《くい》の上に自分で建てた小屋の中に住んでいた。そして熱帯の森と太平洋が提供してくれるものを食べていた。

困難な、しかし実際的な学校の中で、われわれは太平洋の奇妙な問題の多くにたいする洞察を得た。肉体においても精神においても、われわれは何度も最初の原始人たちの足跡をたどったとわたしは思う。その最初の原始人は、あの島々へどこかわからない国からやって来た。そしてその子孫たちは、われわれと同じ人種の人たちが片手に聖書、片手に火薬とブランデーを持ってやって来るまで、その島をひとりで支配していたのである。

あの夕方、いつものように、われわれは月光に照らされた浜辺に腰を下ろしていた。正面には海があった。眼は冴《さ》え、自分たちを取り巻く伝奇的雰囲気に心を満たされて、われわれは一つの印象も取り逃さなかった。うっそうとしたジャングルと潮《しお》の香りを鼻孔いっぱいに吸いこんだ。そして木の葉と椰子の梢《こずえ》にそよぐ風の音を聞いた。規則正しい間隔で、あらゆる物音が大きな波によって打ち消された。波は海からまっすぐにうねってきて、陸の上に泡《あわ》を立てて押し寄せ、海岸の丸石の間に砕けて泡となるのであった。何百万という輝く石の間には、どうどうと鳴る波の響きがあった。そして打ち負かすことのできない海岸を新たに攻撃する力を集めるために海水が後退してしまうと、ふたたび万物が静かになるのであった。

「おかしいわ」と妻が言った。「でも、島の反対側にはこんな波はすこしもないわよ」

「そうだ」とわたしは言った。「しかし、これは風上の側なんだ。こっち側にはいつも海の流れがあるんだ」

われわれはそこに腰を下ろして、海を観賞しつづけていた。海は、東から、東から、東からうねって来たのだということを示すことをけっしてあきらめようとしないように思われた。東のほうの水平線を越え、ここを越えて、島々へと、海面を騒がし、掘り起こし、前のほうへうねらせるのは、永遠の東風、すなわち貿易風だった。ここで海の絶え間ない前進は断崖《だんがい》と暗礁《あんしょう》にぶつかって最終的に粉砕されるが、東風は海岸や森林や山々を簡単に乗り越えて、妨げられることなく西進を続ける。島から島へ。太陽の沈むほうへと。

そのようにして、天地《あめつち》の初めから、波と軽い雲がその同じ東の水平線を越えてうねって来たのだ。この島々に来た最初の人たちは、そういうことをよく知っていた。鳥や虫も知っていて、島々の植物はこういった環境に完全に支配されていた。そしてわれわれは、東のほうの水平線のずっと、ずっと下に、雲が上ってくるところに、南米の広々とした海岸が横たわっているということを知っていた。それは四三〇〇海里の彼方だった。そして間には海の他は何もなかった。

われわれは流れゆく雲と月光に照らされた波打つ海を見つめた。そしてわれわれの前に半裸体でうずくまって、燃えつきた小さな火から出る消えなんとする輝きを見下ろしている老人に耳を傾けた。

「ティキは」と老人は静かに言った。「彼は、神にして酋長《しゅうちょう》でした。わたしの祖先たちを、いまわたしたちが住んでいるこの島々に連れて来たのはティキでした。その前、わたしたちは海の向こうの大きな国に住んでいたのです」

彼は、燃えさしを杖《つえ》でつついて、火が消えないようにした。老人は考えながら腰を下ろしていた。彼は古代にあこがれて生き、固く古代にしばりつけられていた。彼は神の時代に至るまで、祖先とその行ないを崇拝していた。そして祖先とふたたびいっしょになるのを楽しみにしていた。テイ・テツア老人はファツ・ヒヴァの東海岸における、死に絶えた種族のただ一人の生存者だった。年がいくつなのか、彼は知らなかった。しかし、皺《しわ》のよった、木の皮のように褐色の、革のような皮膚《ひふ》は、まるで一〇〇〇年も太陽と風に乾かされてきたように見えた。彼はたしかに、この島々においては、太陽の息子である偉大なポリネシア（大洋州東部の諸島）の酋長神、ティキに関する父や祖父の伝説的な物語を、なお記憶し、信じている数少ない人の一人であった。

われわれがその夜、小さな杭の小屋の中のベッドにはいこんだとき、遠く波のかすかな轟《とどろ》きが伴奏をなして、ティキと島人たちの海の向こうの故郷に関するテイ・テツア老人の話が、わたしの脳裡《のうり》につきまとった。それは遠い昔からの声のように聞こえた。そしてその声は、その夜その浜辺で、何かを語りたがっているように思われた。わたしは眠ることができなかった。まるで時というものがもう存在せず、ティキとその舟子《かこ》たちが下の浜辺の波の中に、最初の上陸をしているところであるかのようだった。一つの考えが突然わたしを打った。そしてわたしは妻に言った。

「ねえ、上のジャングルの中にあるティキの巨大な石像が、南米の消え失せた文明の遺跡の巨大な石像にとてもよく似ていることに気がつかなかった？」

わたしはたしかに、同意の轟きが砕ける波から来たように感じた。それから波の音はゆっくりと低くなっていって、わたしは眠りに落ちていった。

そのようにして、おそらく、一切が始まったのであろう。そのようにして、とにかく、ついにわれわれ六人と緑色のオウムが一羽、筏に乗って、南米の海岸を出発するという一連の事件が始まったのであった。

わたしがノルウェーに帰ってきて、ファツ・ヒヴァから持って来たカブトムシと魚のガラス瓶を大学の動物博物館に寄贈してしまったときに、いかに父がびっくりし、母や友人たちが仰天したかということを、わたしは覚えている。わたしは動物研究を止《や》めて、原始人ととっ組もうと思ったのだ。南海の謎《なぞ》がわたしを魅了したのだ。それらの謎には合理的な解決があるに違いない。そしてわたしは、伝説的英雄ティキと同じものを見つけることを、研究の目標とした。

　続く何年かの間、砕ける波とジャングルの廃墟《はいきょ》は、わたしの太平洋民族研究にたいする背景と伴奏を形づくる一種の遠い、非現実的な夢だった。原始人の思想や行動を本を読んだり博物館を訪ねたりして解釈しようとしても無駄であるのと同じように、現代の一探検家が、本棚一つに収まるほうぼうの水平線に行こうとすることもまた無駄である。

　科学的な業績、最も早い探検の時代からの日記、そしてヨーロッパとアメリカの博物館にある無限のコレクションが、わたしが解こうとしたパズルにたいして豊富な資料を提供してくれた。アメリカ発見以後、われわれ自身の人種が初めて太平洋諸島に達したときいらい、科学のあらゆる分野の研究者たちが、南海の住民とそのまわりに住んでいるあらゆる民族に関する、ほとんど底知れぬ情報を集めてきた。しかし、この孤立した島民たちの起源あるいは、何故この種族が、太平洋の東部にあるあらゆる孤島の上にのみ散らばっているのかという理由については、いかなる一致も見られなかった。

　最初のヨーロッパ人たちが、とうとう、このあらゆる大洋の中で一番大きな大洋を横切ることをあえてしたときに、驚いたことには、この大洋のどまん中に、山のある小さな島々と平らな珊瑚礁《さんごしょう》がたくさん横たわっていて、おたがいからも、一般の世界からも、広大な面積の海によって孤立させられているということを発見した。そしてこういった島のどの島に行ってみても、彼らよりも前に来た人たちがもう住んでいた。——犬や豚《ぶた》やニワトリを連れて、浜辺に彼らを出迎えた、背の高い綺麗《きれい》な人たちだった。その人たちはどこから来たのか。彼らは他の民族の知らない言葉を話した。そしてわれわれの人種の人たちは、勇敢にも自分自身をその島々の発見者と呼んでいたけれども、人の住めるどの島に行っても、耕された畑と、お宮と小屋のある村とを見出した。ある島の上には、まったく、彼らは古いピラミッド、舗装《ほそう》された道、ヨーロッパの四階建ての家と同じ高さの彫刻された石像を見出した。しかし謎全体の説明が欠けていた。この人たちは誰なのか。そしてどこから来たのか。

これらの謎にたいする答えは、それを取り扱った本とほとんど同じ数だけあると言っても差支《さしつか》えはない。違った分野の専門家が、まったく違った解決を提出してきた。しかしいつも彼らの断言は、後になって、他の分野で研究している専門家の論理的な議論によって反駁《はんばく》されてきた。マラヤ、インド、中国、日本、アラビア、エジプト、コーカサス、アトランティス（ジブラルタル海峡の西方、大西洋中にあったとプラトンが述べている楽土、神罰によって海底に沈んだという）、ドイツやノルウェーさえも、ポリネシア人の故国としてまじめに取り上げられてきた。しかし、いつも決定的な性格の「障害」が現われて、すべてをまたるつぼの中へ投げ込んでしまった。

そして科学の終わったところに、想像が始まった。イースター島の神秘的な石像、そして一番近い島々と南米の海岸の中途にまったく孤立して横たわっているこの小さなむき出しの島の上にある起源の知れないその他の遺跡はみな、あらゆる種類の空想を起こさせた。イースター島の発見物が、多くの点において、南米の先史時代の諸文明の遺跡を思い出させるということは、多くの人の認めたところである。おそらく、昔は陸地が橋のように海の上に続いていたのではあるまいか。そして同じ種類の記念碑をもつその他の南海の島々は、沈んだ大陸の残りが海の外に突き出しているものではあるまいか。

これが、しろうとの間で人気のある理論であり、説明であった。しかし地質学者と他の研究者はそれを好まなかった。動物学者は、さらに、南海の島々の虫とカタツムリの研究から、人類の歴史を通じて、この島々はおたがいからも、まわりの大陸からも、今日とまったく同じように、完全に孤立していたということを、きわめて簡単に証明した。

だからわれわれは、絶対の正確さで、一番初めのポリネシア人種は、ある時期に、意志的あるいは無意志的に、このへんぴな島々に漂流あるいは帆走してきたということを知るのである。そして南海の住民をもっとよく見てみると、彼らがきてからそう何世紀も経《た》ってはいないということがわかるのである。というのは、ポリネシア人は全ヨーロッパの四倍の海域の上に散らばって住みながら、それにもかかわらず、別々の島で別々の言葉を発達させることをしなかったからである。北のハワイから南のニュージーランドまで、西のサモアから東のイースター島までは、何千海里の道程だが、この孤立した種族たちはみな、われわれがポリネシア語と呼んできた共通の言葉の方言を話す。どの島でも、書くということは知られていなかった。ただ、イースター島の原住民たちが保存している理解できない象形文字の書かれた木の板が何枚かあるだけだった。もっとも、原住民たち自身も他の誰も、その文字を読むことはできなかったのだが。しかし彼らは学校を持っていた。そして歴史を詩の形式で教えるということが、最も重要な学課だった。というのは、ポリネシアでは、歴史は宗教と同じだったからである。彼らは祖先崇拝者だった。ティキの時代に至るまで、死んだ酋長を崇拝していた。そしてティキ自身については、太陽の息子であると言われていた。

ほとんどすべての島に学者がいて、最初の移民のときまで遡《さかのぼ》って、その島の全酋長の名前をペラペラとそらんじることができた。そして記憶を助けるために、よく撚《よ》り糸に複雑な組織の結びこぶをつくったものを用いた。インカ・インディアンがペルーでするのと同じである。現代の研究者たちは、別々の島からこういった地方的な系図を全部集めて、それがおたがいに驚くべき正確さで一致するということを見出した。世代の名前においても数においてもそうだった。南海の島々には、西暦約五〇〇年までは人が住んでいなかったということが、このようにして、ポリネシアの世代が平均二五年を表わすと考えることによって、発見された。酋長の新しい系列を伴った新しい文化の波が、もう一つさらに新しい移民が、西暦約一一〇〇年になって、同じ島に達したということを示している。

そのような遅い移民は、いったいどこから来たのだろうか。そのように遅くなってから島々にやって来た人たちは、純粋の石器時代の人たちであるという決定的な要因を考慮に入れた研究者はきわめて少ないように思われる。こういった舟子《かこ》たちは知性も秀れており、その他のあらゆる点で驚くべき高い文化を持っていた。それにもかかわらず、彼らは一種の石の斧《おの》と、その他石器時代特有のたくさんの道具を持って来て、やって来たあらゆる島の上にばらまいたのである。原始林にそれぞれ孤立して暮らしている民族、それからある種の未発達の種族は別として、物を生み出す能力をわずかでも持った世界で、西暦五〇〇年ないし一一〇〇年になってもなお石器時代のレベルにあるような文化は、アメリカ大陸の他にはなかったということは忘れてはならない。アメリカ大陸では、探検の時代までずっと、インディアンの最も高い文明さえ鉄の使用に関してはまったく無知であり、南海の島々で使われていたのと同じ種類の石の斧と道具を使っていたのである。

こういった数多いインディアンの文明は、ポリネシア人の、東のほうの最も近い親戚であった。西のほうには、ただオーストラリアとメラネシア（オーストラリアの北東方、東西はニューギニアとフィジー島間、南北は赤道と南回帰線間にある群島）の黒い皮膚をした原始人、すなわち黒人の遠い親戚が住んでいるだけで、その向こうにはふたたびインドネシアとアジアの海岸とがあって、そこでは石器時代は、おそらく世界のどこよりも早かったと思われる。

このようにして、わたしの疑いと注意は、あれほどたくさんの人が研究して誰も発見しなかった旧世界（ヨーロッパ、アジア、アフリカ）からしだいに遠ざかって、誰もこれまで考慮に入れたことのなかったアメリカのインディアンの既知未知の文明に向かった。そして真東の一番近い海岸に、こんにち南米のペルー共和国が太平洋から山々の中に拡がっているところに、探しさえすれば、遺跡を見出すのに事は欠かなかった。ここに、知られざる民族がかつて住んで、世界で最も不思議な文明を打ち立てた。そして突然、ずっと昔、まるで地球の表面から一掃されたように消えてなくなった。彼らはあとに、人間に似た巨大な石像を残した。それはピットケアン（南太平洋、ツアモツ群島南東方にある英領の小島）、マルケサス群島、イースター島にある石像を思い起こさせる。そしてタヒチとサモアにあるような階段状に建てられた巨大なピラミッドを残した。山から石の斧を使って、鉄道の無蓋貨車《むがい》のように大きな石塊を切り出して、田舎を何マイルも運び、縦に立てたり積み重ねたりして、門や巨大な壁やテラスをつくった。それは太平洋のある島々に見られるものとまったく同じものである。

スペイン人たちがはじめてペルーにやってきたときに、インカ・インディアンはこの山国に大帝国を営んでいた。彼らはスペイン人たちに、そのあたりにポツネンと立っている巨大な記念碑はインカ族自身が支配者になる前そこに住んでいた白い神の人種が立てたものだと物語った。この消え失せた建築家たちは、賢く、平和的な教師であり、大昔に北からやって来て、インカの原始的な祖先に、風俗習慣と同時に、建築と農業を教えたと言われている。白い皮膚と長い顎ひげをもっているという点で、他のインディアンとは違っていた。またインカ族よりも背が高かった。最後に、来たときと同じように突然ペルーを去った。インカ族自身が、その国における権力を引き継いだ。そして白色の先生たちは南米の海岸から永久に姿を消して、太平洋を渡って西のほうへと逃げて行ったのだ。

そこで、ヨーロッパ人たちが太平洋諸島にやって来たときに、原住民の多くがほとんど白い皮膚をもち、顎ひげを生やしているということを見いだしてびっくり仰天するということが起こったのである。島の多くには、幾家族も、全員、いちじるしく白い皮膚、赤から金髪にいたる髪、青灰色の目、そしてほとんどセム族の、鉤鼻《かぎばな》の顔のために目立つものがあった。ポリネシア人は、こういった人たちとは別に、金褐色の皮膚、漆黒《しっこく》の髪、平らでぶよぶよした鼻をもっている。赤い髪をした人たちは、自分のことをウルケフと呼んでいた。そして自分たちはその島々の最初の酋長たちの直系である、その酋長たちは、タンガロア、カネ、ティキのような白色の神である、と言っていた。島人たちの直接の先祖である神秘的な白人の伝説は、ポリネシア全体に行なわれていた。ロッヘフェーンが一七二二年にイースター島を発見したときに、驚いたことには岸辺にいた人たちの間に、「白人たち」を認めたのである。そしてイースター島の人たちは、彼ら自身、ティキとホツ・マツアの時代まで、白い皮膚をした祖先を数え上げることができたのである。ティキとホツ・マツアの時代に、彼らははじめて「太陽に焼かれた東の山国から」海を渡って航海して来たのだ。

研究を続けていくにつれて、わたしはペルーに文化、神話、言語の驚くべき遺跡を見いだした。そしてそのために、だんだん深く、だんだん集中的に掘り返すことを続けていって、ポリネシアの種族神ティキの発祥の地をつきとめるようになった。

そしてわたしは、望んでいたものを見いだした。わたしは天皇ヴィラコチャに関するインカの伝説を読んでいた。ヴィラコチャはペルーの消え失せた白人の酋長だった。次のように書いてあった。「ヴィラコチャはインカ（ケチュア）の名前であり、したがってかなり新しいものである。天皇ヴィラコチャの元の名前で、昔ペルーでもっと使われたと思われるものは、コン・ティキまたはイラ・ティキであった。太陽・ティキあるいは火・ティキという意味である。コン・ティキは、ティティカカ湖の岸に巨大な廃墟を残したインカの伝説的な『白人たち』の大司祭であり天皇であった。伝説によれば、顎ひげを生やした神秘的な白人たちがコキンボ谷から来たカリという名前の酋長に襲撃された。ティティカカ湖の島の戦いで、白色人種は虐殺《ぎゃくさつ》された。しかしコン・ティキ自身とその一番近い人たちは逃れて後に太平洋岸に至り、そこから最終的に海を渡って西のほうに姿を消した」

わたしはもう、インカ族が自分の祖先がペルーから太平洋に追い出したと言っている白色の酋長神、太陽・ティキが、東太平洋のあらゆる島の住人が自分の人種の最初の創始者と呼んでいる白色の酋長神ティキ、太陽の息子、と同じものであるということを疑わなかった。そしてペルーにおける太陽・ティキの生活の細部が、ティティカカ湖のまわりの古代の地名とともに、太平洋諸島の原住民の間で行なわれている歴史伝説の中にふたたび忽然《こつぜん》と姿を現わしたのだ。

しかしポリネシア全体にわたってわたしは、コン・ティキの平和的な人種が長い間島々を独占することはできなかったという形跡を見いだした。ヴァイキング（八世紀から一〇世紀頃、ヨーロッパの西海岸を侵略した北欧人）の船のように大きく、二ついっしょにしばり合わされた、遠洋航海用の戦争カヌーが、北西インディアンたちを海を越えてハワイへ、さらに南の他のあらゆる島へと運んで来た。彼らはコン・ティキの人種と混血して、島国王国に新しい文明をもたらした。これがポリネシアにやって来た第二の石器時代の人たちだった。西暦一一〇〇年で、金属を持たず、製陶術を知らず、車やはた（織機）や穀物の栽培を知らなかった。

そのようにしてわたしは、ブリティッシュ・コロンビア（カナダ西部太平洋岸の州）の北西インディアンの間に、古代ポリネシアふうの岩石の彫刻を発掘することになった。そのときにドイツ軍がノルウェーに侵入した。

右向け、左向け、回れ右。兵舎の階段洗い、長靴《ながぐつ》磨き、無線学校、パラシュート――そしてついにフィンマルク（ノルウェー最北端の郡）へのムルマンスク（旧ソヴィエト北西部ムルマン沿岸地方にある不凍港）護送船団。（フィンマルク付近の海岸はまだドイツの空軍と海軍の制圧下にあったので、同地へ行くにはムルマンスクを経由するほかなかった）そこでは近代戦の戦神が、暗い冬の間中、太陽神の不在の間を支配していたのであった。

平和が来た。そしてある日、わたしの学説は完成された。わたしはアメリカへ行って、それを前進させなければならない。

第二章　探検隊の誕生

そのようにして年とった原住民が自分の種族の伝説と物語を語った南海の島の火によって、事が始まったのであった。何年も後になって、わたしは別の老人といっしょに腰掛けていた。今度はニューヨークの大きな博物館の何階かにある暗い事務室の中だった。

われわれのまわりには、キチンと並べられたガラスのケースの中に、知られざる昔の陶器のかけら、古代の霧の中へと導く足跡がはいっていた。壁には本も並んでいた。その中の何冊かを一人の人が書き、読んだ人は一〇人もいない。老人はこの本を全部読み、何冊かを書いた人で、事務机のうしろに腰かけていた。白髪の愛想のいい老人だった。しかしそのとき、たしかにわたしは彼の感情を害していた。というのは、彼が不安そうに椅子《いす》のひじかけを摑《つか》んでまるでわたしが一人トランプの邪魔をしたような顔をしたからだった。

「いや！」と彼は言った。「とんでもない！」

もし来年のクリスマスがバプテスマのヨハネ祭（六月二四日）に来ると言う人があったら、サンタクロースはそんな顔をしたことだろう。

「あなたは間違っている、徹底的に間違っている」と彼は繰り返した。そしてその考えを追い出すために憤然として首を横に振った。

「しかし、あなたはまだわたしの論文を読んでおられないではありませんか」と、机の上に載っている原稿のほうに望みあり気にうなずきながら、わたしは主張した。

「論文！」と彼は言った。「人種学的な問題を、一種の探偵小説のように取り扱うことはできませんよ！」

「どうしてです」とわたしは言った。「わたしの結論は、すべてわたし自身の観察と、科学が記録した事実に基づいているんです」

「科学の仕事は、純粋で単純な研究です」と彼は言った。「あれこれ証明しようとはしません」

彼は原稿を開きもせずに注意深く一方に押しやり、机の上に体を乗り出した。

「南米が古代の最も奇妙な文明のいくつかの故郷だということは、まったく本当です。そしてインカ族が権力を得たときに、いなくなったのは誰なのかも、どこに消えてなくなったのかも、わからないということも。しかし一つのことだけは確かにわかっています。――それは、南米の民族で太平洋の島々へ渡った者は一つもないということです」

彼は探るようにわたしを見た。そして続けた。

「なぜかわかりますか。答えは至極簡単です。そこへ行くことができなかったのです。舟がなかったのです！」

「筏がありました」とわたしはためらいながら反対した。

「ご存じのように、バルサ材の筏です」

老人はほほえんで、静かに言った。

「そう、あなたはバルサ材の筏に乗って、ペルーから太平洋諸島へ旅行を試みることがおできになる」

わたしは言うべき言葉を見つけることができなかった。暗くなりかけていた。われわれは二人とも立ち上がった。年取った科学者は、わたしを送り出すときに、やさしくわたしの肩を叩《たた》いて、助けが欲しいときには、いつでもわたしのところへ来なさい、と言った。しかしあなたは将来、ポリネシアかアメリカを専攻しなければならない。そして二つの別個の人類学的な領域をごっちゃにしてはならない。彼はうしろの机の上に手を延ばした。

「これをお忘れです」と彼は言った。そしてわたしの原稿を返してくれた。わたしは「ポリネシアとアメリカ、先史時代の諸関係の研究」という標題を一瞥《いちべつ》した。わたしは原稿を小脇《こわき》に抱えこみ、階段を踏みならして下り、通りの群集の中へ出て行った。

その晩わたしはグレニッチ・ヴィレジ（ニューヨーク、マンハッタンの南西部の一地区。文学、美術、演劇、音楽等の芸術の温床で、有名無名を問わず芸術を志す者が群がっている）の片隅にある古いアパートへ行って、そのドアを叩いた。わたしは、自分の小さな問題のために人生がすこしこんがらがったなと思うと、そこへその問題を持って行くことが好きだった。

鼻の高い貧弱な小男がドアをちょっと開いてみて、それをサッと開け放ち、相好をくずしてわたしを中へ押し入れた。彼はわたしをまっすぐに小さな台所へ連れて行った。そこで、わたしに皿やフォークを運ぶ仕事をさせておいて、彼自身は、ガスにかけていた、何というのか知らないが、おいしい匂いのする混ぜ物料理の量を二倍にした。

「よく来てくれた」と彼は言った。「首尾はどうだ」

「けちょんけちょんだ」とわたしは言った。「誰も原稿を読もうとしない」

彼は皿をいっぱいにして、われわれは中身を平らげた。

「こうなんだよ」と彼は言った。「君の会った人はみな、君の考えは一時の思いつきにすぎないと思っているんだ。ねえ君、アメリカじゃァ、たくさん奇妙な思いつきを持った人が現われるからねえ」

「そして、もう一つのことがある」とわたしは言った。

「そうだ」と彼は言った。「問題に近づく君のやり方だ。彼らは専門家だ。全部そうだ。そして植物学から考古学に至るあらゆる特殊分野の中に割りこむ、一つの研究の方法があるということを信じないんだ。彼らは、もっと集中的に深淵《しんえん》を掘りかえして細かいことを探し出すことができるように、自分自身の範囲を限定している。現代の研究は、どの専門分野もそれ自体の穴を掘らなければならない、と要求している。誰だって、いろいろな穴の中から出てくるものをえり分けてそれを組み立てようとすることは、普通のことじゃアないんだ」

彼は立ち上がって、重い原稿に手を延ばした。

「ねえ」と彼は言った。「中国の小作農の刺繍《ししゅう》の鳥の図案についての僕の一番新しい研究だ。七年かかった。しかしすぐ出版元がついた。今日《こんにち》では特殊化された研究が望まれているんだ」

カール（カール・シュースター博士。一九〇四〜六九年。アメリカ人）は正しかった。しかし、四方八方から光を投げかけることなしに、太平洋の諸問題を解くということは、パズルをやって、自分の好きな色の板しか使わないことのように、わたしには思われた。

われわれは食卓を片づけた。そして皿洗いの後、わたしは拭《ふ》く手伝いをした。

「シカゴの大学から、なにも新しいことを言って来ない？」

「うん」

「しかし、きょう博物館の君の古い友達は何と言った」

わたしはもたもたと言った。「彼も興味を持たなかった。インディアンが開けっぱなしの筏しか持たなかった以上、太平洋諸島を発見したという可能性は考えることができないと言った」

小男は突然皿を猛烈に拭きはじめた。

「そうだ」と彼はとうとう言った。「本当のことを言えば、僕にも、それは君の学説にたいする実際的な障害だと思えるんだ」

　わたしは、本当の味方だと思っていた小さな人種学者をゆううつそうに見た。

「しかし誤解しないでくれたまえ」と彼は急いで言った。「ある点では君は正しいと思う。しかしある点では、まったく考えられないことなんだ。僕の図案についての研究は君の学説を支持しているがね」

「カール」とわたしは言った。「僕はインディアンが筏に乗って太平洋を横断したということに確信を持っているんだ。だから、それができるということを証明するために、自分でそれと同じ種類の筏をつくって、海を横断しようと思うんだ」

「君はどうかしている！」

　友達はそれを冗談と取って、その考えにたいして半ば驚きながら笑った。

「君はどうかしている！　筏？」

　彼は言うべきことを知らなかった。そして奇妙な表情でわたしを見つめるだけだった。まるでわたしが冗談を言っているのだということを示す微笑を待っているかのようだった。

　彼は当てがはずれた。わたしは、自分が先史時代の筏以外の助けを借りずに橋をかけようとしているペルーとポリネシアの間の海がまるで無限の広さに見えるために、事実上誰もわたしの学説を受け入れないであろうということが、そのときわかった。

　カールは不安そうにわたしを見た。

「さあ、表へ出て一杯やろう」と彼は言った。

　われわれは表へ出て、四杯やった。

部屋代がその週で切れた。それと同時に、ノルウェー銀行からの手紙が、わたしはもうドルを手に入れることができないということを知らせた。通貨制限だった。わたしはトランクを取り上げ、地下鉄に乗ってブルックリン（ニューヨーク市の一部）へ行った。ここでわたしはノルウェーの海員宿泊所に収容された。そこは食事がうまく栄養があり、値段はわたしの財布に適していた。わたしは二階か三階かに小さな部屋を借りたが、食事は下の大きな食堂で海員みんなといっしょに食べた。

海員は来たり、海員は去った。彼らはタイプも体の大きさも酒のはいり方もさまざまだったが、みんな一つのことだけは共通だった。――つまり、海の話をするときは、海の正体を知っているということだった。わたしは海の深さや陸からの距離によって波が大きくなったり海が荒くなったりはしないということを学んだ。それどころか、スコールというものは、外海よりも海岸ぞいのほうが危険なことがよくある。そして浅瀬の水、海岸にそった逆流、あるいは陸近くに閉じこめられた海流は、ずっと沖の普通の波よりも荒い波を立てることができる。防波堤のない海岸にそって航行することのできる船は、沖を航行することもできる。わたしはまた、大きな波の中では、大きな船は船首か船尾を波の中に突っこみがちで、その結果何トンという水が船の上に押しよせて来て、鋼鉄の管を鳥の羽のように折りまげることができるが、小さな舟は同じような波をうまく乗り切ることがしばしばある、それは波の列の間にはいりこんだり、その上をカモメのように自由に跳《と》びこえたりすることができるからであるということを学んだ。親船が波で沈没したあとで、ボートに乗って無事に逃れた人たちがいた。

しかし彼らは筏についてはほとんど何も知らなかった。筏――それは舟ではない。竜骨も舷側も持っていない。それは危急の場合に乗っかって、なんらかの種類の舟によって拾い上げられるまで身を守る、浮いている物にすぎないのだ。それにもかかわらず、彼らの中には外海における筏にたいして大きな尊敬の念を抱いている人が一人いた。その人は中部大西洋でドイツ軍の魚雷で船が沈んだとき、三週間筏に乗って漂っていたことがあるのであった。

「しかし筏を操縦することはできませんよ」と彼はつけ加えた。「風のまにまに横に行ったり、うしろに行ったり、グルグルまわったりするだけです」

　図書館で、わたしは、南米の太平洋岸にはじめて達したヨーロッパ人たちの残した記録を掘り出した。インディアンの大きなバルサ材の筏のスケッチや記述には事欠かなかった。そういった筏には、横帆と垂下竜骨があり、ともの方には長い舵《かじ》オールがあった。そのようにして操縦することができたのだ。

　海員宿泊所で何週間かすぎた。わたしの学説のコピーを送ったシカゴや他の町からはなんの返事もなかった。誰も読まなかったのだ。

　そこで、ある土曜日に、わたしは気を取り直して、ウォーター街にある船具商の店の中へはいって行った。そこで、わたしは、太平洋の航海海図を買ったとき、丁重に「船長」と呼ばれた。海図を丸めて抱えこみ、郊外鉄道に乗ってオシニング（ニューヨーク州南東部のハドソン河畔の町）へ行った。週末にはきまって、その地方に綺麗な家を持っている若いノルウェー人の夫婦の家のお客になることになっていた。夫のほうは船長だったことがあり、そのときはフレード・オルセン航路のニューヨークの事務所の支配人をしていた。

　プールに跳びこんで爽快《そうかい》な気分になると、その週末の残りの部分の間は、都会生活は完全に忘れてしまった。そしてアムビェルグがカクテルの盆を持って来ると、われわれは熱い太陽に照らされた芝生の上に腰を下ろした。わたしはもう我慢していることができなくなり、草の上に海図を拡げて、筏がペルーから南海の島々まで人間を生きたまま運ぶことができると思うかとヴィルヘルムに聞いた。

　彼は半分びっくりしたように、海図よりもわたしを見ていたが、すぐさま、できると思う、と返事をした。わたしはまるでシャツの中に気球を入れられたように、天にも上る気持だった。というのは、航海と帆走に関することはなんでも、ヴィルヘルムにとっては商売でもあり趣味でもあったからである。わたしはさっそく自分の計画をうち明けた。すると驚いたことには、彼はそれはまったく狂気の沙汰《さた》だと簡単に言ってのけたのである。

「しかし君はいま、できると思うと言ったばかりじゃないか」とわたしはさえぎった。

「そうさ」と彼は認めた。「しかし失敗する機会も同じくらい多いんだ。君は自分じゃアまだ一度もバルサの筏に乗ったことがないのに、それに乗って突然自分が太平洋を横断したような想像をしている。うまくいくかもしれないし、いかないかもしれない。昔のペルーのインディアンは何代という経験のよりどころがあったんだ。筏が一つ行きつくごとに、おそらく一〇も海底に沈んだだろう。――あるいは何世紀もの間にはおそらく何百もね。君の言うように、インカ族は外海で、こういったバルサの筏の艇隊を組んで、みんないっしょに航海したんだ。だから、何か悪いことが起こったら、一番近くの筏から拾い上げてもらうことができた。しかしずっと海のまんなかで、誰が君を拾い上げてくれるんだね？　たとえまさかの時に使うために無線を持って行くとしても、陸地から何千マイルの波間に、小さな筏を見つけるってことは、容易なことじゃアないぜ。嵐の中じゃア、筏から洗い落とされて、誰か助けに行くまでに何回もおぼれることができるよ。誰か原稿を読んでくれる人ができるまで、おとなしくここに待っていたほうがいいよ。もう一度書いて、あおり立ててやるんだ。そうしたほうがいいよ」

「僕はもう待つことができないんだ。もうすぐ一文無しになる」

「そしたら、うちへ来て泊まればいい。金と言えば、それがなくて、どうして南米から探検隊を出発させることが考えられるんだね」

「読まれない原稿によりも、探検に人の興味を引くほうがやさしいよ」

「しかし探検によって君は何を得ることができるんだ？」

「学説に反対する一番主な議論の一つを打ち破るんだ。そのことに科学が何か注意を払ってくれるかどうかはわからないが」

「しかし事が失敗したら？」

「そしたら僕は、何も証明しないことになるだろう」

「そうすれば君は、万人の目の前で自分の学説を滅ぼすことになる。そうだろう？」

「たぶんね。しかしそれでも君が言ったように、僕たちの前に、一〇に一つは成功したかもしれないじゃないか」


子供たちがクローケ（芝生の上で行なわれる球遊び）をするために外に出てきた。そしてわれわれは、その日はもうそのことを議論しなかった。

次の週末、わたしは海図を抱えてオシニングへ戻った。そしてそこから帰るときには、ペルーの海岸から太平洋のツアモツ群島まで、鉛筆で長い線が引かれていた。友達の船長がわたしにその考えを捨てさせようという希望をあきらめたのだ。そして何時間もいっしょに、筏がどのくらいの速さで進むだろうかということを計算したのだ。

「九七日だ」とヴィルヘルムは言った。「しかしそれはただ理論的に理想的な条件のときだということを忘れちゃいけない。いつも順風で、筏が君の考えているように本当に帆走できると仮定しての話だ。君はその旅行のために、すくなくとも四カ月は見ておかなくちゃいけない。そしてそれ以上に準備しなくちゃいけない」

「わかった」とわたしは楽天的に言った。「すくなくとも四カ月は見ておこう。しかし九七日でやってみせよう」

海員宿泊所の小さな部屋は、その晩帰って、海図を持って寝台の縁に腰を下ろしたとき、いつもの二倍も居心地がよく思われた。寝台とたんすの許すかぎり正確に、床《ゆか》を歩測してみた。おおそうだ。筏はこれよりもずっと大きいだろう。わたしは窓から体を乗り出して、庭の高い塀の間から、ちょうど頭の上にだけ見える、大都会の遠い星空を垣間見た。筏の上は狭いとしても、とにかくわれわれの上には大きな空と満天の星があるだろう。

西七二丁目の、セントラル・パークの近くに、ニューヨークで一番排他的なクラブの一つがある。「探検家クラブ」と彫ったピカピカに磨いた小さな真鍮《しんちゅう》の板だけが、中に何か変わったものがあるということを通りすがりの人に告げている。しかし一度中へはいると、ニューヨークの摩天楼《まてんろう》に挟まれた自動車の列から何千マイルも離れた、奇妙な世界へ落下傘で降下したような気持がするだろう。ニューヨークへのドアが閉められると、獅子《しし》狩《が》り、登山、極地生活の雰囲気の中に呑《の》みこまれるような感じがする。会食をしたり、遠い国々から来た講演者の話を聞くためにクラブのメンバーが集まって来るのだが、その人たちのまわりをカバやシカのトロフィー、大ものうちのライフル銃、牙《きば》、戦争の太鼓《たいこ》や槍《やり》、インディアンの敷物、偶像や船の模型、旗、写真や地図が取り巻いている。

マルケサス群島へ旅してから、わたしはクラブの現役のメンバーに選ばれていた。そして若手のメンバーとして、町にいるときはほとんど会合に欠席したことはなかった。だからいまある雨の降る一一月の夕方、わたしがクラブへはいったとき、その場所がいつもと違った状態にあるのを見て少なからず驚いた。床の中央にはふくらましたゴムの筏が船の糧食と付属品といっしょに置いてあり、パラシュート、ゴムのオーバーオール、救命ジャケツ、極地の装備が壁とテーブルをおおい、水を蒸溜する気球やその他の奇妙な発明品が並んでいた。新しくクラブのメンバーに選挙された、空軍材料司令の装備研究所のハスキン大佐が講演を行ない、数々の軍の新しい発明品を展示することになっていたのだ。そういった発明品は、将来、北においても南においても、科学的な探検に役に立つであろうと彼は考えていた。

講演の後で、力強く活発な討論が行なわれた。有名なデンマークの極地探検家で大兵肥満のペーター・フロイヘンが、大きな顎ひげを懐疑的に横に振りながら立ち上がった。彼はそのような新奇な特許品には信を置かなかった。彼自身かつてグリーンランド探検の一つで、エスキモーのカイヤック（皮張りの小舟。木のわくにあざらしの皮を張り、中央に漕《こ》ぎ手のすわる穴をあけてある）と雪小屋の代りにゴム・ボートと袋テントを使ったことがあった。そしてあやうくお陀仏《だぶつ》になるところだった。まず、テントのチャックが凍りついてしまって、中へはいることさえできなかったので、大ふぶきの中でほとんど凍《こご》え死にそうになった。それからその後で、釣《つり》に出たとき、釣針がゴム・ボートにひっかかって、ボートがパンクしてボロ切れのように沈んでしまった。彼とエスキモー人の友達は、そのときは、助けに来たカイヤックに乗って陸《おか》に着くことができた。彼は、どんなに頭のいい現代の発明家も、研究所に腰掛けていて、何千年の経験がエスキモーに彼ら自身の地方で使うように教えたものよりもよいものを、考え出すことはできないという確信を持っていた。

討論は、ハスキン大佐からの驚くべき申し出によって終わった。クラブの現役の会員は、次の探検のとき、彼が展示した新しい発明品の中から、ただ、帰って来たときにその物についてどう考えるかということを研究所に知らせるという条件で、好きなものを選ぶことができるというのであった。

それでおしまいだった。わたしはその晩クラブの部屋を出た最後の者だった。そのように突然手中に転がりこんできて、自由に使わしてくれと言うことのできるこの真新しい装備を全部、細部の隅々（すみずみ）まで調査しなければならなかった。それはまったくわたしの望んでいたものだった。——もし、期待に反して、われわれの木の筏が壊れて近くに他の筏がいないときには、自分の命を救うために使うことのできる装備であった。

この装備は、翌朝海員宿泊所で朝食を食べているときも、なおわたしの考えを占領していた。すると、立派な洋服を着たスポーツマン・タイプの青年が朝食の盆を持ってやって来て、わたしと同じテーブルに腰を下ろした。われわれは話しはじめた。すると彼も海員ではなくて、トロンヘーム（ノルウェー中部の海港）から来た大学出の技師で、機械の部品を買い、冷蔵技術の経験を得るためにアメリカに来ているのだということがわかった。遠くないところに住んでいて、海員宿泊所には上手なノルウェー人のコックがいたので、しばしば食事に来るのであった。彼はわたしのやっていることをたずねた。そこでわたしは自分の計画を簡単に説明した。週末までに原稿についてハッキリした返事を受け取らなかったら、筏の探検を始めます、とわたしは言った。食卓の友達は多くを言わなかったが、大きな興味をもって聞いてくれた。

四日後に、同じ食堂でまた出会った。

「旅行に行くか行かないか、お決めになりましたか」と彼は聞いた。

「決めました」とわたしは言った。「行きます」

「いつですか」

「できるだけ早く。あんまりグズグズしていると、南極から強風が吹いてきて、島々でも颶風《ぐふう》の季節になります。二、三カ月後にはペルーを出なければならないんですが、まず金を手に入れて、仕事を全部組織化しなければなりません」

「何人でやるのですか」

「全部で六人考えているんです。筏の上で交際の変化ができるし、毎日四時間ずつ舵を取るのにちょうどいい人数ですから」

彼は、一、二瞬間、一つの考えを繰り返し考えるようにして立っていた。それから突然力をこめて言った。

「くそっ。いっしょに行きたいなあ。わたしは技術的な測定とテストを引き受けることができます。もちろん、あなたは風や海流や波の正確な測定であなたの実験を支えなければならないでしょう。あらゆる航路の外にあるから、実際には知られていない広大な海域を横切ろうというのですからね。あなたのやるような探検は、水路学や気象学の面白い研究をすることができますよ。わたしは熱力学を活用することができます」

正直な顔つきからわかる以上には、わたしはその男について何も知らなかった。顔つきからは、相当のことがわかるものである。

「承知しました」とわたしは言った。「いっしょに行きましょう」

その男の名前は、ヘルマン・ワッツィンゲル、わたし同様船についてはズブのしろうとだった。
二、三日後に、わたしのお客様として、ヘルマンを探検家クラブへ連れて行った。ここでわれわれは、まっすぐに、極地探検家のペーター・フロイヘンのところへ行った。フロイヘンは人混みの中でもすぐ見分けがつくという有難い特質の持主だった。納屋《なや》の戸のように大きく、針金のような顎ひげを生やしていて、広々としたツンドラから来た使者のようだった。特殊な雰囲気が彼のまわりを取り巻いていた。——まるで灰色の大クマに道案内させて歩きまわっているようなところがあったのだ。
われわれは彼を壁にかかっている大きな地図のところに連れて行って、インディアンの筏に乗って太平洋を横断するというわれわれの計画について話をした。彼は子供っぽい青い目を皿のように大きくして、話を聞きながら顎ひげを引っぱった。それから木製の義足で床を踏み鳴らして、ベルトをぎゅっと締めた。

「くそっ！　いっしょに行きたいなあ」

そのグリーンランドの老旅行家はわれわれのジョッキにビールをなみなみと注《そそ》いで、原始人たちの舟と、陸でも海でも自然に順応して進む能力にたいして抱いている彼の信頼について語りはじめた。彼自身、シベリアの大きな河川を筏で下ったことがあり、北極の海岸にそって自分の船のうしろに原住民たちの乗った筏を曳航《えいこう》したことがあった。そして彼は話しながら顎ひげを引っ張って、君たちはたしかにすばらしいことをやろうとしているのだ、と言った。

フロイヘンがわれわれの計画を熱心に支持してくれたので、車は物凄《ものすご》いスピードで回転しはじめた。そしてまもなくスカンジナヴィア新聞に印刷された。その翌日、海員宿泊所のわたしの部屋のドアを猛烈にたたく音がした。下の廊下にある電話が、わたしにかかって来たのだ。話し合いの結果、ヘルマンとわたしが、その日の夕方、お邸町にあるアパートの一室を訪ねることになった。われわれは立派な洋服を着た青年に迎えられた。彼は光沢エナメル革のスリッパをはき、紺の背広の上に絹の化粧着を着ていた。彼はほとんど物柔かといっていい印象を与えた。そして風邪《かぜ》を引いていると言って弁解した。香水をつけたハンカチを鼻の下に当てていた。それにもかかわらず、われわれはこの男が戦時中飛行士としての功績によってアメリカに勇名を馳《は》せたということを知っていた。その一見虚弱な主人の他に、行動力と思いつきでまったくはち切れそうな二人の精力的な若いジャーナリストがいた。われわれは、その一人が有能な通信員であるということを知っていた。

主人は、上等のウィスキーを飲みながら、われわれの探検に興味を持ったことを説明した。そして帰って来てから新聞の記事を書き、講演旅行に出かけることを引き受けるなら、必要な資金を調達しようと申し出た。われわれはついに協定に達した。そして探検の後援者と参加者の協力の成功を祝して乾杯した。これからは、われわれの経済的な問題は全部解決されるだろう。そういった問題は後援者が引き受け、われわれを悩ますことはないだろう。ヘルマンとわたしは、ただちに乗組員と装備を集め、筏を建造し、颶風の季節が始まる前に出発することになった。

翌日ヘルマンは勤めをやめた。そしてわれわれは本気になって仕事にとりかかった。わたしはすでに、探検家クラブを通じて、頼んだものは何でも送るという空軍材料司令の研究所の約束を得ていた。われわれのするような探検は研究所の装備をテストするにはうってつけのものだと言われていた。これは上々の出だしだった。われわれの一番重大な仕事は、いまや、まず第一に、筏に乗って喜んでいっしょに行こうという適当な人を四人見つけるということと旅行に使う物資を手に入れるということだった。

筏に乗っていっしょに海に乗り出す仲間は注意深く選ばなければならない。さもなければ、一カ月も海で孤立していると、いざこざや反乱が

ニューヨークの探検家クラブにて。（左から一人おいて）ヘルマン、著者、極地探検家ペーター・フロイヘン。

起こるだろう。わたしは筏に海員を乗りこませたくなかった。海員はわれわれよりも多く筏の操縦について知っているわけではなかった。そして後になって、事がうまくいった暁《あかつき》に、たぶんわれわれがペルーの昔の筏作りよりもよい海員だったからだろうと言われたくなかった。とは言うものの、とにかく六分儀を使って、われわれのあらゆる科学的な報告の基礎として、海図に進路を記入することのできる人が一人必要だった。

「わたしは一人の画家を知っています」とわたしはヘルマンに言った。「大きな筋骨たくましい奴で、ギターを弾《ひ》くことができるとても面白い男です。商船学校を出て、画筆とパレットを持って家に落ち着くまで、何回も世界を回ったことがあります。子供のときから知っていて、何度も国の山々へキャンプの旅にいっしょに出かけたことがあります。手紙を書いて頼んでみましょう。きっと来ますよ」

「その人がよさそうですね」とヘルマンはうなずいた。「それから誰か無線を扱うことができる人が要る」

「無線！」とわたしは、ぞっとして言った。「無線でいったい何をしようというんですか。先史時代の筏の上じゃア、お門違《かどちが》いじゃありませんか」

「どうしてどうして。われわれがＳＯＳを送らないかぎり、あなたの学説に影響を与えはしないでしょうけれど、いざというときの備えになります。そして気象観測やその他の通信を送るため無線が必要になるでしょう。しかし強風警報を受けるには役に立たないでしょう。あのあたりの海向けの通信はありませんからね。また、たとえあったとしても、筏の上にいるわれわれにはなんの役にも立たない」

彼の議論はしだいにわたしの反対を弱めていった。反対の主な基盤は、押しボタンとダイアルにたいする愛情の欠如だったのだ。

「まったく奇妙なことですが」とわたしは認めた。「無線の小さなセットで大きな距離を結ぶってことでは、わたしは、一番いいコネクションを持っているんです。わたしは、戦争中無線隊に入れられました。適材適所ですよ。しかしわたしはどうしてもクヌート・ハウグランドとトルスティン・ロービーに一筆書かなくちゃあ」

「あの人たちをご存じなんですか」

「ええ。クヌートとは、一九四四年にイギリスではじめて会いました。原子爆弾を手に入れようとするドイツ軍の努力を阻止した落下傘降下に参加したというので、イギリス軍から勲章《くんしょう》をもらってましたよ。彼はリュカンの重水サボタージュのとき、無線技師でした。わたしが会ったときは、彼はノルウェーの他の仕事から帰って来たばかりでした。ゲシュタポがオスロの産科医院の煙突の中に秘密の無線を備えつけていた彼をキャッチしたんです。ナチスが方向探知で場所をつきとめて、そのビルディングはドイツ軍によってぐるっと取り巻かれました。出入口という出入口の前には、機関銃が配置されているんです。ゲシュタポの隊長のヘーマーが、みずから庭に立って、クヌートが運び下ろされるのを待っていました。しかし、運び下ろされたのは、彼自身の部下だったんです。クヌートはピストルで血路を開いて、屋根裏部屋から地下室へ下りました。そしてそこから裏庭へ出て、後から雨《あめ》霰《あられ》のような弾丸をあびながら、病院の塀を越して行方をくらましたんです。わたしはイギリスの古い城の中にある秘密の通信所で彼に会いました。彼は占領されたノルウェーにある一〇〇以上の送信所の間の地下の連絡を組織するために帰って来ていたのです。

わたし自身は落下傘部隊員として訓練を終わったばかりでした。そしてわれわれの計画はオスロの近くのノールマルクにいっしょに降下するということだったんです。しかしちょうどそのときロシア軍がキルケネス地方に進軍しました。そして、いわば、全ロシア軍から作戦を引き継ぐために、小さなノルウェーの分遣隊がスコットランドからフィンマルクへ送られたんです。わたしはそこへ送られました。そして、そこでトルステインに会ったんです。

その地方は本当の北極の冬でした。そして頭の上に彎曲《わんきょく》している星空に北極光（オーロラ）が閃《ひらめ》いていました。空は昼と言わず夜と言わず真黒でした。われわれが凍えて青くなり、毛皮を着てフィンマルクの焼けた地域の灰の山の中へやって来ますと、青い眼と剛《かた》い金髪の元気のいい奴が、山の中の小さな小屋からはい出してきました。これがトルステイン・ロービーだったんです。彼ははじめイギリスに逃げ、そこで特殊な訓練を受けて、トロムセの近くのどこかからノルウェーに潜入しました。戦艦ティルピッツの近くに、小さな送信機を持って隠れていました。そして一〇カ月の間、毎日イギリスに、船の上に起こったあらゆることについて報告を送っていたのです。ドイツの将校が立てた受信用のアンテナに秘密の送信機を接続することによって、夜報告を送っていたんです。ついにティルピッツをほうむったイギリスの爆撃機を誘導したのは、彼の規則的な報告だったんです。

トルステインはスウェーデンへ逃げて、そこからまたイギリスへ渡りました。それからフィンマルクの荒野のドイツ軍の戦線のうしろに新しい無線機を持って落下傘で降下しました。ドイツ軍が退却したとき、彼はわれわれ自身の戦線のうしろにいることがわかったんです。そこで隠れ家から出て、われわれの主な通信所が地雷で壊されていたものですから、小さな無線機でわれわれを助けてくれました。クヌートもトルステインも、きっといま家でブラブラしているのに飽き飽きしてますよ。そして木の筏に乗ってちょっとした旅行に出かけるのを喜んでくれますよ」

「手紙を書いて、頼んでごらんなさい」とヘルマンはうながした。

そこでわたしは、エリックとクヌートとトルステインに、短い手紙を書いた。言葉巧みな説得などはすこしも書かなかった。

「南海の島々にペルーから人が渡ったという学説を支持するために、木の筏に乗って太平洋を横断しようと思います。来ませんか。ペルーへ行き、南海の島々へ行き、帰って来る、ロハの旅行の他は何も保証しません。そして貴兄は航海で技術的な能力を活用することができるでしょう。至急ご返事をお待ちしております」

翌日、次のような電報がトルステインから着いた。

「ユク。トルステイン」

他の二人も承諾した。

仲間の六番目のメンバーとして、いろいろな人に目をつけたが、いつも何か障害がもち上がった。そうするうちにも、ヘルマンとわたしは食糧問題を片づけなければならなかった。われわれは旅行のときに古びたラマ（駱馬）の肉や乾燥したクマラ甘藷《かんしょ》を食べるつもりはなかった。というのは、われわれは自分が昔はインディアンだったということを証明するために、旅行しようとしているのではなかったからだ。われわれの意図は、インカの筏の動作と性能、その耐海性と積荷能力をテストし、自然力が筏を、ほんとうに、乗組員を乗せたまま、海を越えてポリネシアに推進させるかどうかを確かめることであった。われわれの先に行った原住民たちは、きっと乾燥した肉と魚と乾燥したクマラ甘藷が陸上における主食だったのだから、筏の上でもそういったものを食べて生きることができたのであろう。そしてわれわれは、実際の旅行のときに、海を横断するときに彼らが新鮮な魚と雨水を手に入れることができたかどうか確かめてみるつもりだった。われわれ自身の食べ物としては、わたしは簡単な野戦食糧を戦争の時から知っていたので、そのことを考えていた。

ちょうどそのとき、ワシントンのノルウェー大使館付き陸軍武官に新しい副官が到着した。わたしはフィンマルクで彼の中隊の副中隊長を務めたことがあり、彼が自分の前に置かれた問題を、なんでも猛烈なエネルギーで攻撃して解決することを好む「火の玉」だということを知っていた。ビェルン・レルホルトは、やっと問題を解決して、そのすぐ後にとっ組む新しい問題が見えないと、まったく途方にくれるといったような精力的なタイプの男だった。

わたしは彼に手紙を書いて事情を説明した。そしてあなたのいい鼻でアメリカ陸軍の兵站部《へいたん》の当事者を嗅《か》ぎ出してくださいと頼んだ。その研究所が、われわれが空軍の研究所のために装備を研究しようとしているのと同じように、われわれがテストすることのできる新しい野戦食糧を実験しているのではないかと考えたのだ。

二日後にビェルンがワシントンから電話をかけてよこした。自分はアメリカ陸軍省の渉外課に関係しているが、そこで事情を知りたがるだろうというのであった。

ヘルマンとわたしは、汽車でワシントンに駆けつけた。

ビェルンは、大使館付き陸軍武官の事務所の自分の部屋にいた。

「うまくいくと思うよ」と彼は言った。「大佐からの正式の書類を持って行きさえすれば、あした、渉外課で会ってくれる」

「大佐」というのは、ノルウェー大使館付き陸軍武官オットー・ムンテ＝コースのことだった。彼は好意的で、われわれの用向きを聞くと、みずから進んで正式の紹介状を書いてあげようと言った。

翌朝書類を取りに行くと、彼は突然立ち上がって、わたしがいっしょに行くのが一番いいだろうと言った。われわれは大佐の車に乗って、陸軍省のある、世界最大の、ペンタゴン・ビルディング（アメリカ、ヴァージニア州アーリントンにある外郭五角形の世界最大の官庁建築。この中に陸軍司令部、その他、陸・海・空軍および国防省の事務所がある）へ行った。大佐とビェルンは非常にスマートな軍服を着て前の座席に腰かけ、ヘルマンとわたしはうしろに腰かけて、眼の前の平野の上に聳《そび》え立っている巨大なペンタゴン・ビルディングを、窓ガラスからのぞいた。三万人の人が働き、二六キロメートルの廊下のあるこの巨大なビルディングは、これから行なわれる、陸軍の「お偉方」との「筏会議」の額縁を形づくるものであった。後にも先にも、小さな筏が、ヘルマンとわたしにとって、あれほどどうしようもなく小さく見えたことはなかった。

傾斜路や廊下を果てしなくさまよった後で、われわれは渉外課の入口に着いた。そしてまもなく、真新しい軍服に取り囲まれて、大きなマホガニのテーブルのまわりに腰かけた。渉外課長がみずから議長をつとめた。

テーブルの端にどっかと腰を下ろした、その頑丈な肩幅の広いウェストポイント（陸軍士官学校、ニューヨーク州南東部にある）出の将校は、最初、アメリカの陸軍省とわれわれの木の筏の間にどんな関係があるか理解するのにかなりな困難を示した。しかし大佐がよく考えた言葉で説明し、テーブルのまわりの将校たちの颶風のような検討の結果がうまくいったため、彼はしだいにわれわれの味方になってきた。そして興味をもって空軍材料司令の装備研究所からの手紙を読んだ。そして立ち上がって、参謀に正式の径路を経てこの方たちを援助するようにという簡潔な命令を与えた。そして、ご成功を祈りますよと言うと、会議室から闊歩《かつぽ》して行った。ドアが閉まると、若い大尉の参謀がわたしの耳にささやいた。

「ご入用のものが手にはいると思いますよ。軍の小さな作戦のようですね。そしてわたしたちの毎日毎日の平時のお役所仕事にちょっとした変化をつけてくれますよ。その上、装備を系統的にテストするいい機会になりますしね」

渉外課はただちに、主計総監の実験研究所のルイス大佐と会う手はずを整えてくれた。そしてヘルマンとわたしは自動車でそこへ連れて行かれた。

ルイス大佐は、スポーツマン・タイプの、愛想のよい巨人のような将校だった。彼はただちにいろいろな課の実験の責任者を呼び入れた。みんな友好的な人たちで、ただちに、われわれに徹底的にテストしてもらいたい装備をたくさん挙げた。野戦食糧から日焼けの膏薬《こうやく》や耐水の寝袋にいたるまで、われわれの望むことのできるほとんどあらゆる物の名前を述べたてたので、われわれの一番奔放《ほんぽう》な望みをさえ上まわっていた。それから品物を見るために所内を一巡させてくれた。われわれはスマートに包装された特別糧食を試食した。水の中につかっても火のつくマッチ、新しいプライマス・ストーブ（石油ストーブの一種）と水樽《みずだる》、ゴム袋と特殊な長靴、水に浮かぶ台所用品とナイフ、その他探検に必要なあらゆるものをテストした。

わたしはヘルマンを見た。彼は、金持ちのおばさんといっしょにチョコレート屋の中を歩いている、おりこうな、眼をキョロキョロさせた子供のようだった。背の高い大佐は先頭に立ってこういったすばらしいものを示した。そして一巡して帰って来ると、職員たちがわれわれの要求した品物の種類と量の書類を作った。わたしは戦い勝てりと思った。そして横になって静かに物事を考えるために、ひたすらホテルへ飛んで帰りたいと思った。そのとき、背の高い、友好的な大佐が突然言った。

「さて、これから中へはいって、所長と話をしなければなりません。こういったものを差し上げられるかどうか、決定するのは所長ですから」

わたしは心が長靴の中へ沈んで行くような気持がした。それじゃア、またはじめっから説明しなくちゃいけないのか。そして「所長」がどんなタイプの人なのかは天のみぞ知るだ。

所長は極度にまじめな態度の、小さな将校だった。テーブルのうしろに腰かけていて、われわれが部屋の中へはいって行くと、鋭い青い眼でわれわれを観察した。そしてお掛けくださいと言った。

「で、この方たちは何をお望みなのか」とルイス大佐に鋭くたずねた。眼はわたしの眼から離さなかった。

「はあ、ちょっとした物であります」とルイスは急いで答えた。彼はわれわれの用件の全体をかいつまんで説明した。その間所長は指一本動かさずに辛抱強く聞いていた。

「で、その代わりに何を下さるのか」と彼は、すこしも動かされずに言った。

「はあ」とルイスはとりなすような口調で言った。「たぶん、探検のときの苛《か》酷《こく》な条件の中で新しい糧食といくつかの装備を使ってみて、そういったものについて報告を書いてもらうことができると思いますが」

テーブルのうしろの極度にまじめな将校は、物に動ぜぬゆっくりした態度で椅子の中にそり返って、眼は相変わらずわたしの眼の上に据えていた。そして彼が冷静に次のように言ったとき、わたしは自分が深々とした皮の椅子の底へ沈んで行くような気持がした。

「どうやってみかえりをくだされるのか、さっぱりわからん」

部屋の中には死のような沈黙があった。ルイス大佐はカラーを直した。そしてわれわれは、誰も一言も言わなかった。

「しかし」と所長は突然口を開いた。そしていまや彼の眼の隅に一条の光が射して来ていた。「勇気と冒険心も大切だ。ルイス大佐、品物を差し上げなさい！」

ホテルに帰るタクシーの中で、わたしはまだ、喜びで半ば酔ったように腰かけていた。そのときへルマンがわたしの横で、一人で、クスクス、笑いはじめた。

「窮屈ですか」とわたしは心配して聞いた。

「いいえ」と彼は無邪気に笑った。「でもわたしは、わたしたちがもらった糧食の中にパイナップルが六八四箱はいっているのを考えていたんですよ。わたしの大好物なんです」

しなければならないことが山ほどあった。そしてそれは六人の乗組員と木の筏と積荷がペルーの海岸の一カ所に集まるときに、ほとんど集中していた。そしてそれまでには三カ月しかなかった。打出の小槌《こづち》があるわけではなし。

われわれは渉外課からの紹介状を持ってニューヨークに飛び、コロンビア大学のベーア教授に会った。彼は陸軍省の地理研究委員会の委員長だった。そして、最終的にヘルマンが科学的な測量のためのあらゆる貴重な器具と機械を手に入れることができたのは、そもそも彼のお蔭だった。

それからワシントンに飛んで、海軍水路学会のグラヴァ提督に会った。温厚な老海将は部下の将校を全部呼び入れて、ヘルマンとわたしを紹介しながら、壁にかかった太平洋の海図を指さした。

「この若い紳士たちは、われわれの海流図を点検してくださるのだ。助けてあげたまえ！」

車がもうすこし回転したとき、イギリスのラムズデン大佐がワシントンのイギリス陸軍司令部で会議を召集して、われわれの将来の問題とよい結果をあげる手段を論じ合ってくれた。われわれはたくさんのよい忠告と、筏の探検のときにテストするためにイギリスから飛行機で送られたイギリス軍の装備の一部を受け取った。そのイギリスの軍医は、神秘的な「サメ薬」の熱狂的な鼓吹者だった。サメがあまりのさばってきたら、その粉を水の上に二つまみほどまき散らす。するとサメはたちどころに消え失せてしまうであろう。

「先生」とわたしは丁重に言った。「この粉は信用できるものでしょうか」

「そうさね」とそのイギリス人は、にこにこ笑いながら言った。「そういうものを発見したいってだけの話さ」

時間が短いと、飛行機が汽車の代わりをし、自動車が脚の代わりをする。その結果財布が押し花のようにぺちゃんこになる。わたしがノルウェーに帰る切符を買う金を使ってしまうと、われわれはすぐ資金をもらおうと思って、ニューヨークの友達で後援者のところへ行ってノックをした。そこでわれわれは驚くべき、落胆すべき問題に出くわした。経済上のマネージャーが熱を出して寝ていて、二人の仲間は彼がふたたび活動するまでは無力なのだった。彼らは経済的な協定を固く守るつもりだった。しかし当分の間は何もすることができないのだった。われわれは仕事を延期するように頼まれた。無益な要請だった。というのは、いまやものすごい勢いで回転しているたくさんの車を、止めることはできないからだった。もう、続けることができるだけだった。止めたりブレーキをかけるには遅すぎた。友達の後援者たちは、われわれが彼らと関係なくすばやく行動することができるように、われわれと手を切って、全協定を解消することに同意した。

そこでわれわれはズボンのポケットに手を突っこんで、道の上に立っていたのである。

「一二月、一月、二月」とヘルマンが言った。

「そして土壇場《どたんば》は三月だ」とわたしは言った。「しかしそのときは、ただ出発しなくちゃならないんだ！」

もし他のあらゆるものがはっきりしないとしても、一つのことだけはわれわれにはっきりしていた。われわれの旅行は目的のある旅行だった。そしてナイヤガラを空《から》の樽の中へはいって流れ落ちたり、一七日も旗竿の玉の上に腰かけている軽業師といっしょにされたくはなかった。

「チューインガムやコカコーラの後援は真平だ」とヘルマンが言った。

この点では、われわれはまったく同感だった。

ノルウェーの通貨クローネは手に入れることができた。しかしそれは大西洋のこちら側の問題の解決にはならなかった。補助金を申請することはできた。しかし反対された学説のためにそれをもらうことはほとんどできないことだった。なんのことはない、そのためにこそ筏の探検に出かけようとしていたのだ。まもなく、新聞も個人的な後援者も、自分でもどこの保険会社でも自殺航海と見なしているものに、金を出そうとはしないということがわかった。しかし、もしわれわれが無事息災で帰って来たら、話は別であろう。

事態はかなり悲観的だった。そして何日もわれわれは陸を見ることができなかった。ムンテ゠コース大佐がふたたび登場したのはそのときだった。

「困ってるね」と彼は言った。「この小切手で始めなさい。南海の島々から帰って来られたら返してくれればいい」

他の人が何人か、彼の例にならった。そして個人からの借金が、まもなく、代理人たちやその他のものから援助を受けずに、乗り切ることができるほど大きくなった。われわれは南米に飛んで筏作りを始めることになった。

昔のペルーの筏はバルサの木から造られていた。バルサは乾いた状態ではコルクよりも軽い。バルサの木はペルーに生えている。しかしアンデス山脈の向こう側にしかない。だからインカ時代の舟子《かこ》たちは海岸にそって北のエクワドルに行きそこの太平洋の縁で自分たちの巨大なバルサの木を切り倒したのだ。われわれも同じことをやろうとした。

こんにちの旅行の問題は、インカ時代とは違っている。自動車や飛行機や交通公社などは見つけることができるが、物事があまり簡単にならないのは、国境というものがあるからである。そこには金ボタンの用心棒がいて、幸いにして入国ができるとしても、人のアリバイを疑い、荷物を虐待し、判を押した書類を山ほど書かせる。奇妙な品物のいっぱいはいった荷造り箱とトランクを持って、南米に上陸して帽子を持ち上げ、片言のスペイン語で、入国させて、筏に乗って行かせてくださいと丁重に頼むことはできないと決めてしまったのは、こういった金ボタンの人たちを恐れたからだった。われわれは刑務所へぶち込まれるだろう。「いや」とヘルマンが言った。「公式の紹介状を手に入れなくちゃいけない」

解散した三人組の一人である友人は国際連合の記者だった。そしてわれわれをそこへ自動車で連れて行ってくれた。世界中の国から来た人たちが並んでベンチに腰かけ、うしろの壁を飾っている巨大な世界地図の正面に立っている、黒い髪をしたロシア人の流れるような演説に静かに耳を傾けている、大きな会議室の中へはいったとき、われわれは大いに感銘を受けた。

友達の記者は、休憩時間にペルーからの代表者を一人、のちほどエクワドルの代表者を一人、つかまえてくれた。休憩室の深々とした皮のソファーに腰を下ろして、彼らは、自分の国から出た古代文明の人たちが、太平洋諸島に達した最初の人であるという学説を支持するために、海を横断するというわれわれの計画に熱心に耳を傾けてくれた。二人とも、自分の政府に知らせることを約束した。そしてわれわれがそれぞれの国へ行ったときの援助を保証してくれた。トリグヴェ・リーは、休憩室を通りかかって、われわれが同じ国の者であると聞いてやって来た。すると誰かが、筏に乗っていっしょにいらっしゃったらと言った。しかし彼には陸の上に大きな波があったのだ。国際連合の事務次長で、チリーから来たベンジャミン・コーエン博士は、彼自身有名なアマチュアの考古学者だった。そして個人的な友達である、ペルーの大統領に宛てた手紙をくださった。われわれはまた会議室で、ノルウェー大使、モルゲンスティエルネのヴィルヘルム・フォン・ムンテに会った。彼はこのときいらい、探検に計り知ることのできないほどの援助を与えた。

そこでわれわれは切符を二枚買って、南米に飛んだ。四つの重いエンジンが次々と轟きはじめると、われわれは疲れはてて、深々としたひじかけ椅子に体をうずめた。プログラムの最初の段階が終わった。いまや冒険に向かって邁進《まいしん》しているのだという言うに言われぬ安心感があった。

第三章　南米へ

飛行機は赤道を横切りながら、それまで下のほうに、燃えるような太陽に照らされて眼のくらむ雪の荒原のように横たわっていた乳白色の雲の中を、下降しはじめた。羊毛のような蒸気が窓にまつわりつき、それが無くなって上のほうに雲のように垂れ下がった。そして大波のようにうねるジャングルの輝かしい緑色の屋根が現われた。われわれは南米のエクワドルの共和国に入り、グワヤキール（エクワドル西部の海港、太平洋中の一湾グワヤキール湾に臨む）の熱帯の港に着陸した。

きのうのジャケツ、チョッキ、オーバーを腕にかけて、われわれは温室のような大気の中へはい出して、熱帯的な服装をしてペラペラしゃべる南国人たちに会った。そしてシャツが濡れた紙のように背中にくっつくのを感じた。われわれは税関と移民の役人に抱擁され、ほとんど胴上げせんばかりにしてタクシーに運ばれた。そして町で一番いいホテルに連れて行かれた。唯一のいいホテルだった。ここでわれわれはさっそく風呂場に行って、水道の蛇口の下にはいつくばった。

われわれはバルサの木が生えている国に着いたのだ。そして筏を建造する材木を買おうとしているのだ。

最初の日は、貨幣制度とホテルに帰れるだけのスペイン語を覚えるのに使った。

二日目には風呂から着々と行動範囲を拡げていった。そしてヘルマンが本当の椰子の木にさわりたいという子供のときのあこがれを満たし、わたしが歩く果物サラダの入れもののようになったとき、バルサの交渉をしに行くことに決めた。

不幸なことには、これは言うに易《やす》く行なうに難《かた》かった。たしかにバルサをたくさん買うことはできた。しかし、われわれが欲しているように、丸太の形ではなかった。バルサの木が海岸で手にはいる時代は過ぎ去っていた。この間の戦争がそういった時代を終わらせたのだ。バルサは非常に気孔が多くて軽かったので、何千本も切り倒されて、船で飛行機工場に送られた。われわれは、大きなバルサの木が生えているところは国の奥地のジャングルの中だけだと言われた。

「それじゃア奥地へはいって行って、自分で切り倒さなくちゃアなりません」とわれわれは言った。

「不可能なことです」と権威者たちは言った。「雨季が始まったばかりで、洪水と深い泥のためにジャングルへ行く道は全部通ることができませんよ。もしバルサの木が欲しいなら、半年経ってからまたエクワドルにいらっしゃい。そのときには、雨季が終わって道が乾いているでしょう」

進退きわまって、われわれはエクワドルのバルサ王、ドン・グスタヴォ・フォン・ブッホヴァルトを訪ねた。そしてヘルマンが、必要な材木の長さを記入した筏の自作のスケッチを開いた。痩《や》せて小さなバルサ王は熱心に電話をつかんで、代理人たちに探させてくれた。どこの製材所にも、厚い板や軽い板や個々の短い角材はあった。しかし役に立つ丸太は一本も見つけることはできなかった。ドン・グスタヴォ自身のごみ捨場に、ほくちのように乾いた大きな丸太が二本あった。しかしそれでは遠くまで行けないだろう。探索が無駄なことは明らかだった。

「兄が大きなバルサの山を持っています」とドン・グスタヴォが言った。「名前はドン・フレデリコといって、キベドに住んでいます。まっすぐ上の小さなジャングルの町です。雨季の後で兄を捕まえれば、すぐご入用のものを全部もらうことができますよ。上のほうのジャングルの雨のために、いまは駄目です」

ドン・グスタヴォが駄目だと言ったら、エクワドルのバルサの専門家は全部駄目だと言うだろう。だからわれわれはこのグワヤキールにいて筏のための材木もなく、何カ月か後まで奥地へ行って自分で木を切り倒す可能性もないのだ。しかし何カ月か後ではいかにしてもおそすぎるのだ。

「時間がない」とヘルマンが言った。

「そしてバルサを手に入れなくちゃならない」とわたしは言った。「筏はまったく昔のとおりでなくちゃならない。そうでないと、生きて帰る保証がなくなってしまう」

ホテルで見つけた学校の小さな地図は、ジャングルは緑色に、山は褐色に着色して、人の住んでいるところは赤い丸で囲んであったが、それによると、ジャングルは、太平洋から、聳え立つアンデス山脈まで、ひっきりなしに続いていた。わたしは一つのことを思いついた。いま、海岸地帯からジャングルを通ってキベドのバルサの木のところに行くことは、明らかにできない相談だったが、アンデス山脈の雪の裸山からジャングルの内部へまっすぐに下りて来ることによって、奥地のほうからバルサの木のところに行くことができるとしたら？　ここには可能性があった。考えられる唯一の可能性だった。

飛行場には、海抜三〇〇〇メートルのアンデスの高原にある、この奇妙な国の首府、キトーに連れていってやるという小さな貨物飛行機があった。雲の中にはいる前に、荷造り箱や家具の間から、ときどき、緑のジャングルや輝く川が見えた。ふたたび雲から出て来たときには、低地は果てしない海のようなうずまく蒸気の下に隠れていたが、前のほうには乾いた山腹と裸の断崖が霧の海から輝かしい青空までまっすぐに聳え立っていた。

飛行機は眼に見えない登山ケーブルカーに乗ったようにまっすぐに登った。そして赤道そのものが見えるのに、とうとうわれわれの行く道には輝く雪の原が現われた。それからわれわれは山の間や春の緑に装われた豊かな高原の上を滑るように飛んで行って、その上にある、世界で一番変わった都に着陸した。

キトーの一五万人の住民は、大部分、純血あるいは混血の山のインディアンだった。というのは、キトーはコロンブスとわれわれ自身の人種がアメリカを知るずっと前から、彼らの祖先自身の都だったからである。その前には、測りしれない価値を持った美術品のある古いお寺や、日に乾した粘土の煉瓦《れんが》で建てられた低いインディアンの家々の屋根の上に聳え立っている、スペイン時代からの、その他の壮大な建物がたくさんある。ひどく入り組んだ路地が粘土の壁の間をくねっていた。そしてこういった路地には、赤い斑点《はんてん》のついたマントを着て、大きな手製の帽子をかぶった山のインディアンがうじゃうじゃしていた。荷物を運ぶロバを連れてマーケットへ行く者もあり、アドービ煉瓦（前出の日に乾した粘土の煉瓦）の壁にもたれて背中を丸め、熱い太陽に照らされながら居眠りしている者もあった。熱帯の服装をしたスペイン系の貴族たちを乗せた自動車が二、三台、速度を落とし絶え間なく警笛を鳴らしながら、一方通行の路地にそって、子供たちやロバやすねを出したインディアンたちの間をやっと通って行った。この高原の空気は輝く水晶のように清澄だったので、まわりの山々が街の絵の中へはいって来て、その、この世ならぬ雰囲気に寄与するかのようだった。

貨物飛行機のなかで友達になったホルへは、「飛行機狂い」というあだ名だったが、キトーの古いスペイン系の家柄だった。彼は一軒の古風で面白いホテルにわれわれを落ち着かせた。それから一人で歩きまわったり、われわれを連れて歩きまわったりして、山々を越えてキベドに通ずるジャングルに行けるように骨を折ってくれた。われわれはその晩古いスペイン風の喫茶店で会った。するとホルへは悪い報《し》らせをたくさん持っていた。キベドへ行くという考えを、ただ捨てなければならない。山を越えてわれわれを連れて行く人も車も手に入れることはできないだろう。そしてジャングルの中へ連れて行く人も車もないことはたしかだった。そこでは雨季が始まっており、泥の中にはまっていると襲撃の危険があるからだった。つい昨年、一〇人のアメリカの石油技師の一隊が、エクワドルの東部で、毒矢で殺されていたばかりだった。そこには、まだ森のインディアンがたくさんいて、真裸でジャングルの中を歩きまわって、毒矢で狩りをしているのだった。

「そのなかには首狩りをする蕃人《ばんじん》もいます」とホルへは洞声《うろごえ》で言って、ヘルマンが、すこしも驚かずに、もっと牛肉をとり葡萄酒《ぶどうしゅ》を注いでいるのを見た。

「誇張していると思っていらっしゃる」と彼は低い声で続けた。「しかし厳重に禁じられているのですが、この国には、まだ縮んだ人間の頭を売って生活している人がいるんです。それを抑えることは不可能です。だから今日まで、ジャングルのインディアンは他の遊牧のインディアンの中の敵の首をはねているんです。彼らは頭蓋骨《ずがいこつ》をぶっ潰《つぶ》して取り去り、頭の空の皮に熱い砂を詰める。だから、頭全体が猫の頭ぐらいになってしまうんですよ。形や目鼻立ちはそのままでね。こういった、敵の縮んだ頭は昔は貴重な戦利品でした。いまでは闇《やみ》市場の掘出し物です。混血の仲買人たちが海岸のバイヤーたちのところに送り、バイヤーたちは法外な値段で旅行者に売っています」

ホルへは勝ち誇ったようにわれわれを見た。ヘルマンとわたしが、その同じ日に、守衛小屋へ引っ張りこまれて、こういった頭を二つ、一つ一〇〇〇スークレ（エクワドルの通貨）で買ったということをすこしも知らなかったのだ。こういった頭は、こんにちでは、猿の頭から作ったにせ物のことがよくあった。しかしこの二つは正真正銘の純血のインディアンだった。そして眼や鼻が一つ一つ保存されているほど真に迫っていた。それは男と女の頭だった。両方ともオレンジくらいの大きさだった。ただ睫毛《まつげ》と長くて黒い髪の毛だけが自然の大きさを保っていた。わたしはホルへの警告に身震いしたが、山々の西に首狩りをする蕃人がいるかどうかは疑わしいと言った。

「わかりっこありませんよ」とホルへは陰気に言った。

「そして、もしあなたの友達が見えなくなって、その頭が小さくなってマーケットに出て来たら、何と言うつもりですか。そういったことが前にわたしの友達に起こったんです」と彼はつけ加えて、頑固にわたしを見つめた。

「その話をしてください」とヘルマンは、ゆっくり牛肉を噛《か》みながら、ただ軽く面白がって言った。

わたしはフォークを注意深く横に置いた。するとホルへは話をした。彼は前に妻といっしょにジャングルの前哨《ぜんしょう》地点に住んで、砂金を探したり、他の砂金探したちの取ったものを買い上げたりしていた。彼の家には、その頃、定期的に金を持って来てそれを物に替える原住民の友達が一人いた。ある日この友達がジャングルの中で殺された。ホルへは犯人をつきとめて、射《う》つぞとおどかした。ところで犯人は縮んだ人間の頭を売っているのではないかと思われていた者の中の一人だった。そこでホルへは、いますぐ頭を渡せば命は助けてやると約束した。犯人はすぐさまホルへの友達の頭を取り出した。それはもう人間の拳《こぶし》のように小さくなっていた。ホルへは友達に再会してとても驚いた。まったく変わっていないからだった。ただあまりにも小さくなってしまっているだけだった。非常に心を動かされて、その小さな頭を妻のところへ持って帰った。彼女はそれを見ると気を失った。それでホルへは友達をトランクの中へ隠さなければならなかった。しかしジャングルの中は非常にしめっぽかったので、緑色のカビがいっぱいその頭の上に生えた。そこでホルへはときどきそれを取り出して、日に乾かさなければならなかった。それは髪の毛で干しもの綱に非常にうまくぶら下がった。そしてホルへの妻はそれを見るたびに気を失った。しかしある日鼠《ねずみ》がトランクに穴を開けて、友達をめちゃめちゃにしてしまった。ホルへは非常に悲しみ、飛行場に小さな穴を掘って、友達を盛大に埋葬してやった。けっきょく彼は人間だからね、とホルへは結んだ。

「おいしいご馳走《ちそう》だ」とわたしは、話題を変えるために言った。

暗闇《くらやみ》の中を家に帰る途中、ヘルマンの帽子が耳の下まで下がっているので、いやな感じがした。しかし彼は、ただ山々から吹いてくる冷たい夜風から身を守るために、それを引き下ろしていただけなのだ。

翌日われわれは、郊外にあるノルウェー総領事ブリューンの大きな別荘のユーカリ樹の下で、ブリューン夫妻といっしょに腰を下ろしていた。ブリューンは、われわれの計画したキベドへのジャングルの旅が、帽子のサイズを徹底的に変えるようなことになるとはほとんど思っていなかった。しかし——！　われわれの訪ねようと思っているちょうどその地方には、盗賊がいた。彼は、キベドのまわりの地域を荒らすバンディド（山賊）を掃討するために、乾季が来たら軍隊が送り出されると報じた地方新聞の切抜きを取り出した。いまそこへ行くということは、まったく狂気の沙汰だった。そして案内人や輸送機関を手に入れることはけっしてできないだろう。彼と話をしているとき、アメリカの大使館付き陸軍武官の役所から来たジープが道路を疾走してくるのが見えた。そしてこれを見てわれわれは一つのことを思いついた。われわれは、総領事といっしょにアメリカ大使館へ行った。そして陸軍武官その人に会うことができた。カーキ色の軍服を着て乗馬用の長靴をはいた、きちんとした、気軽な青年だった。そして地方新聞が木の筏に乗って海にお出になると言っているときに、どうしてアンデス山脈の上に迷いこんで来られたんですか、と笑いながら聞いた。

われわれは、木はまだキベド・ジャングルの中に立っていることを説明した。そしてわたしたちは大陸の尾根の上にいて、そこに行くことができないんです。われわれは陸軍武官に、(イ)飛行機を一機とパラシュートを二つか、(ロ)ジープとその地方を知っている運転手か、どっちかを貸してくださいと頼んだ。

陸軍武官は、最初われわれの自信に対して唖然《あぜん》として腰かけていた。それからあきらめたように首を横に振って、ほほえみながら言った。承知しました。第三の選択をさせてくださらないなら、二番目を取りましょう！

翌朝五時一五分すぎに、ジープがホテルの玄関にやって来た。そして、エクワドルの工兵大尉が跳び出して、お伴いたしますと言った。彼の命令は、泥の有無にかかわらず、われわれをキベドに運ぶことだった。ジープはガソリンの缶でいっぱいだった。これから行こうとする道には、ガソリン・ポンプも車の跡《あと》もないからだった。新しい友達のアグルト・アレクスィス・アルバレス大尉は、バンディドの報告があったものだから、小刀と火器で一分《いちぶ》のすきもなく武装していた。われわれは、海岸で現金と引き替えに材木を買うために、ジャケツとネクタイで平和にその国にやって来た。そしてジープの上のわれわれの装備は、缶詰の袋だけだった。ただ、急いで中古のカメラと丈夫なカーキ色の軍服のズボンを手に入れただけだった。それから、総領事が道を横切るものは何でも皆殺しにするために、彼の大きなパラベラム・ピストルと十分な弾薬を押しつけた。ジープは、月が白色塗料を塗ったアドービ煉瓦の壁の上に幽霊のように青白く輝いている人気《ひとけ》のない路地を疾走した。そして田舎へ出て、山岳地方を南のほうへ、よい砂の道にそって眼のくらむようなスピードで走った。

ラタクンガの山村までは、ずっと尾根つづきに、快調に進んだ。ラタクンガでは、窓のないインディアンの家が、広場にある白色塗料を塗った教会と椰子のまわりに目が見えない人のように群がっていた。ここで、西のほうに山を越え谷を渡ってアンデス山脈の中へ起伏しまがりくねっているラバの道にわけ入った。われわれは夢想だにしなかった世界にはいったのだ。それは——太陽の東、月の西——時間と空間を超越した——山のインディアン自身の世界だった。初めから終わりまで、荷車も車も見なかった。交通は、足のしゃんとした、威厳のあるラマの無秩序な群を追って行く、派手な色の

上左—バルサを求めてアンデス山脈中を行くジープ。海抜4000メートル。
上右—ロバを連れたインディアン。
下左—歩きながら毛をつむぐインディアンの女。
下右—ラマの群れ。

ポンチョを着た、すねを出したヤギ飼いから成り立っていた。そしてときどきインディアンの一家が家中そろって道をやって来た。夫がたいていラバに乗って前を行き、小さな妻が、持っているだけの帽子を全部頭にかぶり、一番小さな子供を袋に入れて背負い、うしろから小走りにやって来た。そして走りながら、いつも指では毛をつむいでいた。ロバとラバが、大きな枝やトウシングサや陶器を積んで、うしろからのんびりと歩いて来た。

遠くに行くにしたがって、スペイン語を話すインディアンが少なくなっていった。そしてまもなく、アグルトの語学力は、われわれ自身と同じように役に立たなくなった。山々の中に小屋の集落が点在していた。粘土で作られているものはだんだん少なくなっていって、小枝と乾した草で作られたものが多くなっていった。小屋も、日に焼けて皺のよった顔をした人たちも、アンデス山脈の岩壁に照りつける山の太陽の焼くような効果によって、大地から生じたもののように見えた。彼らは、山の草自体のように自然に、断崖や、小石だらけの斜面や、高地の牧草地に属していた。持ち物が少なく、背の低い山のインディアンたちは、野獣のような針金のような固さと、原始人のような子供のような素早さを持っていた。そして話ができなくなるにしたがって、笑うことができるのだった。会う人がみな、雪のように白い歯をした輝かしい顔で笑いかけた。白人がこれらの地方で一銭でも使ったり稼いだりしたことを示すものは何もなかった。ここには広告のポスターも道標もなかった。そしてブリキの箱や紙切れが道端《みちばた》に投げ落とされれば、すぐさま便利な家庭用品として拾い上げられるであろう。

灌木《かんぼく》も木もない、陽のカンカン照りつける坂を上り、砂漠とサボテンの谷に下り、登りつめてついに一番高い頂きに着いた。雪の原が頂きのまわりを取り囲み、風が非常に冷たかったので、シャツを着てジャングルの暑さにあこがれながら、凍えて粉々になってしまわないように、スピードを落とさなければならなかった。長い間、次の道路の影を探して、山の間や、小石だらけの斜面や、草の生えた峰《みね》の上を走らなければならなかった。しかしアンデス山脈が低地に向かって垂直に落ちている西の壁に着いたとき、ラバの道がぼろぼろの岩の中の棚にそって断ち切られていて、断崖絶壁と谷間がまわりをぐるっと取り巻いていた。友達のアグルトがハンドルの上にかがみこんで、断崖に来るたびにくるっと向きを変えるとき、われわれは彼に全幅の信頼を抱いていたのであった。突然激しい一陣の風が前から吹いてきた。われわれはアンデス山脈の一番外側の頂きに着いていたのだった。そこでは山が、一連の断崖となって、四〇〇〇メートル下の底知れぬ深淵の中にあるジャングルへと落ちていた。しかしわれわれはジャングルの海を見渡す眼のくらむような光景にたいして、目隠しされていたのであった。というのは、縁に着くやいなや、厚い雲の堤が魔女たちの釜《かま》から立ち昇る湯気のようにまわりにうずまいたからだった。しかしいまやわれわれの道は深淵の中にまぎれもなく走り下りていた。谷間や絶壁や峰にそって急旋回《きゅうせんかい》しながら、下へ下へと。そして空気は湿っぽく暖くなって、下のジャングル世界から立ち上る、重い、ぐったりするような温室の空気に満ちていくばかりだった。

それから雨が始まった。はじめは静かに、それからどしゃ降りになって、太鼓のばちのようにジープの上を打ちはじめた。そしてまもなくチョコレート色の水が、四方八方の岩を流れ下りた。われわれもまた、うしろの乾いた高原から別の世界へと、ほとんど流れ下りたのだった。棒きれや石や粘土の坂は、コケと芝がみずみずしく繁茂《はんも》していてやわらかかった。木の葉は上にとんがっていた。そしてまもなく、緑色のこうもり傘のように垂れ下がって、山脈の上にしずくを垂らす巨大な葉になった。それからジャングルの木の最初の微弱な前進陣地がやってきた。木からはコケの重いふさや顎ひげ、そして、ツタカズラの類が垂れ下がっていた。ゴボゴボ、バチャバチャいう音がいたるところでした。傾斜がゆるやかになるにしたがって、ジャングルが緑色の巨人の大軍のようにたちまちにふくれ上がって、水びたしの粘土道をハネを上げながら走って行く小さなジープを呑みこんだ。われわれはジャングルにいたのだ。空気は湿って暖く、植物の匂いを重くはらんでいた。

一つの峰の上にある一群の椰子の屋根の小屋に着いたときに、暗闇が襲ってきた。暖い水を垂らしながら、乾いた屋根の下で一夜を過ごすために、ジープを後にした。小屋の中でわれわれを襲ったノミの大軍は、翌日の雨で溺《おぼ》れて死んだ。バナナやその他の南国の果物を満載したジープは、もうずっと前に底に着いたように思われたのだが、まだまだジャングルの中を、下へ下へと走りつづけた。泥はひどくなっていった。しかし動けないほどではなかった。そして盗賊はどこか知らない遠くにいるらしかった。

道が、ジャングルの中をうずまき流れる泥水の広い川によって遮《さえぎ》られてはじめて、ジープは動けなくなった。にっちもさっちもいかなかった。川の堤にそって上がることも下がることもできなかった。からっとした開墾地《かいこんち》に小屋が一軒立っていて、混血のインディアンが二、三人、日当りのいい壁にアメリカヒョウの皮を拡げ、犬や鶏《にわとり》が、日に乾かすために拡げられたココアの豆の上をバチャバチャとびまわって喜んでいた。ジープがガタガタ進んで来ると、その場所は活気づいてきた。そしてスペイン語を話す人たちが、これはパレンケ川で、キベドはこのちょうど向こう側ですと言った。そこには橋はなかった。そして川は、流れが急で深かった。しかし人々はあなた方とジープを筏で運んで上げましょうと言った。筏は堤のそばに置いてあった。腕や脚のように太い、彎曲した丸太が、植物の繊維と竹でしばりつけられて、うすっぺらな筏を形づくっていた。縦横、ジープの二倍の大きさだった。おのおのの車輪の下に板を敷き、びっくり仰天しながら、ジープを丸太の上に走らせた。すると丸太は大部分泥水の下に隠れたけれども、ジープとわれわれと長い棹《さお》で押す四人の半裸体のチョコレート色の男たちを運んでくれた。

「バルサ？」とヘルマンとわたしは異口同音に聞いた。

「バルサ」と男たちの一人がうなずいて、馬鹿にしたように丸太を蹴《け》った。

われわれは流れにとらえられて、川をうずまき下った。そして男たちはたくみに竿を使って、筏が斜めに流れを横切って向こう側の静かな水の中へ行くようにした。これがバルサの木にお目にかかった最初であり、バルサの筏に乗った最初だった。われわれはさらに下手の堤に安全に筏を着け、エンジンをかけて堂々とキベドに乗りこんだ。椰子の屋根の上に動かない禿鷹《はげたか》を乗せた、タールを塗った木の家々が、一種の通りを形づくっていた。そしてこれが町の全部だった。住民たちは手に持っていた物を全部ほうり出して、黒いのも、褐色のも、老いも若きも、入口と窓の両方から群がり出て来た。彼らはジープを迎えるために押し寄せて来た。おどしたり、ベチャベチャしゃべったりする人間の波だった。彼らはジープの上によじ上り、下に潜りこみ、まわりに群がった。われわれは持ち物にしがみつき、アグルトはハンドルを動かそうとして悪戦苦闘した。それからジープがパンクして片膝《かたひざ》をついてしまった。われわれはキベドに着いたのだ。そして歓迎の抱擁を忍ばなければならなかったのだ。

ドン・フレデリコのバルサの山はすこし川下にあった。ジープがアグルトとヘルマンとわたしを乗せて庭の中へはいりマンゴー（果樹）の木の間の小路《こみち》をガタガタやって来ると、痩せて年とったジャングルの住人、フレデリコが、甥《おい》のアンへロといっしょに、小走りで、出迎えにやって来た。アンへロは小さな男の子で、フレデリコといっしょに山の中で暮らしているのだった。われわれはドン・グスタヴォからの手紙を渡した。そしてまもなく、ジープだけが庭の中に取り残されて、すがすがしい熱帯の夕立がジャングルの上に流れ落ちた。ドン・フレデリコのバンガローでは、お祭のご馳走があった。子豚とひよこが、囲いのない火の上でパチパチ音を立てていた。われわれは南国の果物を山と積み上げた皿を取り巻いて腰かけ、来た目的を説明した。外の地面に降り注ぐジャングルの雨が、編み細工になった窓からかんばしい花と粘土の匂いのする一陣の風を吹き送った。

ドン・フレデリコは子供のように元気になった。彼は子供のときからバルサの筏を知っていたのだ。五〇年前、彼が海岸に住んでいたとき、ペルーから来たインディアンたちがグワヤキールで魚を売るために、まだ大きなバルサの筏に乗って海岸ぞいに帆走してきたものだった。インディアンたちは筏のまんなかにある竹の小屋の中に干物を二トンも積んで来たり、筏の上に妻や子供や犬や鶏を乗せて来たりすることができた。彼らが筏のために使ったような大きなバルサの木は、いまは雨季で見つけにくいだろう。というのは、洪水と泥のために、馬に乗っても、上の森の中にあるバルサの山に行くことはもうできなくなっていたからだった。しかしドン・フレデリコはできるだけやってみましょうと言った。もっとバンガローに近い森の中に、まだ野生のバルサがぽつんぽつんと生えているかもしれなかった。そしてたくさんはいらなかったのだ。

夕方遅くなってから、しばらくの間雨が止んだ。そこでバンガローのまわりのマンゴーの木々の下を一巡した。ここに、フレデリコは世界中のあらゆる種類の野生の蘭《らん》を集めていて、椰子の実を半分に切ったものを植木鉢として、枝からぶら下げてあった。栽培された蘭と違って、この珍しい植物はすばらしい香りを発散した。そこでヘルマンがその一つに鼻を突っこむためにかがんでいた。そのとき長っ細い、キラキラするウナギのようなものが上の葉から現われた。アンヘロの鞭《むち》が稲妻《いなずま》のように一撃した。そして蛇《へび》が地面に落ちてのたくった。一瞬後に、それは叉《また》になった棒で、頭を地面にしっかり抑えつけられた。そしてその頭が潰された。

「命取りです」とアンヘロは言った。そして二本の曲がった毒牙《どくが》を見せてくれた。

われわれは毒蛇がいたるところの葉の中に隠れているのが見えるような気がしてならなかったので、アンヘロの戦利品を棒にぶらりとぶら下げて、そっと家の中へはいった。ヘルマンはその緑色の怪物の皮をむくために腰を下ろした。そしてドン・フレデリコは、毒蛇や、皿のように太い大蛇について夢のような話をした。そのとき突然、壁の上に二匹の巨大なサソリの影を認めた。イセエビくらいの大きさだった。突進し合って、生きるか死ぬかの闘いをやっている。うしろの部分が上を向き、尻尾《しっぽ》のところの曲がった毒の針が、一撃のもとに相手を殺そうと身構えている。恐ろしい光景だった。そして油のランプを動かしたときはじめて、それが、机の縁で闘っている、人間の指くらいの大きさの二匹のまったく普通のサソリが超自然的に巨大な影を投げていたのだということがわかったのだった。「やらせておきなさい」とドン・フレデリコは笑った。「どっちか殺されるでしょう。そして生き残ったほうは家の中でアブラムシを退治してもらうために必要です。ただ蚊帳《かや》をベッドのまわりにしっかりくっつけて、服を着る前には振ってください。そうすれば大丈夫です。わたしは何度もサソリに嚙まれました。そしてまだ生きています」と老人は、笑いながら言った。

わたしはよく眠った。ただ、トカゲやコウモリが枕《まくら》の近くであまりやかましくてギイギイ、ガサガサするたびに、毒を持った生き物を考えて眼を覚ましただけだった。

翌朝、われわれは早く起きてバルサの木を探しに行った。

「服は振ったほうがいいですよ」とアグルトが言った。そしてそう言ったとき、サソリが彼のシャツの袖《そで》から落ちて、床の割れ目に跳びこんだ。

日の出のすぐ後で、ドン・フレデリコは、雇い人たちを馬に乗せて四方八方にやって、道にそって生えていて容易に手にはいりそうなバルサの木を探させた。われわれ自身の組は、ドン・フレデリコとヘルマンとわたし自身だった。そしてまもなく、ドン・フレデリコの知っている巨大な古木のある空地《あきち》に来た。その木はまわりの木の上に高く聳えていた。そして幹は直径一メートルもあった。ポリネシアの様式に従って、その木に触《さわ》る前に名前をつけた。クという名前をつけたのだ。アメリカ起源のポリネシアの神に因《ちな》んだものだった。それから斧をふるって、森がこだまするまでバルサの幹に打ちこんだ。しかし樹液の多いバルサを切るのは、なまくら斧でコルクを切るようだった。斧は簡単に跳《は》ね返った。そしてわたしは、何回も斧を打ちこむことができないうちに、ヘルマンと交代しなければならなかった。斧は何度も手を替えた。そしてこっぱが飛び、ジャングルの暑さの中で汗がしたたり落ちた。

その日遅く、クは斧を打ちこまれて震えながら、一本脚で雄鶏のように立っていた。まもなく彼はよろめいて、まわりの森の上にどさっとくずれ落ちた。そしてその巨人が倒れるときに、大きな枝や小さな木がいっしょに引き倒された。われわれは幹から枝を落とし、インディアンの様式に従ってジグザグに皮をむきはじめた。そのときヘルマンが突然斧を落っことして、まるでポリネシアの出陣の踊りのように空中に跳び上がった。手を脚に圧しつけている。彼のズボンの脚から、長い針を持ちサソリのように大きなキラキラする蟻《あり》が落ちた。それはイセエビのはさみのような頭蓋骨を持っていたに違いない。というのは、それを踵《かかと》で土の上に踏みつけることがほとんどできなかったからである。

「コンゴです」とドン・フレデリコは残念そうに言った。「こんな畜生は小さいけれども、サソリよりも悪い。しかし達者な人には危険ではありません」

ヘルマンは何日間か痛がっておとなしくしていた。しかしこのためにわれわれといっしょに馬に乗ってジャングルの小道を走って行き、森の中に巨大なバルサをもっと探すことを止めはしなかった。ときどき、処女林のどこかで、ぎいぎい、ばりばり、どさっという音が聞こえた。ドン・フレデリコは満足気にうなずいた。それは彼の混血のインディアンたちが筏のための新しい巨大なバルサを切り倒しているという意味だった。一週間の後には、クの後にカネ、カマ、イロ、マウリ、ラ、ランギ、パパ、タランガ、クラ、クカラ、ヒティが続いた。一二本の強大なバルサで、全部、昔ティキといっしょにペルーから海を渡ったポリネシアの伝説的な人物を記念して名づけられたものである。丸太は樹液で光っていたが、最初は馬によって、最後のすこしばかりはドン・フレデリコのトラクターによって、ジャングルの中を引っ張り下ろされた。そしてバンガローの正面の川の堤へと運ばれた。

丸太は、樹液に満ちていて、コルクのような軽さからは遠かった。確かに一本一トンはあった。そしてわれわれは丸太が水に浮かぶようすを見るために、大変心配しながら待った。一本一本堤の縁に転がした。そこで丸太の端に丈夫な、ツタカズラの類でつくった綱を結びつけた。水の中へ入れたときに、流れて行ってしまわないためだった。それから順番に堤を転がして、水の中へ落とした。もの

エクワドルのジャングルでバルサの木を切り倒す。

パレンケ川を太平洋へとバルサの丸太を流す。

すごい水しぶきが上がった。丸太はくるっとまわって浮かんだ。水面上の部分と水面下の部分が同じくらいだった。そしてわれわれはしっかりと浮かんでいる丸太の上を歩いて行った。材木を、ジャングルの木の梢からぶら下がっている丈夫な熱帯産のカツラ（葛）の類でしばり合わせて、一時的な筏を二つ作り、一方が他方を曳《ひ》くようにした。それから後で必要になる竹やカツラの類を全部積みこんだ。そしてヘルマンとわたしは、言葉の通じない二人の不思議な混血人種と筏に乗った。

綱を解くと、筏は渦巻《うずま》き流れる水に捕えられて、速い速度で川を流れ下った。最初の曲がり角を曲がるときに、霧雨の中で最後に一瞥したものは、バンガローの正面のみさきの端に立って手を振っている、すばらしい友人たちの姿だった。それからわれわれは緑色のバナナの葉の小さな木陰をはうように流れて行った。舵をとる問題は、一人はへさきに一人はともに位置して巨大なオールを握っている二人の褐色の熟練者に任せておいた。彼らは実にやすやすと、筏がいつも流れの一番速いところにあるようにした。そしてわれわれは沈んだ木や砂州の間を、曲がりくねりながら、踊るようにして下って行った。

ジャングルが両岸の堤にそって硬い壁のように立っていた。そしてオウムやその他の派手な色をした鳥が、通りすがりに、茂った葉の中から飛び出した。一、二度、ワニが川の中に身を投げて、泥水の中に見えなくなった。しかし、われわれはまもなく、もっと顕著な怪物の姿を捕えた。これはイグアナ、すなわち巨大なトカゲで、ワニのように大きかったが、大きな喉《のど》と縁飾りのついた背中を持っていた。まるで先史時代から寝過ごしてしまったかのように、粘土の堤の上でまどろんでいた。そしてわれわれが滑るようにして通って行っても、身動きもしなかった。オールを持っている人たちが撃つなと合図をした。すぐ後で、長さ一メートルくらいの、前よりも小さなイグアナを見た。筏の上に垂れ下がっている茂った枝の上を走って逃げて行くところだった。安全なところまで走っただけで、それから青と緑に輝きながら、われわれが通りすぎて行くのを、冷たい蛇の眼で見つめていた。後ほどわれわれはシダでおおわれた小さな丘を通りすぎた。するとその上に後にも先にも一番大きなイグアナが横たわっていた。胸と頭を上げて、くっきりと空を背景にして動かずにいるところは、石に彫った、縁飾りのあるシナの竜のシルエットのようだった。われわれが丘の下を通ってジャングルの中に消えて行っても、それは頭をまわそうともしなかった。

ずっと下流に行って、煙の匂いを嗅いだ。そして堤にそった開墾地に横たわっている何軒かの藁《わら》屋根の小屋を通りすぎた。筏の上にいるわれわれは、陸にいる人相の悪い人たちの注目の的だった。その人たちはインディアンと黒人とスペイン人の見た目の悪い混血だった。彼らの舟である大きなくりぬきのカヌーが堤の上に引き上げられていた。

食事の時間が来ると、われわれが代わりに舵オールを持ち、彼らが湿った粘土で調節した小さな火の上で、魚とパンの木の実を揚げた。焼いたひよこ、卵、南国の果物もまた、筏の上の献立《こんだて》の一部だった。そして丸太がそれ自体とわれわれを、すばらしいスピードで、ジャングルの中を通って海のほうへと、運んで行った。水がわれわれのまわりに荒れ狂い、しぶきを上げたとしても、いまはそれがなんであろうか。雨が降れば降るほど、流れは速くなるのだ。

暗闇が川の面に忍び寄るとき、耳をつんざくようなオーケストラが堤の上で始まった。ヒキガエルやカエル、コオロギや蚊《か》が、いろいろな声の長いコーラスをなして、ガアガア、チイチイ、ブンブンいった。ときどき、山猫の甲高《かんだか》い叫び声が暗闇の中に響きわたった。そしてまもなく、ジャングルの夜の徘徊者に驚いて飛び立つ鳥の、同じような声が次々と響きわたった。夜中に滑るようにして通りすぎて行くときに、一、二度、原住民の小屋の火の輝きが見え、どなる声と犬のほえる声が聞こえた。しかし、大部分、われわれは星の下で、ジャングルのオーケストラといっしょに、四人だけで腰を下ろしていた。そして眠くなり雨が降ってきたので、木の葉で作った小屋の中へはいりこみ、皮ケースの中でピストルの安全装置をはずして眠りについた。

下流に行くにしたがって、小屋と原住民の畑が稠密《ちゅうみつ》になっていった。そしてまもなく堤の上に村の形をしたものが見られるようになった。ここの交通は長い竿で漕ぐくりぬきのカヌーから成り立っていた。そしてときどき、緑色のバナナの山を積んだ小さなバルサの筏が見られた。

パレンケ川がリオ・グワヤス川と合するところでは、非常に水かさを増すので、外輪汽船がビンセスと海岸のグワヤキールの間を忙しく往復していた。貴重な時間を節約するためにヘルマンとわたしは外輪汽船に乗って、人口稠密な平地の国を海岸へと先行した。褐色の友人たちは、彼らだけ、材木といっしょに後から来る予定だった。

グワヤキールでヘルマンとわたしは別れた。彼は、バルサの丸太が漂って来たときに、それを止めるためにグワヤスの河口に残った。そこから、沿岸航路の汽船の貨物としてそれをペルーに運び、筏の建造を指揮して、インディアンの古代の筏の忠実な複製をつくる予定だった。わたし自身は、定期航空の飛行機でペルーの首都リーマへと南に飛び、筏を建造するのに適当な場所を見つけることになっていた。

飛行機は太平洋の海岸にそって非常に高く上がった。一方には荒涼たるペルーの山々、他方には、ずっと下のほうに、キラキラする大洋の姿が見えた。われわれが筏に乗って海に出るのはここなのだ。海は、高く上がった飛行機から見ると、果てしもないようだった。空と海とは、遠い遠い西のほうの髣髴《ほうふつ》たる水平線にそって、おたがいに溶け合っていた。そしてわたしは、あの水平線の向こうにも、ポリネシアの陸までは、何百という同じような海の平原が、地球のまわりの五分の一を彎曲しているのだという考えを、捨てることができなかった。わたしは自分の考えを、二、三週間先に向けようとした。そのときわたしは、下の青い広がりの上に、一点の筏に乗って漂っていることだろう。しかしわたしは素早くその考えを振り捨てた。というのは、パラシュートをつけて跳び下りようとしているときと同じ不快な気持を覚えたからであった。

リーマに着くと、筏を建造することのできる場所を見つけるために、市街電車に乗ってカヤオ（ペルーの海港、リーマの付近にある）の港へ行った。わたしは一目で、港全体が船や起重機や倉庫でぎっしり詰まっているのを見てとった。また税関の小屋や港湾事務所やその他あらゆる物があった。そして、もっと外のほうに何もない浜辺があるとしても、そこには海水浴客がウヨウヨしていて、物見高い人たちが、われわれが筏に背を向けるが早いか、筏や付属品を引っ張ってバラバラにしてしまうだろう。カヤオはいまや、白人、褐色人、合わせて七〇〇万人の国の最も重要な港だったのだ。筏をつくる者にとって、時代の変遷《へんせん》はエクワドルよりもペルーのほうがはなはだしかった。そしてわたしは唯一の可能性を見いだした。――それは軍港を取り巻く高いコンクリート塀の中へはいるということだった。軍港では、武装した兵士が鉄の門のうしろに立って、塀のあたりをうろついているわたしやその他の一般の人たちに、おどすような、ウサン臭そうな視線を投げていた。ただその中へはいることができさえすれば、安全なんだがなあ。

わたしはワシントンで、ペルーの大使館付き海軍武官に会って、わたしを支持するようにという手紙をもらっていた。わたしは翌日その手紙を持って海軍省に行き、海軍大臣、マヌエル・ニエトに面会を求めた。彼は午前中に、鏡と金ピカで輝いている、省の優美なエムパイア応接室で面会した。しばらくすると、ご自身正装してはいって来られた。ナポレオンのようにガッシリした、背の低い幅の広い将校で、話し方は簡明直截だった。彼は理由を尋ね、わたしは理由を言った。わたしは、海軍工《こう》廠《しょう》の中で木の筏をつくることを許可してくださいと言った。

「お若い方」と大臣は、指で落ち着かないようにテーブルをとんとん叩きながら言った。「あなたは入口からはいって来られないで、窓からはいって来られました。わたしは喜んでご援助いたしましょう。しかし命令は、外務大臣からわたしのところに来なければならないのです。わたしは外国人を海軍の用地へ入れて、当り前のことのように工廠を使用させることはできません。外務省に書類で申請してください。ご成功を祈ります」

わたしは、書類が旋回しながら青空の中へ消えて行くのを考えて、ガッカリした。コン・ティキの野蛮《やばん》な時代は幸せだった。そのときには、申請などということは知られざる邪魔物だったからだ。

外務大臣に個人的に会うということは、海軍大臣に会うよりも、かなり困難なことだった。ノルウェーはペルーに公使館を持っていなかった。だから好意的なバール総領事も、わたしを外務省の顧問より先へは連れて行くことができなかった。わたしは事態がこれ以上進展しないのではないかと恐れた。共和国の大統領にあてたコーエン博士の手紙が、いまや役に立つかも知れない。そこでわたしは、秘書を通じて、ペルーの大統領、ドン・ホセ・ブスタマンテ・イ・リベロ閣下に、面会を申し込んだ。一日か二日経つと、一二時に官邸に来るようにと言われた。

リーマは人口五〇万の近代都市で、荒涼たる山々の麓《ふもと》にある緑の平野に拡がっていた。建築的に言って、また庭園や農園のお蔭をすくなからず蒙《こうむ》って、リーマは世界で最も美しい首府の一つだった。ちょっと、古いスペイン風の建築によって変化を与えられた、リヴィエーラ地方（地中海ジェノヴァ湾沿岸でフランスのニースからイタリアのスペツィアまでをいい、風光明媚で有名。冬期にはヨーロッパ各地からの避寒客が多い）かカリフォルニアといった趣きがあった。大統領の官邸は市の中央にあって、派手な色の服装をして武装した歩哨《ほしよう》が厳重に警戒していた。ペルーでは、面会ということは重大なことだった。そしてスクリーンの上以外で大統領を見た人はほとんどなかった。肩からピカピカする弾薬帯をかけた兵士たちが、わたしを二階の長い廊下の端まで護衛した。ここでわたしの名前が三人の文官によって登録され、わたしは巨大なカシのドアを通って、長いテーブルと何列もの椅子のある部屋に案内された。白い服を着た男がわたしを迎えて、お掛けくださいと言い、彼自身は行ってしまった。一瞬後に大きなドアが開いて、わたしはもっとずっと綺麗な部屋に案内された。そこで、堂々たる人物が汚れのない制服を着て、わたしのほうに進んできた。

「大統領だ」と思って、わたしは直立した。しかしそうではなかった。その金の縁のついた制服を着た人は、わたしに古びた、背の真直ぐな椅子を勧めて行ってしまった。椅子の端に腰を下ろして一分経ったか経たないうちに、またもう一つのドアが開いて、召使が頭を下げ、金ピカの家具を備え、きらびやかに装飾された、大きな金ピカの部屋に案内してくれた。その男は現われたときと同じように、素早く姿を消した。そしてわたしはたった一人で旧式なソファーに腰かけていた。そこはドアが開いたままになっている人気のない部屋部屋を見通せるところだった。誰かがいくつか向こうの部屋で注意深くせきをしているのを聞くことができた。それからしっかりした足音が近づいて来た。わたしは跳び上がって、制服を着た堂々たる紳士にしどろもどろになって挨拶《あいさつ》した。しかしそうではなかった。これもまた彼ではなかったのだ。しかし彼の言葉から、大統領がわたしに挨拶を送って、もうすぐ閣議が終わって自由になられると言っておられるということが推測された。

一〇分後に、しっかりした足音がもう一度沈黙を破った。そして今度は、金モールと肩章をつけた男がはいってきた。わたしはソファーから素早く跳び上がって、低くお辞儀をした。その男はさらに低くお辞儀をして、わたしを案内して、部屋をいくつか通り抜け、厚いじゅうたんを敷いた階段を上がって行った。それから、革のカバーのかかった椅子とソファーのあるちっぽけな部屋にわたしを置いて行った。白い服を着た小さな男がはいってきた。そしてわたしはどこへ連れて行くのだろうと思って、あきらめて待っていた。しかし彼はどこへも連れて行かなかった。ただ愛想よく挨拶して立ったままでいた。これが大統領ブスタマンテ・リベロだった。

大統領は、わたしがスペイン語を知っている倍ほどしか英語をご存じなかったので、おたがいに挨拶を交して、大統領が身振りでお掛けくださいと言ってしまわれると、われわれの共通の語彙《ごい》はすっかり使いはたされてしまった。合図や身振りはずいぶん役に立つだろうが、ペルーの軍港で筏をつくる許可を得るのには役に立たないだろう。わたしにわかった唯一のことは、大統領がわたしの言っていることを理解されないということだった。そして大統領はご自身そのことをさらにハッキリと把握しておられた。というのは、しばらくすると彼は姿を消されて、空軍大臣といっしょに戻って来られたからである。空軍大臣、レベレド大将は、胸に翼のついた空軍の軍服を着た、精力的なスポーツマン・タイプの男だった。彼はアメリカなまりで英語をペラペラしゃべった。

わたしは誤解にたいして弁解して、わたしが入れていただきたいと言っているのは飛行場ではなくて、軍港ですと言った。大将は笑って、わたしはただ通訳として呼ばれただけですと説明した。すこしずつ、学説が大統領に通訳された。彼は注意深く聞いて、レベレド大将を通じて、鋭い質問をされた。ついに彼は言った。

「もし太平洋諸島が最初ペルーから行った者によって発見されたということができるのでしたら、ペルーはこの探検に関係があります。わたしたちにできることがあったら、おっしゃってください」

わたしは、海軍の用地の塀の中で筏をつくることのできる場所、海軍の工場の中へはいること、装備をしまう場所と装備を国の中へ持ちこむ便宜《べんぎ》、乾船渠《かんせんきょ》（排水できるドック）と仕事を助けてくれる海軍の職員の使用、そして出発するときに海岸から曳航してくれる船をお願いした。

「何を要求しておられるのか」と大統領は熱心に尋ねた。だからわたしにもわかった。「すこしばかりのことです」とレベレドは答えて、わたしに目くばせをした。そして大統領は、満足して、承諾のしるしにうなずいた。

別れる前に、レベレドは、外務大臣が大統領から個人的に命令を受け取り、海軍大臣ニエトはあなた方が要求されたあらゆる援助を自由に与える権限を与えられるでしょう、と約束した。

「ご成功をお祈りします」と、笑って首を横に振りながら、大将は言った。秘書がはいってきて、待っている使者のところへわたしを護衛して行った。

その日リーマの諸新聞は、ペルーから出発しようとしているノルウェーの筏の探検について記事を発表した。同時に、新聞は、スウェーデン・フィンランドの科学的な探検隊が、アマゾン地方のジャングルのインディアンの間で研究を終わったと報道した。アマゾン探検隊のスウェーデン人のメンバーのうち二人が、川をカヌーで遡ってペルーに来ており、ちょうどリーマに到着したところだった。一人は、ウプサラ大学（ウプサラ——スウェーデン南東部ストックホルムの北方の都市）から来た、ベングト・ダニエルソンで、こんどはペルーの山のインディアンを研究しようとしているのであった。

わたしはその記事を切り抜いて、ホテルで筏をつくるための場所についてヘルマンに手紙を書いていた。そのときドアのノックにさまたげられた。はいって来たのは、熱帯の服装をした、背の高い、日に焼けた男だった。その男が白いヘルメットを取ると、まるで燃えるような赤い顎ひげが顔を焼き、髪の毛を焼いて薄くしてしまったようだった。その男は荒野から来た。しかし彼の本領は明らかに大学の教壇だった。

「ベングト・ダニエルソンだ」とわたしは思った。

「ベングト・ダニエルソンです」とその男は自己紹介をして言った。

「筏のことを聞いたんだな」とわたしは思った。そしてお掛けくださいと言った。

「筏の計画のことを聞いたばかりです」とそのスウェーデン人は言った。

「それで学説をノックダウンするためにやって来たんだな。人種学者だからな」とわたしは思った。

「それで筏に乗っていっしょに行けないかどうかお伺《うかが》いに上がったのです」とスウェーデン人はおだやかに言った。「わたしはその移民学説に興味があるのです」

わたしは、彼が科学者であること、そしてジャングルの奥から来たばかりであること以外、その男については何も知らなかった。しかし、スウェーデン人がたった一人で、五人のノルウェー人といっしょに筏に乗って行こうという勇気があるならば、気むずかしいはずはあるまい。そして、あの堂々たる顎ひげさえ、彼のおだやかな性質と陽気な気質とを隠すことはできなかった。

ベングトは乗組員の六番目のメンバーになった。その場所がまだ空いていたからである。そしてスペイン語を話すのは、彼一人だった。
二、三日後に、旅客機が海岸にそって北のほうに飛んでいたとき、わたしはもう一度尊敬の念を持って下の果てしない青い海を見下ろした。それは蒼穹《そうきゅう》自体の中に、宙ぶらりんにプカプカ浮いているようだった。まもなくわれわれ六人は、あの、あんまり水がたくさんあるので、まるで西の水平線にそってずっと溢《あふ》れているように見えるところに、単なる点の上の微生物のようにくっつき合っていることになるのだ。われわれは、おたがいから二、三歩以上は離れることができずに、孤独な世界に住もうとしているのだ。とにかく、当分の間は、われわれの間に肘《ひじ》を自由に動かせるだけの余地は十分ある。ヘルマンはエクワドルで材木を待っている。クヌート・ハウグランドとトルステイン・ロービーは空路ニューヨークに着いたところだ。エリック・ヘッセルベルグはオスロからのパナマ行きの船の上にある。わたし自身は空路ワシントンへの途上にあり、ベングトは、他の者に会うのを待ちながらリーマのホテルで出発の準備をしている。

コン・ティキ号探検隊のメンバー。（左から）クヌート・ハウグランド、ベングト・ダニエルソン、著者、エリック・ヘッセルベルグ、トルステイン・ロービー、ヘルマン・ワッツィンゲル。

この人たちの中どの二人を取ってみても、前に会ったことのある者は一人もいない。そしてみんなまったく異なったタイプの人たちだった。そのような事情だったから、筏の上で何週間かは、おたがいの身の上話に退屈しないことだろう。低気圧と荒れ模様の天候を伴ったどんなあらし雲も、漂流する筏の上に何カ月間もいっしょに閉じこめられた六人の人たちの間の心理的な豪雨の危険よりも、われわれにとって大きな脅威となることはできないのだ。そのような境遇では、うまい冗談が救命帯のように貴重なことがしばしばあるのだ。

ワシントンはまだ厳しい冬の気候だった。寒くて雪が多かった。わたしが帰って行ったときは二月だった。ビェルンは無線の問題ととっ組んで、アメリカ・ラジオ・アマチュア連盟に興味を持たせて筏からの報告を聞くようにし、クヌートとトルスティンは送信の準備に忙しかった。送信は、一部われわれの目的のために特別につくった短波送信機、一部戦争中に使った秘密の地下運動の機械で行なわれる予定だった。航海でやろうと計画したことを成し遂げようとするならば、準備することが、大小山ほどあった。

そしてファイルの中の書類の山がだんだん大きくなっていった。軍と民間、白、黄色、青、英語、スペイン語、フランス語、ノルウェー語の書類だった。筏の旅行さえも、この実際的な時代には製紙業にとってモミの木半本に値したのだ。法律と規則が、いたるところでわれわれの手をしばっていた。そして一つ一つ結び目を緩《ゆる》めていかなければならなかった。

「この手紙はきっと一〇キログラムあるよ」と、ある日クヌートがタイプライターの上にかがみこみながら、絶望的に言った。

「一二キログラムだ」とトルスティンがそっけなく言った。「測ってみたんだ」

わたしの母は、こうした劇的な準備の日々の状態をハッキリ知っていたに相違ない。それは、「そして六人そろって無事筏に乗ったということだけが知りたいと存じます」と書いて来たからだ。

それからある日、至急電報がリーマから来た。ヘルマンが引き波に巻きこまれ、陸に投げつけられて、大怪我《おおけが》をした。首の関節がはずれた。彼はリーマ病院で手当を受けている。

トルスティン・ロービーが、すぐさまゲルド・ヴォルドといっしょに空路派遣された。ゲルド・ヴォルドは、戦時中のノルウェー・パラシュート部隊の有名なロンドンの書記で、いまはワシントンでわれわれを助けているのだった。ヘルマンは大分よくなっていた。頭のまわりに皮紐《かわひも》をしばって三〇分もぶら下げられ、その間に医者たちが彼の首の環椎《かんつい》を元に戻したのだった。X線写真で見ると、首の一番上の骨が折れてぐるっとまわっていた。ヘルマンの体の調子がすばらしくよかったので、助かったのだ。そして彼はまもなく、青緑色で、こわばった、リューマチの姿で、海軍工廠に帰って来て、バルサの木を集めて仕事を始めた。彼は何週間も医者の手にかからなければならなかった。そしてわれわれといっしょに航海できるかどうか疑わしかった。彼自身は、太平洋の抱擁で最初に手荒く取り扱われたにもかかわらず、一瞬もいっしょに航海できるかどうか疑ったことはなかった。

それからエリックがパナマから、クヌートとわたしがワシントンから、空路到着した。そしてまもなく、われわれはみなリーマの出発点に集まった。

海軍工廠には、キベドの森から来た大きなバルサの丸太が横たわっていた。それは本当に憐《あわ》れな光景だった。切り立ての丸太、黄色い竹、ヨシ、緑色のバナナの葉といったわれわれの建造材料が、威圧するような灰色の潜水艦と駆逐艦の列の間に山積されていた。六人の白い皮膚をした北国人と、二人のインカの血を血管の中に持った褐色の海軍の船員が、斧と長い刀をふるい、綱を使い結び目をつくった。青と金の服を着たパリッとした、海軍士官がやって来て、彼らのまんなかに、なかんずく工廠の中に、突然現われた、こういった色の白い異国人たちとこういった植物性の材料を当惑して見つめた。

何百年もの間にはじめて、バルサの筏がカヤオ湾の中でつくられていたのだ。インカの伝説が、彼らの祖先たちがコン・ティキの消え失せた民族からそのような筏を帆走させることをはじめて学んだと言っているこういった海岸の水域では、現代のインディアンたちはそのような筏を使うことを白人によって禁じられている、と歴史は記録している。開けっぱなしの筏に乗って航行することは、人命を失うおそれがある。インカの子孫たちは時代とともに動いて来た。われわれのように、ズボンに折目をつけ、軍艦の大砲によって安全に守られている。竹とバルサは過去の原始時代のものだ。ここでも物事は進歩している――甲鉄と鋼のほうへと。

超近代的な工廠がすばらしい助けを与えてくれた。ベングトを通訳とし、ヘルマンを建造主任として、われわれは大工と帆縫い手の工場に自由に出はいりし、倉庫の半分を装備の臨時集積場として使用し、建造が始まったときに材木を水の中へ入れる小さな浮桟橋《うきさんばし》を使用することができた。

　一番太い丸太のうち九本が、実際の筏をつくるために選ばれた。丸太をしばって筏全体が動かないようにする綱を保護するために、木の中に深い溝が掘られた。長くぎやくぎや針金は一本も使わなかった。九本の大きな丸太は、しっかりしばりつけられる前に、全部自由に転がって自然に浮かぶ位置をとるように、はじめは水の中へ並べて放置された。一番長い丸太は、長さ一五メートルで、まんなかに置かれ、両端が長く突き出していた。この両側にだんだんと短い丸太が対称的に置かれた。だから筏の両側は長さ一〇メートルだった。そしてへさきが先の丸い鋤《すき》のように突き出していた。筏のうしろはまっすぐに切り落とされた。ただ真中の丸太が三本だけ突き出して、横に置かれて長い舵オールの臍《へそ》をすえるバルサの木の太く短いかたまりを支えているだけだった。九本のバルサの丸太がいろいろな長さの直径三センチの麻の綱でしっかりしばり合わされると、細いバルサの丸太が約一メートルの間隔でその上に横に結びつけられた。筏自体はそれで完成した。約三〇〇本の違った長さの綱で丹念にしばり合わされ、おのおの固く結ばれていた。割り竹の甲板がその上に置かれ、細長い片《きれ》の形でしばりつけ、編んだ竹のゆるいマットでおおった。筏のまんなかには、ともに寄ったところに、竹の棒の小さな開けっぱなしの小屋を建て、編んだ竹の壁をつけ、竹の板の屋根をつくり、皮のようなバナナの葉をタイルのように重ね合わせた。小屋の前のほうに、帆柱を二本並べて立てた。帆柱は鉄のようなマングローヴの木から切られ、両方から傾いて、頂きのところで交叉《こうさ》してしばり合わされた。大きな矩形《くけい》の横帆が、強さを二倍にするために二本の竹の幹でつくった帆桁《ほげた》の上に、揚げられた。

　われわれを運ぼうという九本の大きな丸太の材木は、前の端を自然の形で尖《とが》らせた。これで水の中

9本の大きな丸太を麻の綱でしばり合わす。くぎや金属材は1本も使わなかった。

を楽に滑ることができるだろう。そしてきわめて低いしぶき除《よ》けが、水面の上のへさきにしばりつけられた。

あちこち丸太の間に大きな隙間《すきま》のあるところに、全部で五本、硬いモミの板を押しこんだ。そういった板は筏の下の水の中にまっすぐに立っていた。そして無秩序にばらまかれて、水の中に一・五メートルはいっていた。厚さ二・五センチ、幅六〇センチの板だった。くさびと綱で動かないようにしてあって、小さな平行竜骨あるいは垂下竜骨の役目をした。こういった種類の垂下竜骨は、発見の時代よりもずっと前に、インカ時代のあらゆるバルサの筏の上で使用されて、平らな木の筏が風と波によって横に流れるのを防ぐのに用いられた。筏のまわりには、手摺《てす》りも防御物もつくらなかったが、両側に足がかりになるような長っ細いバルサの丸太をつけた。

へさきの低いしぶき除けを除いては、全部ペルーとエクワドルの古い筏の忠実な複製だった。そしてそのしぶき除けは、後になってまったく不要であるということがわかった。もちろん、そのあとは、筏に影響を与えないかぎり、好きなように細かいところをしつらえることができた。われわれは、この筏が将来自分たちの全世界になるということ、だから筏の上の一番小さな事柄も日が経つにしたがって大きさと重要さを増すということを知っていた。

だから小さな甲板にはできるだけ多くの変化を与えた。竹の細長い片は筏を全部おおいはせずに、竹の小屋の前と、右舷の壁の開いているところにそって、床を形づくっていた。小屋の左舷のほうは、箱や船具がいっぱいしばりつけられている一種の裏庭だった。そして歩くために狭い縁が残されていた。へさきと、ともから小屋の後の壁までは、九本の巨大な丸太がまったくおおわれずにいた。だから竹の小屋のまわりをまわるときには、黄色い竹と枝編み細工からともの丸い灰色の丸太の上に下り、また反対側の荷物の山の上に上らなければならなかった。何歩でもなかったけれども、不規則ということの心理的な効果が変化を与え、限られた運動の自由のつぐないをしてくれた。檣頭《しょうとう》のテッペンには木の台をつけた。ついに陸に来たときに見張所にするためというよりは、航海中に攀《よ》じ上って違った角度から海を見ることができるようにするためだった。

成熟した金色の竹とみずみずしい緑色の葉で形をなしはじめた筏が、軍艦の間に横たわっていたとき、海軍大臣がみずからわれわれを視察に来られた。われわれは、不気味な大きな軍艦の間に横たわってインカ時代を思い出させている新しい小さな筏が非常に得意だった。しかし海軍大臣はそれをご

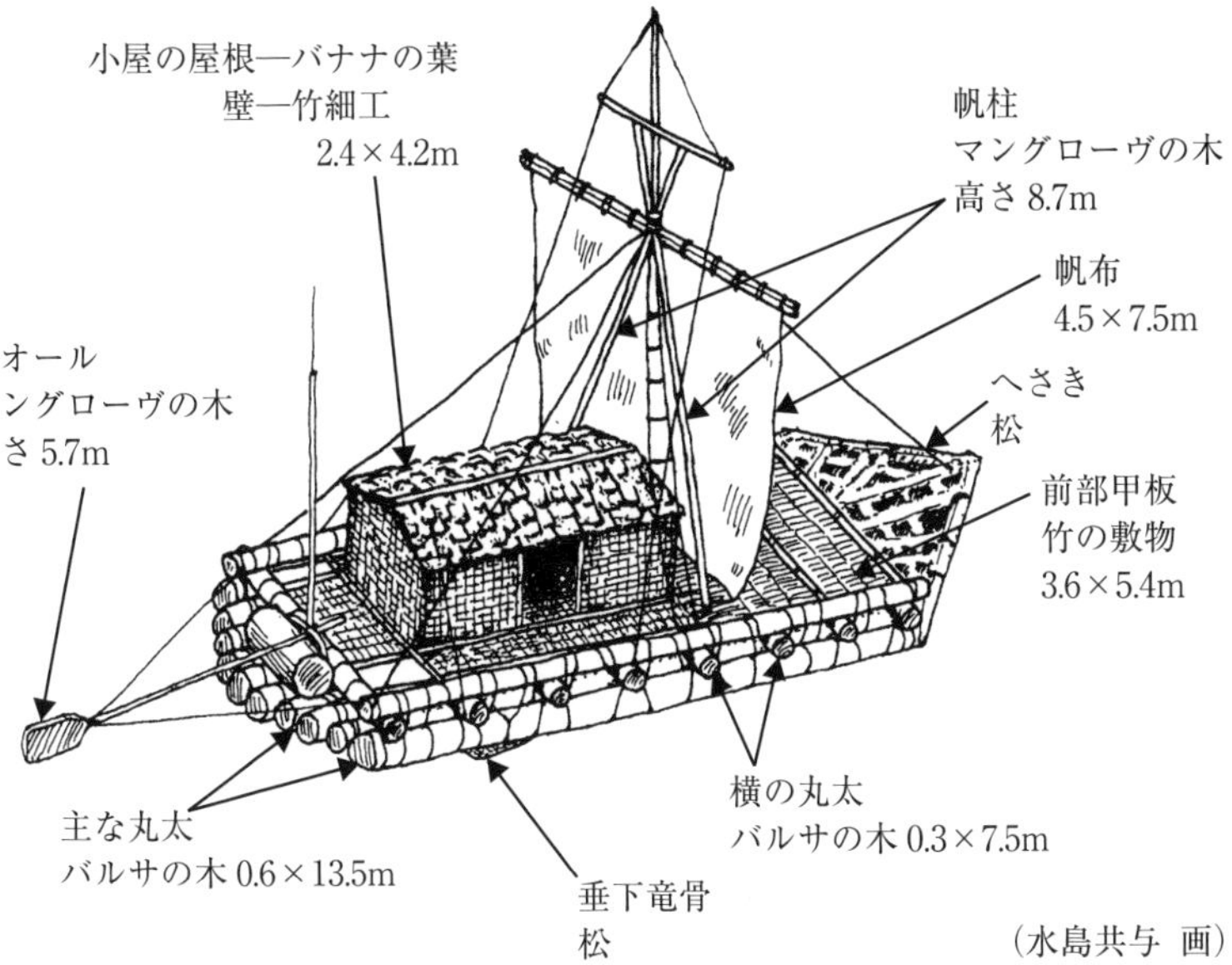

コン・ティキ号

覧になって、びっくり仰天された。わたしは呼ばれて、海軍省にたいして、海軍はわれわれが軍港でつくったものにたいしてまったく責任を負わないという書類に署名し、港務官にたいして、もしわたしが人間と荷物を乗せて港を出たならば、それはまったくわたし自身の責任であるという書類に署名させられた。

のちほど、外国の海軍の熟練者や外交官が大勢、筏を見るために工廠の中へはいることを許された。彼らもいいことは言わなかった。そして二、三日後に、わたしはある大国の大使に呼ばれた。

「ご両親は生きておられますか」と彼は言った。そしてわたしがはいと答えると、まっすぐにわたしの眼を見て、不吉な予感をこめた洞声で言った。

「お母さんやお父さんがあなたの死をお聞きになったら、非常に悲しまれるでしょう」

一個人として、彼はわたしにいまのうちに航海を思いとどまるように懇請《こんせい》された。筏を視察したある提督が、生きたまま海を渡ることはけっしてないだろうと彼に語ったのだった。まず第一に、筏の大きさが悪い。小さすぎて大きな波の中に沈んでしまうだろう。そして同時に、ちょうど二列の波で同時に持ち上げられるほどの長さだ。また、人間と荷物のいっぱい乗った筏では、もろいバルサの丸太は力が加わると折れてしまうだろう。そして、もっと悪いことには、その国で一番大きなバルサの輸出業者が、気孔の多いバルサの丸太は、目的の四分の一も行かないうちに、完全に水びたしになって、足の下に沈んでしまうだろうと彼に語ったのだった。

よくない話だった。しかしわれわれが行くと言ってきかなかったので、航海に持って行く贈り物として聖書が与えられた。総じて、筏を見た専門家からはほとんどいいことを聞かされなかった。強風とおそらく暴風が、われわれを海の中へ洗い落とし、低い開けっぱなしの筏を破壊するだろう。筏はなすこともなく横たわったり、風と波の前に円を描いて大洋を漂うだけだろう。普通の波の海でさえも、ひっきりなしに塩水でびしょ濡れになっていて、そのために脚の皮がむけてしまい、筏の上にある物は全部駄目になってしまうだろう。そして、もしいろいろな専門家が、代わる代わる、筏自体の致命的な欠陥として指摘したものを合計するならば、海でわれわれを沈めることにならない綱も、結び目も、長さも、木も、筏中に一つもなかった。筏が何日もつかということについて高額の賭《かけ》がなされた。そしてある大使館付き海軍武官は軽率にも、もし遠征隊のメンバーが生きたまま南海の島に着いたならば、一生飲めるだけのウィスキーを上げるという賭をしたのだった。

一番悪かったのは、ノルウェーの船が港にはいってきて、船長とその一番経験の深い船乗りを一人か二人工廠に迎えたときだった。われわれは彼らの実際的な意見を聞きたがった。そして彼らが、へさきの丸い、不格好な筏は帆からすこしも助けを借りることができないだろうと口をそろえて言い、船長が、もし浮かび続けることができたとしても、筏はフンボルト海流に運ばれて太平洋を横断するには一年も二年もかかるだろうと主張したときには、われわれの落胆は大きかった。水夫長は繋索《けいさく》を見て首を横に振った。心配する必要はない。筏は二週間ももたないうちに、綱という綱が擦《す》り切れてしまうだろう。海では、大きな丸太がひっきりなしに上がったり下がったりして、おたがいにこすり合うだろうからね。ワイヤ・ロープか鎖《くさり》を使わないんだったら、荷造りでもしたほうがいい。

こういった議論はもみ消すのに困難な議論だった。もしそのうちたった一つでも正しいということがわかったら、われわれにチャンスはないのだ。わたしは、自分たちは何をしようとしているのかわかっているかと、何度自分に尋ねたかしれない。わたしは水夫ではなかったから、自分で一つ一つ警告に反対することはできなかった。しかしわたしには最後の切り札があった。全航海がそれに基づいているものだった。わたしは、われわれのような筏があの海岸の唯一の舟であった時代に先史時代の文明がペルーから太平洋の島々へ広まったということを、いつも心の中で知っていた。そして、もし西暦五〇〇年にコン・ティキのためにバルサの木が浮かび繋索が切れなかったとするならば、われわれの筏をただ盲目的にコン・ティキの筏の寸分違わぬ複製にすれば、いまだって同じことをしてくれるだろうという、一般的な結論を引き出したのであった。ベングトとヘルマンはもっともよくその学説に通暁《つうぎょう》していた。そして専門家たちが嘆いている間に、われわれはみな静かに事を運んで、リーマにおける晴れの日を迎えたのであった。トルステインが、君はたしかに大洋の海流が正しい方向に流れているという確信があるのかねと気づかわしげにわたしに聞いた晩がたった一晩だけあった。われわれは映画に行って、ドロシー・ラムーアが美しい南海の島で椰子とフラ・ガールたちの間で腰みのをつけて踊りまわっているのを見ていた。

「あれが僕たちの行かなくちゃならないところだ」とトルステインは言った。「そしてもし、海流が君のいうように流れていなかったら、お気の毒だね」

出発の日が近づきつつあったとき、われわれは普通の旅券調整事務所へ行って出国の許可をもらおうとした。ベングトが通訳として先頭に立った。

「名前は？」と眼鏡の上からベングトの大きな顎ひげをウサンくさそうに眺めながら、しかつめらしい小さな書記が聞いた。

「ベングト・エメリック・ダニエルソン」とベングトはうやうやしく答えた。

男は長い書類をタイプライターに押しこんだ。

「どんな船でペルーへ来られましたか」

「はあ、そのう」とベングトは、びっくりした小さな男の上にかがみこみながら、説明した。「わたしは船で来たのではありません。カヌーでペルーへ来たのです」

男は驚いて口もきけずにベングトを眺めて、書類の空白に「カヌー」と打ち出した。

「そしてどんな船でペルーを出るのですか」

「はあ、そのう」とベングトは丁寧《ていねい》に言った。「わたしは船でペルーを出ようというのではありません。筏で出ようというのです」

「そうでしょうとも、そうでしょうとも！」と書記は怒って叫んだ。そして書類をタイプライターからひったくった。「真面目に質問に答えてくださいませんか」

出帆する二、三日前に、糧食と水とあらゆる装備が筏の上に積みこまれた。陸軍の糧食を入れた硬い小さなボール箱の形で、六人にたいして四カ月分の糧食を持った。ヘルマンが、アスファルトを煮て、一つ一つのボール箱のまわりにかけて平らな膜をつくることを思いついた。それからその上に砂をまいてくっつき合わないようにした。そしてきちんと包装して、竹の甲板の下に積みこんだ。甲板を支えている九本の低い横梁の間の空間がそれでいっぱいになった。

高い山の上の水晶のように澄んだ泉で、五六の小さな水の缶を全部で一〇〇〇リットルあまりの飲み水でいっぱいにした。これもまた、波がいつもまわりでしぶきを上げているように、横梁の間にしばりつけた。竹の甲板の上には、残りの装備と果物、根菜類、椰子の実のいっぱいはいった大きなやなぎ細工の籠《かご》をしばりつけた。

クヌートとトルスティンは、無線のために竹の小屋の一隅を取った。そして小屋の中の、横梁の間に、われわれは箱を八つしばりつけた。二つは科学的な実験とフィルムの箱で、他の六つはわれわれ一人一人に割り当てられていた。各人自分の箱の中にはいるだけの私物を持って行くことができるという条件づきだった。エリックは画用紙を幾巻きかとギターを持って来たので、自分の箱がいっぱいになってしまって、靴下はトルスティンの箱の中へ入れなければならなかった。それから四人の海軍の船員がベングトの箱を運んで来た。彼は本の他は何も持ってこなかったが、社会学と人種学の本を七三冊つめこんだのだった。われわれは箱の上に、編んだヨシのマットとわれわれの藁ぶとんを敷いた。そして出発準備が完了した。

最初、筏は軍港の外へ曳き出されて、積荷が平らに積まれているかどうか見るために、しばらくの間港の中を引っ張りまわされた。それからカヤオのヨット・クラブへ曳航された。そこでは、出発の前日に、筏の命名が行なわれて、招かれた客やその他の興味を持っている人たちが出席することになっていた。

四月二七日、ノルウェーの国旗が掲げられた。そして檣頭の帆桁にそって、探検に実際的な支持を与えた外国の国旗がひらめいた。波止場は、奇妙な筏が命名されるのを見ようという人で真黒だった。皮膚の色も顔立ちも、その人たちの多くがバルサの筏に乗って海岸を帆走した遠い先祖を持っているということを示していた。しかし、海軍や政府の代表を頭《かしら》として、古いスペイン人の子孫もおり、その上、合衆国、大英帝国、フランス、中国、アルゼンチン、キューバの大使、太平洋のイギリス植民地の前長官、スウェーデンとベルギーの公使、そしてバール総領事を頭とする小さなノルウェー植民地からの友人たちがいた。新聞記者が黒山のように押しかけ、映画のカメラが音を立てていた。まったく、無いものと言っては吹奏楽団と大太鼓だけだった。一つのことだけは、われわれみんなにハッキリしていた。――それは、もし筏が湾の外でバラバラになっても、ふたたびそこに帰って来るよりは、めいめい丸太の上に乗って、ポリネシアまで漕いで行くということだった。

探検の秘書であり、本土の連絡係である、ゲルド・ヴォルドが、椰子の実の汁で筏を命名することになっていた。石器時代と調和させるためでもあり、間違って、シャンペンがトルステインの私物箱の底にしまわれてしまったからでもあった。友人たちに英語とスペイン語で、筏はインカの偉大な先駆者――一五〇〇年前ペルーから西方の海上に姿を消して、ポリネシアに現われた天皇の名に因んで命名されるということが発表されたあとで、ゲルド・ヴォルドは筏をコン・ティキと命名した。彼女が椰子の実（割ってあった）をあんまり強くへさきにぶっつけたので、汁や中身のかけらがまわりにおごそかに立っている人たちの髪の毛にふりかかった。

それから竹の帆桁が上げられて、帆が拡げられた。そのまんなかには、画家のエリックによって、コン・ティキの顎ひげを生やした顔が赤く描かれていた。それはティアフアナコの廃墟の町にある像の上に載っている、赤い石に彫られた天皇の顔の忠実な模写だった。

「ああ！　ダニエルソンさんだ」と帆に描いた顎ひげを生やした顔を見たときに、工廠の職工長は喜んで叫んだ。

紙に描いたコン・ティキの顎ひげを生やした顔を見せてからというもの、彼は二カ月の間、ベング

コン・ティキの顎ひげをはやした顔は古代の彫刻から模写された。

トをコン・ティキさんと呼んでいたのだった。しかしいまついに彼はダニエルソンというのがベングトの本当の名前だということを知ったのだった。

出帆する前に、われわれはみな大統領のお別れの謁見《えっけん》に呼ばれた。それから、果てしない大洋に漂い出る前に、岩や、小石だらけの山の斜面を心ゆくまで見るために、黒い山々の中へずっと上って行った。海岸で筏をつくっている間、われわれはリーマの郊外の椰子の木立《こだち》の中の下宿屋に泊っていた。そして空軍省の車に乗り、ゲルドが遠征隊のために借りてくれた町の運転手を使って、カヤオから往復していた。そのときわれわれは、山々のほうへまっすぐに連れて行ってくれ、一日で行けるだけ遠くまで、と運転手に頼んだ。そこで人気のない道を上り、インカ時代から残っている古い灌漑《かんがい》用の運河にそって走り、ついに筏の帆柱から四〇〇〇メートルの目もくらむような高さに来た。ここでわれわれは岩や山の頂きや緑の草をただむさぼるように眺め、前に横たわるアンデス山脈の静かな山塊に食傷しようとした。われわれは、石や硬い土にまったくあきあきして、筏に乗って海を知ろうとしているのだと信じようとしたのであった。

第四章　太平洋横断㈠

コン・ティキ号が海に引き出される日、カヤオの港は大騒ぎだった。海軍大臣は海軍の引き船グァルディアン・リオスに、われわれを湾の外へ引き出し、沿岸航路の外の、過ぎた昔、インディアンが筏に乗ってよく釣りをしていたところへ、放すようにと命令していた。新聞は赤と黒の見出しの下にそのニュースを発表していた。そして四月二八日の朝早くから、波止場《はとば》は黒山のような人だかりだった。

筏の上に集まることになるわれわれ六人は、この土壇場に来て、みんなほとんどすることがなかった。そしてわたしが波止場に来たとき、ヘルマンだけがそこにいて筏の番をしていた。わたしはわざと遠くで車を止め、これから先どのくらいこうしたことができないかわからないと思いながら、できるだけ脚を拡げて防波堤を端から端まで歩いた。わたしは筏の上に跳び乗った。筏は最後の瞬間に投げ上げられて、すこし落ち着いたらしまいこんでしばりつけなければならないバナナの房、果物の籠や袋でごったがえしていた。その山のまんなかに、ヘルマンがあきらめたように緑色のオウムのはいった鳥籠にしがみついていた。それはリーマの友好的な人からのお別れの贈り物だった。

「ちょっとオウムを見ていてください」とヘルマンは言った。「わたしは陸へ上がって、最後のビールを一杯やらなくちゃア。引き船は何時間も経たなくちゃアここへ来ないでしょう」

彼が波止場の人ごみの中に隠れるか隠れないうちに、人々が指さして手を振りはじめた。と、みさきをまわって、全速力で引き船グァルディアン・リオスがやって来た。そしてコン・ティキ号への道をふさいで揺れているマストの林の向こう側に錨《いかり》を下ろし、船の間を通ってわれわれを引き出すために、大きなモーター・ボートをよこした。それは海軍の船員、士官、映画の撮影技師でいっぱいだった。そして命令が鳴り響き、カメラが音を立てている間に、丈夫な引き綱が筏のへさきにしばりつけられた。

「Un momento（ちょっと待って）」とわたしはオウムといっしょに坐っているところから絶望して叫んだ。「まだ早すぎる。他の者を待たなくちゃならない。——los expedicionarios（探検家たち）」とわたしは説明して、町のほうを指さした。

しかし誰も理解しなかった。士官たちはただ丁寧に微笑しただけだった。そしてへさきの結び目は模範的以上に固く結ばれた。わたしはありとあらゆる合図や身振りをしながら、その綱を解き放って海の中へ投げた。オウムはこういった混乱によって与えられた機会を利用して、嘴《くちばし》を籠の外へ突き出して蓋《ふた》の握りをまわし、わたしが振り向いたときは、竹の甲板の上を嬉《うれ》しそうに歩きまわっていた。わたしはそれを捕まえようとした。しかしそれはスペイン語で野蛮な叫び声を挙げて、バナナの房を越えて飛んで行ってしまった。一方の目でへさきに綱を投げようとしている水夫たちをにらみながら、わたしはオウムを猛烈に追いかけはじめた。それは叫び声を挙げながら、竹の小屋の中へ逃げこんだ。わたしは隅へ追いこんで、頭の上を飛びこえようとするとき、片脚を捕まえた。わたしがふたたび小屋の外へ出て来て、バタバタする戦利品を籠の中へ押しこんだとき、陸上の水夫たちは筏の繋留《けいりゅう》を解き放ってしまっていた。そして筏は防波堤を越えてうねってくる長いうねりの逆流とともになすこともなく出たりはいったりしていた。絶望してわたしは櫂《かい》をつかみ、筏が波止場の木の杭にどしんどしんとぶつかるのを避けようとして、いたずらに努力した。それからモーター・ボートが動きはじめた。

カヤオの港で出発準備なった筏。

そしてぐいっという動きとともに、コン・ティキ号はその長い航海を始めたのであった。わたしの唯一の友は、籠の中でむくれて目玉をギョロギョロさせているスペイン語を話すオウムだった。陸にいる人たちは歓呼の声を挙げて手を振った。そしてモーター・ボートに乗った色の浅黒い映画の撮影技師たちは、熱心さのあまりほとんど海に跳びこまんばかりにして、遠征隊のペルーからの劇的な出発のあらゆる細部を捕えようとした。一人で絶望して、わたしは迷子になった友達を待ち設けながら筏の上に立っていた。しかし誰も来なかった。そのようにして筏はグァルディアン・リオスのところに来た。リオスは錨を上げて出発しようとして、蒸気を上げていた。わたしが大急ぎで縄梯子《なわばしご》を駆け上って、船の上で大騒ぎをしたので、出発が延期されて、ボートが波止場のほうに送り返された。それはだいぶ長いこと帰って来なかった。それから綺麗なセニョリータをいっぱい乗せて帰って来た。しかしコン・ティキ号の迷子の乗組員たちは一人も乗せていなかった。セニョリータは大変結構、しかしそれはわたしの問題の解決にはならなかった。そして筏に魅力的なセニョリータがウヨウヨしている間に、ボートはlos expedicionarios noruegos（ノルウェーの探検家たち）を新しく探すために帰って行った。

そのうちにエリックとベングトが読み物やこまごました物をいっぱい抱えて、波止場のほうへブラブラやってきた。彼らは家に帰る人たちの波に出会った。そして最後に親切なお巡りさんによって警戒線のところで止められた。そのお巡りさんはもう何も見るものはありませんよと言った。ベングトは、葉巻で気どった身振りをしながら、わたしたちは何も見に来たのではありません、わたしたち自身筏といっしょに行くのです、とお巡りさんに話した。

「駄目ですよ」とお巡りさんは怒りもせずに言った。「コン・ティキ号は一時間前に出発しましたよ」

「そんなことはない」とエリックは包みを取り出して言った。「ここにカンテラがある」

「そして航海長がいる」とベングトは言った。「わたしはまかない係だ」

彼らは無理に通り抜けた。しかし筏は行ってしまっていた。彼らは防波堤を絶望的に行ったり来たりした。そこで残りの者に会った。その人たちも消え失せた筏を一生懸命探していたのだった。それからボートがはいって来るのを認めた。そのようにして六人全部集まった。そして水を筏のまわりに泡立てながらグァルディアン・リオスがわれわれを海に引き出した。

ついにわれわれが出発したのは午後遅くなってからだった。そしてグァルディアン・リオスは翌朝沿岸航路の外に出るまでわれわれを解き放そうとはしなかった。防波堤の外に出るとすぐわれわれはちょっとしたさか波に出会った。そして後について来た小さな船が、一艘《そう》また一艘と帰って行った。ただ大きなヨットが二、三艘、湾の入口でどんなことになるか見るためにいっしょにやって来た。

　コン・ティキ号は、綱につながれて怒っている雄ヤギのように引き船の後について行った。そしてへさきをさか波の中に突っこんだので、水が筏の上に押し寄せた。これはあまり有望な眺めではなかった。というのは、これから出会わなければならない海に比べれば、これは静かな海だったからである。湾のまんなかで引き綱が切れた。そしてそのわれわれのほうの端はおだやかに海底に沈んで行き、引き船はどんどん先へ行ってしまった。われわれは筏の縁から体を乗り出して、引き綱の端をつかもうとした。その間にヨットが進んで行って、引き船を止めようとした。たらいのように厚いチクチクするクラゲが、筏の横で波のまにまに上がったり下がったりしていた。そしてジェリー状のヌラヌラ、チクチクするうす皮で綱という綱をおおっていた。筏が一方に横揺れすると、われわれは腕を振りながら水面のほうへと縁の外へ平らにぶら下がった。そして指がちょうどヌルヌルする綱に触った。すると筏がまた揺れ返して、われわれはみな頭を海の水へ深く突っこんだ。そして塩水と巨大なクラゲが背中に流れこんだ。われわれは唾《つば》を吐き、悪口を言ってクラゲの触手を髪の毛からむしり取った。しかし引き船が帰って来たときには、綱の端は上げられて継ぎ合わせる準備ができていた。われわれがそれを引き船の上に投げ上げようとしたとき、突然引き船の張り出している船尾の下に漂いこみ、水の力によって船にぶつかってあわや木端《こっぱ》微塵《みじん》になろうとした。われわれは持っている物を全部ほうり出して、手遅れにならないうちに竹の棒や櫂で筏を押し出そうとした。しかしなかなかうまくいかなかった。というのは、波の谷の中へはいったときは、頭上の鉄の屋根に届くことができなかったからだった。そして水がふたたび上がる時には、グァルディアン・リオスは水の中へ船尾を全部突っこんだので、もしその下に吸いこまれていたら、ペシャンコに押し潰されてしまっていたことだろう。引き船の上では、人々が走りまわって叫んでいた。ついに推進機が筏のすぐ横でまわりはじめた。そして最後の瞬間に、われわれをグァルディアン・リオスの下の逆流の外へ出してくれた。筏のへさきは二、三回強くぶつかって、繋索がちょっと歪《ゆが》んだ。しかしこれはしだいによくなっていった。

「物事がこんなにひどい始まり方をするときには、うまく終わることになっているんだ」とヘルマンが言った。「この曳航が終わりさえすればなあ。これじゃア筏が揺れてバラバラになってしまうよ」

曳航は一晩中ゆっくりしたスピードで続いた。そして二、三回ちょっと引っ張られただけだった。ヨットはずっと前に別れを告げていた。そして海岸の最後の火がとものほうに見えなくなっていた。船の明かりが二つ三つ、暗闇の中を通りすぎただけだった。われわれは夜は交代で見張りに立って引き綱を見張った。そしてみんなよく眠った。翌日明るくなったとき、厚い霧がペルーの海岸の上に横たわっていた。しかし行く手の西のほうは輝かしい青空だった。海は、小さな白い波がしらでおおわれた長い静かなうねりをなして流れていた。そして着物や丸太や手にするあらゆるものが、露でぐっしょりと濡れていた。寒かった。そしてまわりの緑色の水が南緯一二度にしては驚くほど冷たかった。これがフンボルト海流だった。それは冷たい水のかたまりを南極から運んできて、ずっとペルーの海岸にそって北のほうに押しやり、西のほうに向きを変えて赤道のちょうど下を通って海を横断しているのだった。ピサロ、サラテ、その他の初期のスペイン人たちがはじめてインカ・インディアンの大きな帆走筏に乗って来たのは、まさにここだった。そういった筏はこのフンボルト海流の中にいるマグロやシイラを捕るために、五〇〜六〇海里も出て行くことが常だった。一日中ここには沖に向かう風があった。しかし夕方になると陸に向かう風がここまでやって来て、帰ろうと思えば家に帰るのを助けてくれるのであった。

引き船はすぐ近くに横たわっていた。そしてわれわれは筏が船首からずっと離れているように注意しながら、小さなゴム・ボートを出した。それはフットボールのボールのように波の上に浮かんで、エリックとベングトとわたし自身を乗せて踊るようにして出て行った。そしてわれわれはグァルディアン・リオスの縄梯子をつかんで船の上によじ上った。ベングトを通訳として、海図の上に正確な位置を示してもらった。カヤオから北西の方向に陸から五〇海里のところにおり、沿岸航路の船に沈められないように、最初の幾晩かは明かりをつけていなければならなかった。その向こうには一艘の船もいなかった。太平洋のその部分を走っている航路がないからだった。

われわれは船の上の人全部と厳《おごそ》かな別れをした。そしてボートの中へ下りて行って、波の上をコン・ティキ号のほうへ転がるようにして帰って行くと、たくさんの不思議そうな視線が後を追った。それから引き綱が解き放たれて、筏はふたたびひとりになった。グァルディアン・リオスの上の三五人の人たちが、われわれが輪郭《りんかく》を見分けることができるかぎりの間、欄干《らんかん》のところに立って手を振っていた。そして六人の者は筏の上の箱の上に腰かけて、引き船の見えるかぎり目でそれを追った。煙の黒い柱が消え去って水平線の向こうに見えなくなると、はじめてわれわれは首を横に振って顔を見合わせた。

「さよなら、さよなら」とトルスティンは言った。「さあみんな、エンジンをかけようじゃないか」

われわれは笑った。そして風を感じた。かなり静かな風があった。それは南から南東へと変わっていた。大きな横帆のついた竹の帆桁を掲げた。それはただだらりとぶら下がって、コン・ティキの顔に皺のよった、不満そうな表情を与えた。

「老人はお気に召さないようだ」とエリックは言った。「若いときにはもっといい風があったんだ」

「まるで止まってるようじゃないか」とヘルマンが言った。そしてへさきからバルサの木を一片海の中へ投げた。

「一――二――三……三九、四〇、四一」

バルサの木の切れは筏の横の水の中にまだ静かに浮かんでいた。それはまだ筏の半分のところまでも来ていなかった。

「それといっしょに海を渡らなければならないんだろう」とトルステインは楽観的に言った。

「夕方の風でうしろのほうに流れなければいいが」とベングトが言った。「カヤオでさよならを言ったのは大変愉快《ゆかい》だったが、また戻って歓迎されるのは真平だぜ」

木の切れが筏の末端に達した。われわれは歓声を挙げて、最後の瞬間に投げこまれた物を、全部しまいこんでしばりつけた。ベングトがプライマス・ストーブを空箱の底に立てた。そしてすこしすると、われわれは熱いココアとビスケットを味わい、新鮮な椰子の実に孔《あな》を開けていた。バナナはまだよく熟していなかった。

「ぼくたちは、ある点じゃア幸せだなあ」とエリックがクスクス笑った。彼は幅の広い羊の皮のズボンをはき、大きなインディアンの帽子をかぶり、オウムを肩に乗せてよろめきながら歩きまわっていた。

「気に食わんことがたった一つある」と彼はつけ加えた。「それはほとんど知られていない潮の流れだ。ぼくたちがこうやってここにじっとしていると、海岸ぞいの岩の上に投げ上げられるかもしれない」

われわれは櫂で漕ぐことができるかどうか考えた。しかし風を待つことに一致した。

そして風が吹いてきた。それは南東から静かに着実に吹いてきた。まもなく帆が張って、胸をふく

グァルディアン・リオスに別れをつげて……

らませたように前に突き出した。コン・ティキの顔が、矢でも鉄砲でも持って来いというように張り切った。そしてコン・ティキ号は動きはじめた。われわれは、ほうい西だ！　と叫んだ。そして帆《は》脚索《あしなわ》と綱を引っ張った。舵オールが水の中へ入れられ、当番の名簿が活動を始めた。われわれは紙を丸めたものと木の切れをへさきのところから投げて、当番といっしょにとものところへ立った。

「一、二、三……一八、一九——そら！」

紙と木の切れが舵オールを通り越した。そしてまもなく紐に通した真珠《しんじゅ》のように浮かんで、うしろのほうの波の谷の中で上がったり下がったりした。コン・ティキ号はへさきの尖った競走用の船のように海を分けては進まなかった。平らで幅が広く、重くてどっしりしていたので、波の上をしぶきを上げて悠然《ゆうぜん》と進んだ。コン・ティキ号は急がなかった。しかし一度動き出すと、ゆるぎない力で前へ押し進んだ。

そのとき、舵をとるということが、われわれの最大の問題だった。筏はスペイン人たちが書いているのとまったく同じようにつくられていた。しかしインディアンの筏を動かす実際的な準備訓練をしてくれることのできる人は、一人も現代には生きていなかった。その問題は、陸の上の専門家の間で徹底的に議論されてきた。しかし得るところはほとんどなかった。彼らはわれわれと同じようにそれについてはほとんど知らなかったのだ。南東の風が力を増すにつれて、筏を、帆がとものほうからの風で張るような方向にいつも向けておくということが必要になった。もし筏がその側面をあまり風のほうに向けると、帆が突然くるっとまわって、荷物や人や竹の小屋を打ち、筏全体が向きを変えて、ともを先にして同じ方向を進みつづけるのだった。それは辛《つら》い闘いだった。三人が帆と闘い、他の三人が木の筏の鼻面を回して風をよけるために、長い舵オールで漕いだ。そして筏を回すが早いか、舵手は次の瞬間に同じことがもう一度起こらないようによく注意しなければならなかった。

舵オールは、長さ六メートルあまりで、ともの大きな木のかたまりの上にある二つの臍の間にただ乗っていた。エクワドルのパレンケ川で材木を流したときに、原住民が使ったのと同じ舵オールだった。長いマングローヴの木の竿は鋼鉄のように硬かった。しかし非常に重かったので海の中へ落ちたら沈むだろうと思われた。竿の端には、モミ材の大きな扁平部《へんぺいぶ》が綱でしばりつけられていた。波がぶつかるときに、この長い舵オールを動かないようにしておくのには、渾身《こんしん》の力が必要だった。そして、オールの扁平部が水の中にまっすぐ立つように棒を回すためには、痙攣《けいれん》を起こすほど握らなければならなかったので、指が疲れ切ってしまうのだった。この最後の問題は、舵オールの柄《え》に横木をしばりつけることによって解決した。そのようにして、回すための一種の梃《てこ》を得たのだった。そうこうしているうちに風が強くなった。

外海で帆を全部揚げたコン・ティキ号。

午後もおそくなるころまでには、貿易風がもう最大の強さで吹いていた。風のために大洋が掻《か》き立てられて咆哮《ほうこう》する波を立て、その波がとものほうからわれわれに襲いかかった。いまやはじめて、ここでは海のほうからわれわれを迎えに来るのだということがハッキリとわかったのだ。事態は緊急を極めていた。陸地とのつながりは断たれた。事がうまくいくかどうかはまったく外海におけるバルサの筏の性能のよさにかかっていた。これから先は、もう陸に向かう風や、引き返す機会を得ることはけっしてないだろう。われわれは本当の貿易風の中へはいったのだ。そして毎日遠くへ遠くへと運ばれて行くのだ。なすべき事はただ一つ。帆をいっぱいにふくらませて、前進することだ。陸のほうへ向かおうとすれば、ともを先にして海のほうへ流れるばかりだ。可能な道はただ一つ。風を受け、へさきを日の沈むほうに向けて走ること。そして、けっきょく、それがわれわれの航海の目的だった。コン・ティキと昔の太陽崇拝者たちがペルーから海に追い出されたときにしたに違いないと考えられるように、太陽の動きを追いかけることだった。

われわれのほうへ泡立ちながらやって来た最初の恐ろしい波がしらを、木の筏が乗り越えるありさまを見て、われわれは勝ち誇った気持もし安心もした。しかし、咆哮する波が舵手のほうへうねりながらやって来て、オールを臍の外へ持ち上げたり、オールを一方へ押してやってそのために舵手が軽業師のように簡単にくるっとまわったりするときには、舵手がオールを動かないようにしておくことは不可能なことだった。波がわれわれにたいして盛り上がって、ともにいる舵手の上に降りかかって来るときには、二人いっしょでもオールを動かないようにすることはできなかった。われわれはオールから筏の両側へ綱を渡すことを思いついた。そして他の綱でオールを臍から動かないようにすると、オールは限られた運動の自由を得、われわれ自身がつかまっていさえすれば、一番悪い波にさえも打ち勝つことができるのだった。

波の谷がだんだん深くなるにつれて、われわれがフンボルト海流の一番速い部分にはいったということが明らかになった。この波は明らかに海流によって起こされるので、ただ風によって起こされるだけではなかった。水は緑色で冷たく、まわりの至るところにあった。ペルーの鋸山《のこぎりやま》はうしろのほうの厚い雲の堤の中に消えていた。そして暗闇が海の上にはい上がって来ると、自然力との最初の決闘が始まった。われわれはまだ海をよく知らなかった。われわれのほうから親交を求めて行ったときに、味方となって現われるか敵となって現われるかはまだ不確かだった。暗闇に呑みこまれて、まわりの海からのその他の音が突然近くの大うねりのヒューッという音によって打ち消されるのを聞き、白い波がしらが小屋の屋根と同じ高さで手探りするようにやって来たとき、われわれはしっかりとしがみついて、水のかたまりがわれわれと筏の上に打ちつけてくるのを、不安な気持で待っていた。しかしいつも同じ驚きと安堵《あんど》があった。コン・ティキ号は静かにともを上げて、平然と空のほうに持ち上がった。そして水のかたまりは両側をうねっていった。それからわれわれはまた波の谷の中へ沈んで、次の大きな波を待った。これ以上ないほど大きな波がしばしば二つ三つ続いてやって来た。その間に小さな波が長くつながっていた。大きな波が二つ、あまり接近してやって来ると、二番目の波が筏の上に砕けた。最初の波がへさきをまだ空中に持ち上げていたからである。だから、舵当番が腰に綱を巻きつけ綱の他の端を筏にしばりつけておくということが、破ることのできない規則だった。それは舷側がないからだった。舵当番の仕事は、ともを波と風のほうにいつも向けておくことによって、帆をふくらませておくことだった。エリックが進路を印し、位置と速度を計算することができるように、古い船の羅針盤《らしんばん》をともの箱にしばりつけた。当分の間、どこにいるのか確かでなかった。空が曇《くも》っていて、水平線が大きなうねりによってただもう渾沌《こんとん》としていたからである。二人一度に順番に舵当番を務めた。そして、並んで、渾身の力を振りしぼって跳びはねるオールと闘わなければならなかった。

その間、他の者は開けっぱなしの竹の小屋の中でわずかな眠りをむさぼろうとした。本当に大きな波がやって来ると、舵を取っていた者は舵を綱に任せて小屋の屋根から出ている竹竿にぶら下がった。すると水のかたまりがともから彼らの上にくずれ落ちて、丸太の間や筏の横へと消えてなくなった。すると彼らは、筏がまわって帆があたりを打たないうちに、またオールに跳びつかなければならなかった。というのは、もし筏がある角度で波を受けると、波は竹の小屋の中へ容易に流れこむことができたからである。波がともから筏の上に来たときには、突き出ている丸太の間にすぐ消えた。そして竹の壁のところまで来ることはほとんどなかった。ともの丸太が、まるでフォークのように水を通した。筏のよいところは明らかにこれだった。漏れば漏るほどよかった――床の隙間から水は走り出た。しかしけっしてはいってはこなかった。

真夜中頃、船の灯が一つ北の方向を通りすぎた。三時にもう一つの船が同じ航路を通った。われわれは小さなパラフィン油のランプを振り、懐中電灯の閃きで彼らに呼びかけた。しかし彼らには見えなかった。そして船の灯はゆっくりと北のほうの暗闇の中へはいって行って見えなくなった。船に乗っていた人たちは、本当の生きたインカの筏が波間に揺れながら近くに浮かんでいようとは夢にも思わなかったのだ。そして筏に乗っているわれわれもまた、大洋の向こう側に着くまでは、これが船の見納めであり、人間的なものの見納めであるということを夢にも思わなかった。

われわれは、二人ずつ、暗闇の中で蝿《はえ》のように舵オールにしがみついていた。そして新しい海水が髪の毛を流れ落ちるのを感じた。オールに打たれて、前もうしろも痛くて触れなくなり、両手はぶら下がっている努力で硬直した。こういった最初の頃は、昼も夜もいい教育になった。そのために、新まい水夫が一人前の水夫になった。最初の二四時間はみな、絶え間なく、二時間舵をとり、三時間休んだ。毎時間新しい者が、二人の舵手のうち二時間舵をとった者と交代するようにした。舵と闘うために、当番の間中、体中の筋肉という筋肉が最大限に緊張した。オールを押すのに疲れ切ると、反対側へ行って引っ張った。そして腕と胸が圧されて痛くなると、背中を向けた。オールに打たれて前もうしろも緑色や青になった。ついに交代がくると、半分クラクラしながら竹の小屋の中へはいこんで、脚のまわりに綱を結んで、寝袋の中へはいる前に塩水に濡れた服を着たまま眠りに落ちた。それとほとんど同時に、綱が乱暴に引っ張られた。三時間経ったのだ。そしてまた出て行って、舵オールを握っている二人の中の一人と交代しなければならなかった。

次の夜はもっと悪かった。波は低くなるどころか高くなった。二時間つづけて舵オールと闘うのは長すぎた。当番の後半分はあまり役に立たなかった。そして波がわれわれに打ち勝って、筏をぐるっとまわしたり、横向きにさせたりした。そして水が筏の上に流れこんだ。そこで、一時間舵をとって、一時間半休むことに変更した。そのようにして最初の六〇時間はすぎた。次から次へと、休みなく押し寄せて来る渾沌たる波との絶え間ない闘争だった。高い波と低い波、尖った波と丸い波、傾斜した波と他の波の上に乗った波。一番苦しんだのはクヌートだった。彼は舵当番を免除された。しかしこの償《つぐな》いをするために、海神ネプチューンのいけにえとなって、小屋の隅で黙って苦痛を忍ばなければならなかった。オウムは籠の中に不機嫌に止まっていて、筏がふいに縦揺れしたり波がともから壁にぶつかったりするたびに、嘴でぶら下がって、羽をバタバタやった。コン・ティキ号はあまりひどく横揺れはしなかった。同じ大きさのどんな舟よりも安定して波を受けた。しかし次に甲板がどっちへ傾くかは予言することができなかった。そしてわれわれは筏の上を容易に動きまわる方法を知らなかった。それは筏が横揺れすると同じほど縦揺れもしたからであった。

第三夜、風はまだ強く吹いていたが、海はすこし静かになった。四時頃、予期しない大波がうしろの暗闇の中から泡立ちながらやって来て、舵手が何が起こったのか気づく前に、筏をくるっと回してしまった。帆が竹の小屋を打ち、小屋も帆も木端微塵にしようとした。全員甲板の上に出て、荷物をしばり直し、帆がふくらんでおとなしく前のほうに彎曲するように、筏をもう一度正しい方向に向けようとして帆脚索や支索を引っ張らなければならなかった。しかし筏は立ち直らなかった。ともを先にして進んだ。そしてそれだけだった。引っ張ったり押したり漕いだりした唯一の結果は、暗闇の中で帆にからまって二人海の中へ落ちそうになったことだけだった。海は明らかに静かになっていた。硬直し痛くて触れなくなり、手の皮をむき、眠そうな目をして、われわれは三文の値打ちもなかった。天候がもっと悪い闘いを挑んでくるときに備えて、力を貯えておいたほうがいい。どんなことになるか、誰も知ることはできないのだ。そこでわれわれは帆を下ろし、それを竹の帆桁のまわりに巻いた。コン・ティキ号は波にたいして横向きに横たわって、コルクのように波を受けた。筏の上のあらゆる物がしっかりしばりつけられた。そして六人全部小さな竹の小屋の中へはいこんで、くっつき合ってイワシの缶の中のミイラのように眠った。

われわれは航海中で舵を取るのに一番辛い経験をしてきたのだということは夢にも思わなかった。大洋の上を遠くに出てからはじめて、われわれは筏の舵をとるインカ族の簡単で巧妙な方法を発見したのだった。

夜が明けてから大分経って、オウムが叫び声を挙げて、とまり木の上をあちこち踊りはじめるまで、われわれは目を覚まさなかった。外では波はまだ高かった。しかし波の背が長く平らになっていて、前の日のように荒れて混乱してはいなかった。われわれが見た最初の物は、陽が黄色い竹の甲板の上に照りつけて、まわりの海に明るい親しみ深い様相を与えていることだった。波が泡立って高く盛り上がっても、われわれを筏の上に平和においてくれるかぎり、それがなんだろう。波がわれわれの鼻《はな》面《づら》でまっすぐに盛り上がっても、一瞬後には筏がその上を乗り越えて、蒸気ローラーのように、泡立つ波の背を押し潰し、水の重い恐ろしい山がわれわれを空中に持ち上げて、床の下を音を立てながらうねって行くだけだということを知っていれば、それがなんだろう。ペルーから出た昔の船長たちは、水がいっぱいになることのできるうつろな船体や、長いために波を一つずつは受けないような船を避けたとき、知っていてやっていたのだ。コルクの蒸気ローラー。バルサの筏はせんじつめるとそれだった。

エリックが正午に位置を測った。そして帆走した距離に加えて、海岸にそって大きく北のほうにそれているということを発見した。われわれはまだ陸からちょうど一〇〇海里のフンボルト海流の中に浮かんでいた。大きな問題は、ガラパゴス群島の南にある危険な渦巻の中へはいって行くのではないかということだった。その結果は致命的だ。そこへ行けば、中央アメリカの海岸へ向かう強い大洋海流によって、どこへ流されるかわからないからである。しかし、計算したように事が運べば、ガラパゴスほど北に行く前に、主な海流によって西のほうへ向きを変えて海を横断するはずだった。風はまだまっすぐ南東から吹いていた。われわれは帆を揚げ、筏のともを波に向け、舵当番を続けた。

クヌートはもう船酔いの苦しみから回復していた。そして彼とトルステインは揺れる檣頭によじ上って、気球と凧《たこ》の両方で上げた不思議な無線のアンテナを使って実験をした。突然、二人のどちらかが小屋の無線コーナーから、リーマの海軍無電基地がわれわれを呼んでるのが聞こえると叫んだ。アメリカ大使の飛行機が、われわれに最後のさよならを言い、海の上ではどんなふうに見えるか見るために、海岸から飛び立ったというのだった。すぐあとで、飛行機の無電技師と直接連絡がついた。それから飛行機に乗っている遠征隊の秘書のゲルド・ヴォルドとまったく予期しない会話を交すことができた。われわれはできるだけ正確に位置を知らせ、何時間も方向探知信号を送った。そして陸軍－一一九が遠く近く旋回して探すのにつれて、無電の声は弱くなったり強くなったりした。しかしエンジンの爆音は聞こえず、飛行機は一度も見えなかった。波の谷の中の低い筏を発見するのはそれほど容易なことではなかった。そしてわれわれの視界はいちじるしく限られていた。ついに飛行機は断念して海岸へ帰って行った。それが、人がわれわれを探そうとした最後だった。

その後何日か、波が高かった。しかし波は南東から、一定の間隔を置いて、ヒューッと音を立ててやって来たので、舵をとるのは前よりたやすくいった。われわれは波と風を左後半部に受けた。だから舵手は波をかぶることが少なくなり、筏は前よりも安定して進んで、まわることがなかった。南東の貿易風とフンボルト海流が、毎日、ガラパゴス群島のまわりの逆流のほうに向かう進路にまっすぐわれわれを運んでいるのを見て、心配だった。そしてわれわれは真北西に非常な速さで進んでいたので、その頃の一日の平均は五五から六〇海里、最高七一海里だった。

「ガラパゴスはいいところかね」とクヌートはある日用心深く聞いて、海図を見た。そこにはわれわれの位置を示す一つなぎの真珠が印されて、いまわしいガラパゴス群島のほうを不吉に指さす指に似ていた。

「そうじゃアないだろう」とわたしは言った。「インカのトゥパク・ユパンキーがコロンブスのちょっと前に、エクワドルからガラパゴスへ行ったと言われているが、水がなかったので、彼もその他のインカもそこには定住はしなかったんだ」

「わかった」クヌートは言った。「それじゃア、そこへ行かないほうがいいよ。とにかく行かないほうがいいよ」

もうまわりに海が踊っているのによく馴《な》れてしまったので、なんとも感じなかった。われわれと筏がいつも上にいるかぎり、下に千尋《ちひろ》の水があり、われわれがすこしばかり踊りまわったとしても、それがなんだろう。ただここに次の問題が起こってくる。——いつまで上にいることを当てにできるか

上左―ヘッセルベルグが毎日位置を測定し、進路が太平洋の海図上に記入された。
上右―舵をとる船長。各人順番に2時間ずつ舵オールを握った。
下左―その日の最後の風の測定を行なっているワッツィンゲル。
下右―夕方、小屋の入口の外で。

ということだ。バルサの丸太が水を吸ったのは容易にわかった。ともの横梁が一番ひどかった。水びたしになった木の中に指先を全部圧しこむと、水がくちゃっと音を立てた。何も言わずに、わたしは水びたしになった木の切れをむしり取って海の中へ投げた。それは静かに水面の下に沈んで、ゆっくりと深淵の中へ見えなくなった。あとになって他の者が二、三人、誰も見ていないと思うときに、まったく同じことをやっているのを見た。彼らは、水びたしになった木の切れが、静かに緑色の水の中へ沈んで行くのをうやうやしく見ながら立っていた。出発したときの筏の吃水線《きっすいせん》は知っていた。しかし荒海の中では、どのくらい深く沈んでいるか見ることはできなかった。丸太が水の外に持ち上げられるかと思うと、次の瞬間には水の中に深くはいって行くからである。しかし材木の中へナイフを突っこむと、うれしいことには、表面から二センチ半くらいのところでは、木が乾いているということがわかった。もし水が同じ速度で侵入しつづけるならば、陸地に近づくと期待できるときまでには、筏はちょうど水面の下に横たわって浮いている計算だった。しかし、もっと中にある樹液が、飽和の働きをして、吸収を防いでくれるだろうと思った。

それから、最初の何週間かわれわれの頭をすこしばかり悩ましたもう一つの問題があった。それは綱だった。昼間は忙しかったので、それについてはほとんど考えなかった。しかし暗くなって、小屋の床の上の寝床《ねどこ》にはいこむと、考えたり、感じたり、聞いたりする時間が多くなる。めいめい藁蒲団の上に横になっていると、下のヨシの敷き物が木の丸太に合わせて持ち上がるのを感ずることができた。筏自体の動きに加えて、九本の丸太が全部相互に動いた。一本の丸太が上がってくると、もう一本の丸太がゆっくり揺れながら下がって行く。たくさんは動かなかったが、それでも呼吸をする大きな動物の背中に寝ているような感じはするのだった。そしてわれわれは一本の丸太の上に縦に寝るほうを好んだ。最初の二晩が一番ひどかった。しかしそれからはあまり疲れたので心配しなくなった。

あとになって綱が水ですこしふくれて、九本の丸太は前よりも静かになった。しかしそれでもやはり、まわりと比べて特別静かな平面というものは筏の上にはけっしてなかった。基盤があらゆる継ぎ目で上下に動いたりまわったりするのにつれて、その他のあらゆる物がいっしょに動いた。竹の甲板、二重の帆柱、四枚の編んだ小屋の壁、葉を上に乗せたしころ板の屋根、──みんな綱でしばられているだけだった。そしてねじれたり、反対の方向に持ち上がったりした。それはほとんどわからないほどだったが、明らかにそうだった。一方の隅が上がると、他の隅が下がる。屋根の半分がその木舞《こまい》（壁を支えるぬき板）を前のほうに引っ張ると、他の半分がその木舞をとものほうに引っ張る。そして開けっぱなしの壁から外を見ると、外はさらに激しく動いていた。それは空が静かに円を描いてまわり、海がそのほうへ高く跳び上がるといった具合だった。

綱はあらゆる圧力を受けた。一晩中キーキー、ウンウン、ギーギー、キューキューいう音を聞くことができた。一本一本の綱がその太さと張り具合に従って自分自身の調子を持っていて、暗闇の中でわれわれを取り巻く一つの不平のコーラスのようだった。毎朝、綱を徹底的に検査した。二人の者にくるぶしのところをしっかりつかまえてもらって、筏の縁から頭を水の中へ突っこみ、筏の底の綱が異状ないかどうか確かめさえした。

しかし綱はもった。二週間経てば綱は全部すり切れてしまうだろうと水夫たちは言った。しかしこの一致した意見にもかかわらず、これまでにすこしでもすり切れた徴候は見いだされなかった。ずっと海に出てはじめて、その答えがわかった。バルサの木は柔かだったので、丸太が綱をすりへらす代わりに、綱がゆっくりと木の中へ喰《く》いこんでいって、守られていたのだった。

一週間ほどして、海は静かになった。そして緑色の代わりに青くなったことに気がついた。真北西に行く代わりに、西北西に行きはじめた。そしてこれは、沿岸の海流の外に出て、海のまんなかのほうへ運び出される希望のできた最初のかすかな徴候ではないかと思われた。

海の上にひとり残された最初の日から、筏のまわりの魚に気がついていた。しかし舵をとることで一生懸命だったので、魚釣りなど考えてもみなかった。二日目にイワシの大群のまんなかにはいった。そしてすぐあとで、二メートル半の青ザメがやってきて、白い腹を上にむけてひっくりかえり、筏のへりに体をこすりつけた。そこではヘルマンとベングトが波の中に足を露出して立って、舵をとっていた。それはしばらくの間まわりで遊んでいたが、手銛《てもり》を投げようとして準備したときにはもうそこにいなかった。

翌日はマグロ、カツオ、シイラの訪問を受けた。そして大きなトビウオが筏の上にどさっと落ちてきたときには、それを餌《えさ》に使って、すぐさまおのおの一〇から一五キロもある大きなシイラを二匹引っ張り上げた。これは何日分もの食糧だった。舵当番をやっていると、聞いたことも見たこともないたくさんの魚を見ることができた。そしてある日、まったく無限と思われるゴトウクジラの群れの中へはいった。黒い背が転がりまわり、くっつき合い、筏の横に押し寄せた。そして檣頭から見渡すかぎりの海の上のここかしこに跳び上がった。そして赤道に近づき、海岸から遠くなるにつれて、トビウオがだんだん珍しくなくなった。ついに青い水の中へはいったときには、海はときおり突風に波立たされはしたが、雄大に、太陽に照らされて、ゆっくりとうねり、トビウオが弾丸の雨のようにキラキラ輝いて、水から飛び出し、飛行の力が尽きるまで一直線に飛んで、水面の下に見えなくなるのだった。

夜小さなパラフィン油のランプを出しておくと、トビウオがその光に引きつけられて、大きいのも小さいのも、筏の上を飛び越えた。そしてよく竹の小屋や帆にぶつかって、甲板の上になすこともなく転がった。水の中を泳いで飛び立つことができないので、胸びれの長い、大きな目をしたニシンの

積んできた新鮮な果物を食べ終わる前に魚が筏の上に来はじめた。

箱の中のこんろで料理をし、小屋の外の筏の縁で食事をした。

ように、ただ横になってバタバタするばかりだったのだ。ときどき、冷たいトビウオがふいに速いスピードで飛んできて顔にピシャッとぶつかったときには、甲板の上にいる者から、いきなりののしりの言葉が聞こえることもあった。トビウオはいつも速い速度で鼻面を先にしてやって来た。そして顔の正面にぶつかると、顔が熱くなってヒリヒリした。しかしその不意打ちは、被害者側によって速《すみや》かに許された。というのは、そのあらゆる欠点にもかかわらず、われわれは、おいしい魚の料理が空中を突進して来る、魔法の海の国にいたのだから。朝食にはそれをフライにするのが常だった。そして、魚のせいか、料理番のせいか、食欲のせいかは知らないが、昔料理したことのあるマスのフライを思い出させたのだった。

朝起きたときの炊事当番の最初の務めは、甲板の上に出て行って、夜の間に筏の上に落ちたトビウオを全部集めることだった。いつも五、六匹あるいはそれ以上のトビウオがいた。そしてある朝などは、筏の上に太ったトビウオを二六匹も発見した。クヌートはある朝びっくり仰天した。立ってフライパンを使っていると、トビウオが料理用の油の中にまっすぐ跳びこむ代わりに、彼の手にぶち当たったからである。

海とお隣り同士のように親しくするということは、トルステインがある朝目を覚まして、枕の上にイワシを発見してはじめて、彼によって実現された。小屋の中は非常に狭かったので、トルステインは入口に頭を置いて寝ていた。そしてもし夜出て行こうとして誰か不注意に顔をふんづけると、彼はそいつの足に噛みつくのだった。彼はイワシの尻尾をつかんで、わしはイワシというイワシにまったく同情しているんだよと、人間に向かって言うように打ち明けた。われわれが良心的に脚を引っこめたので、トルステインの場所は翌晩から広くなった。しかしそれからあることが起こって、トルステインは無線コーナーにある台所道具の上に、寝る場所をかえざるをえなくなった。

それまで人が見たことのなかったクロタチカマス（ゲムピュルス）を持つロービー。

二、三日後の夜だった。その日は曇っていて真暗だった。そしてトルステインは夜の当番が彼の頭の上をはって出たりはいったりするときに足許《あしもと》が見えるように、頭のすぐそばにパラフィン油のランプを置いた。……四時頃、ランプがひっくり返り、何か冷たく濡れたものが耳のまわりでばたばたやったので、トルステインは目を覚ました。「トビウオだ」と彼は考えた。そして投げ棄《す》てようと思って暗闇を手探った。彼は何か蛇のようにくねくねする長い濡れたものを捕まえた。そしてやけどでもしたように手を放した。見えない訪問者がくねりながらヘルマンのところへ行ったので、トルステインはランプをつけようとした。ヘルマンもびっくりした。そしてわたしもそのために目を覚まして、この辺の海で夜浮かび上がってくるタコのことを考えた。ランプがついたとき、ヘルマンは長っ細い魚の首を摑んで勝ち誇ったように坐っていた。魚は彼の両手の中でウナギのようにくねっていた。その魚は一メートル以上あった。蛇のように細長く、どんよりとした黒い目と、長くて鋭い歯のいっぱい生えた貪欲《どんよく》そうな顎のある長い鼻面を持っていた。歯はナイフのように鋭く、呑みこんだものの通り道を作れるよう、口の上のほうへたたみこむことができた。ヘルマンに摑まれて、二〇センチくらいの、大きな目をした白い魚が、その肉食魚の胃から口の外へ投げ上げられた。そしてすぐあとから同じような魚がもう一匹飛び出した。この二匹の魚はヘビ・ウオの歯で大分傷つけられてはいたが明らかに深海の魚だった。ヘビ・ウオの薄い皮は、背中は青みがかったスミレ色、腹は鋼鉄のような青い色だった。そしてそれを摑むと皮はポロポロと落ちた。

その騒ぎにベングトもとうとう目を覚ました。そこでわれわれはランプとその長い魚を彼の鼻の下に突き出した。彼は寝袋の中に眠そうに起き上がって、まじめくさって言った。

「いや、そんな魚は存在しないよ」

そう言うと、彼は静かに寝返りをうって、また眠ってしまった。

ベングトのいったことは当たらずといえども遠からずだった。あとになって、竹の小屋の中のランプのまわりに坐っていたわれわれ六人が、この魚の生きているのを見た最初の人間らしいということになった。こういった魚の骨だけは、南米の海岸やガラパゴス群島で、二、三回発見されたことがあった。魚類学者はそれをゲムピュルスあるいはクロタチカマスと呼び、誰も生きたものを見たことがなかったので非常に深い海の底に住むと考えた。しかし、非常に深いところに住むとしたら、それは昼太陽がその大きな眼をくらますときのことに違いなかった。というのは、暗い夜にはゲムピュルスはずっと波の上に上がって来るからだった。筏の上のわれわれはそのことを経験した。

その珍しい魚がトルステインの寝袋の中に上がってきて一週間経って、われわれはもう一度訪問を受けた。またもそれは午前四時だった。そして新月が沈んで暗かったが、星は輝いていた。筏は楽に進んでいた。そしてわたしの当番が終わって、新しい当番に異状なしと言えるように、筏の縁を一巡しているところだった。当番がいつもするように腰のまわりに綱を巻きつけていた。そして、手にはパラフィン油のランプを持ち、帆柱をまわろうとして一番外側の丸太の上を注意深く歩いていた。丸太は濡れてぬるぬるしていた。だから誰かがまったくふいにうしろから綱を捕まえて、ほとんど平衡《へいこう》を失うほど引っ張ったときには、わたしは逆上した。カンテラを持って怒って振り向いたが、誰も見えない。新しく綱が引っ張られる。そして何かキラキラする物が甲板の上にくねっているのが見えた。それは新しいゲムピュルスだった。そして今度は歯をあんまり深く綱の中に噛みこんでいたので、綱を離させるまでに何本も折れてしまうほどだった。おそらくカンテラの光が彎曲した白い綱にそって閃いていたので、わが海の深淵からの訪問者は、跳び上がってとびっきり長くておいしいご馳走を頂戴しようと思ってしがみついたのだろう。それはホルマリンのびんの中でその生涯を終えた。

水面と同じ高さの床を持ってゆっくりと音を立てずに漂って行く者にとって、海はたくさんの驚異を含んでいる。森の中を枝を折りながら進んで行く狩猟家は、帰って来て野獣は一匹もいなかったと言うだろう。他の狩猟家が切株に腰かけて待っていれば、しばしばガサガサ、バリバリという音が始まって、キョロキョロした目がのぞく。海の上でもそうだ。われわれはいつも轟々《ごうごう》たるエンジンとピストンの動きとともに海を分けて進んで行く。水がへさきのまわりで泡立っている。そして帰って来て、大洋のずっと沖のほうには何も見られなかったと言うのである。

海面に浮かびながら坐っていると、物珍しそうなお客さんたちが訪問して、まわりをくねくねひらひらしない日は一日もなかった。そしてその中にはシイラやブリモドキ（英語でパイロット・フィッシュ、つまり水先案内魚というだけに、非常に変わった習性の魚。アジ科に属し三〇センチ前後。サメの群れの先頭に立って泳ぎ、サメを食物の豊富な場所に案内するかわり、サメの食い残しをちょうだいして生活するといわれる）のように、あんまり仲よくなってしまって、筏について海を渡り、昼も夜もまわりにいつづけるものもすこしあった。

　夜のとばりが下りて、暗い熱帯の空に星が瞬くと、燐光《りんこう》がまわりに閃いて星と妍《けん》を競った。そして一つ一つ独立した光るプランクトンが火のついた丸い石炭にあまりよく似ていたので、その光る丸い球が筏のとものわれわれの足のまわりに打ち上げられると、思わず露出した脚を引っこめてしまうのだった。捕まえてみると、小さなキラキラと輝くエビジャコの類だった。そのような夜は、ときどき二つの丸い輝く目が突然筏のすぐ横の海の中から上がって来て、催眠術にでもかかったようにまばたきもせずにわれわれをにらみつけたので、ぞっとすることもあった。——海の老人（「アラビアン・ナイト」の水夫シンドバッドの会った老人。「船乗りシンドバッド」第五航海参照）自身かもしれなかった。こういったものは、多くの場合、上がってきて水面に浮かび、悪魔のような緑色の目を暗闇で燐《りん》のように輝かせている大きなヤリイカだった。しかしときには、夜だけ上がってきて、目の前の灯の輝きに魅せられて、見つめながら浮かんでいる深海の魚の輝く目であることもあった。何回か、海が静かなとき筏のまわりの黒い水が、突然じっと動かずに浮かびながら、大きな光る目でにらみつけている。直径約一メートルの丸い頭でいっぱいになった。かと思うとまたある夜には、直径一メートルあるいはそれ以上の光の球が水の中に見え、不規則な間隔をおいて、点滅する電灯のように閃いた。

　われわれは、こういった地中、海中の動物が床の下にいるということにだんだんなれていった。しかしそれでも、新版があらわれるたびに同じように驚いた。ある曇った夜の二時頃、舵をとっている者は黒い空から黒い海を見分けることが難しかったが、水中にかすかな光を認めた。それはゆっくりと大きな動物の形になってきた。それが体の上で光っているプランクトンなのか、動物自体が燐光を発する表面を持っているのか言うことはできなかったが、黒い水の中のかすかな光が、その幽霊のような生物にぼんやりした、揺れ動く輪廓を与えていた。ある時は丸くなり、あるときは楕円形《だえんけい》や三角形になり、そして突然二つの部分に割れて、おたがいに独立に、筏の下をあっちへ泳いだりこっちへ泳いだりした。最後には、こういった光る大きな幻が、三つも筏の下をゆっくりした円を描きながらさまよった。それは本当の怪物だった。見える部分だけでも、九メートル以上の長さがあったからである。そこでわれわれはみな、素早く甲板の上に集まって、その幽霊の踊りを目で追った。それは何時間も続いた。神秘的に音も立てず、わが輝く道連れは水面のかなり下のところの、たいていは右舷にいた。そこに灯があったからである。しかしたびたび筏の真下にきたり、左舷に現われたりした。背中のかすかな光で、その動物が象よりも大きいということがわかった。しかし息をするために一度も上がってこないところを見ると、鯨《くじら》ではなかった。横向きにひっくり返ると形を変える巨大な放光魚だったのだろうか。もっと上のほうへおびきよせて、どんな種類の生物なのか見ようと思って、灯を水面のところまで持って行っても、てんで見向きもしなかった。そして妖怪変化《ようかいへんげ》の常として、夜が白み出すと、深淵の中へと沈んで行った。

一日半後のまっ昼間の太陽の下でわれわれが受けたもう一つの訪問によって解答が与えられてはじめて、この三つの輝く怪物の夜の訪問の正しい説明が与えられた。それは五月二四日で、われわれはカッキリ西経九五度、南緯七度のところをゆったりしたうねりに乗って漂っていた。正午頃で、朝早く捕まえた二匹の大きなシイラのはらわたを海の中へ投げ棄てたところだった。わたしはへさきから海の中へさっと跳びこんで、よく警戒しながら綱の端にぶら下がり、水の中に浮かんでいた。そのときわたしは長さ二メートルの、太った褐色の魚が水晶のように澄んだ海水の中を物珍しそうにわたしのほうに泳いでくるのを認めた。わたしは素早く筏の縁に跳び上がって、その魚が静かに通りすぎて行くのを見ながら、熱い太陽に照らされて腰を下ろしていた。そのとき竹の小屋のうしろのともに坐っていたクヌートから物凄いときの声が聞こえた。彼は「サメだ！」とどなったが、声が割れて裏声になった。サメはほとんど毎日筏の横で泳いでいて、そのような興奮を引き起こすことはなかったので、みんなこれは何か特別変わったものに違いないと思って、クヌートを助けるためにともに集まった。

クヌートはそこにうずくまって、うねりの中でパンツを洗っていたのだった。そしてちょっと目を上げると、これ以上大きくて醜いものはないという顔とにらめっこすることになったのだ。それは正真正銘の海の怪物の頭だった。あんまり大きくてあんまりおそろしげだったので、海の老人その人が水の上に上がってきても、そのような印象を与えることはできなかったろうと思われた。頭はカエルのように広くて平らだった。小さな目が二つ両側についている。そして幅一、二メートルもあるガマのような顎があって、口の両端から長い房毛が垂れ下がっている。頭のうしろには巨大な体があり、その末端には長くて薄い尾があって、尖った尾びれがついている。それがまっすぐに立っていて、この海の怪物が鯨とは縁もゆかりもないことを示していた。体は水中では茶がかった色に見えたが、頭にも体にも小さな白い斑点がこまかについていた。その怪物は筏のうしろからのんびり泳ぎながら、静かにやって来た。それはブルドッグのように歯をむき出して、おだやかに尻尾で水を叩いた。大きな丸い背びれが水からずっと突き出ていて、尾びれも突き出ることがあった。そしてそいつが波の谷にはいったときには、まるで暗礁のまわりを洗うように、水が広い背中のまわりに溢れた。広い顎の正面には、シマウマのような縞のあるブリモドキの一群が扇形《おうぎがた》をなして泳いでいた。そして大きなコバンザメやその他の寄生動物が巨大な体に喰いついていて、水の中をいっしょに旅していた。だから全体は、何か浮き上がった深海の暗礁に似た物のまわりに群がった奇妙な動物学の収集のようだった。

一〇キログラムあまりのシイラが、一番大きな釣針を六本集めたものにくっつけられて、サメの餌として筏のうしろに下ろされていた。そして一群のブリモドキがまっしぐらに飛んで行って、シイラに触らずに匂いをかぎ、それから主君である海の王様のところへ急いで戻って行った。機械じかけの怪物のように、それは装置を動かして、顎の前に、乞食《こじき》にやるおこぼれのように、浮かんでいるシイラのほうにゆっくり滑るようにしてやって来た。われわれはシイラを引き入れようとした。すると海の怪物はゆっくりとついて来て、筏のすぐ横のところまで来た。それは口を開かなかった。シイラにばんとぶつからせただけだった。まるでそんなけちなかけらにドアを全部開けたのでは引き合わないというようだった。その巨大なやつが筏のすぐそばに来たときに、背中を重い舵オールにこすりつけた。それは簡単に水の上に上げられた。そしてそのときわれわれはその怪物を至近の距離において研究する十分な機会に恵まれた。――あんまり近い距離だったので、わたしはみんなが気が狂ってしまったのではないかと考えたほどだった。というのは、われわれは馬鹿みたいに大声で笑って、目の前のまったく奇妙きてれつな光景に度はずれに興奮して叫び声を上げたからである。ウォルト・ディズニー自身が、想像力の限りを尽しても、恐ろしい口を筏の横のところに置いて、そのように突然現われた怪物よりも、身の毛のよだつような海の怪物を創造することはできないだろう。

その怪物はジンベイザメで、こんにち世界に知られている一番大きなサメ、一番大きな魚だった。それは実に珍しいものだが、熱帯の海のここかしこにすこしずつ見うけられる。ジンベイザメは平均体長一五メートルで、動物学者によれば一五トンある。大きなものになると二〇メートルに達することがある。銛《もり》で取られた赤ん坊が二七〇キログラムの肝臓を持っており、その広い顎には、上下おのおの三〇〇〇本の歯があった、と言われている。

その怪物は、われわれのまわりや筏の下を円を描いて泳ぎ出すと、頭が一方の側に見えるのに、尻尾はまだ反対の側から出ているというほど大きかった。そして真正面から見ると、信じられないほど怪奇で、ぼうっとしていて、馬鹿みたいだったので、もし襲いかかってくれば、バルサの丸太も綱も木端微塵にするだけの力を尻尾の中に持っているということがわかっているのに、大声で笑わずにはいられなかった。何度も何度も、それはだんだん小さな円を描いて筏の真下で泳いだ。そしてわれわれのできることは、何事が起こるのか待つことだけだった。反対側に出たときには、舵オールの下を愛想よく滑って、それを空中高く持ち上げた。オールの扁平部が背中にそって滑った。われわれは手銛をいつでも投げられるようにして筏のまわりに立っていた。しかし相手にしなければならない重い動物に比べると、銛はまるで爪楊枝《つまようじ》のように見えた。ジンベイザメはいつまでも離れようとする気配を見せず、われわれのまわりをまわって忠実な犬のようについてきた。われわれは誰もそんなことを経験したことも、経験しようと考えたこともなかった。筏のうしろや下で泳ぐ海の怪物といっしょに、ずっと冒険をするなどということは、まったくあり得ないことのように思われたので、それを真面目に考えることはできなかった。

　実際、ジンベイザメがわれわれのまわりをまわり続けていたのは一時間足らずだったが、われわれにはその訪問は一日中続いたように思われた。とうとうエリックがたまらなくなってしまった。彼は二メートル半の手銛を持って筏の隅に立っていたのだが、無分別な叫び声に勇気づけられて、銛を頭の上に持ち上げた。ジンベイザメが彼のほうにゆっくりと滑るようにしてやってきて、その広い頭を筏の隅の真下に持ってくると、大力のエリックは満身の力をこめて銛を脚の間へ、ジンベイザメの軟骨でできた頭の中へ深く突っこんだ。その巨大なやつが何事が起こったのかはっきり呑みこむまでに、一、二秒かかった。そしてハッと思う間に、静かなうすのろが鋼鉄のような筋肉の山に変わった。銛の綱が筏の縁を越えて突進するシューッという音が聞こえて、巨大なやつがさかさまになって深淵の中へ一気に潜ると、滝のような水が見えた。一番近くに立っていた三人は、そのあたりにひっくり返

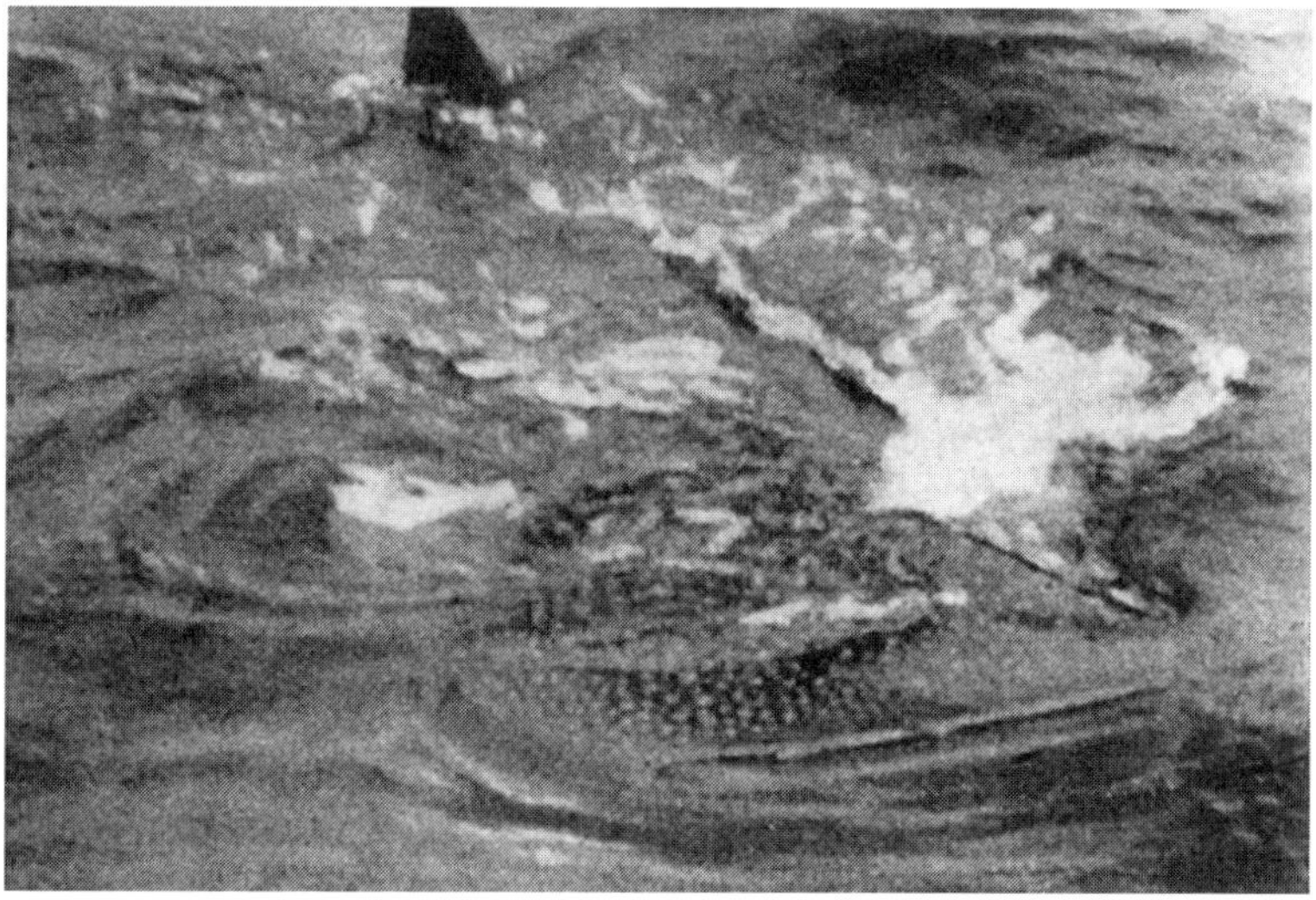

世界最大の魚、ジンベイザメ。

ジンベイザメの巨大な背びれの頂。

され、そのうちの二人は空中を突進して行く綱に皮膚をこすられて、やけどをしたようになった。その太い綱は、ボートをつなぐのに十分なほど強いものだったが、筏の縁にひっかかって、撚り糸のようにプッツリと切れた。そして数秒ののち、折れた銛の柄が、二〇〇メートル離れた水面に浮かび上がって来た。驚いたブリモドキの一群が、古くからの主君になんでもかんでも追いつこうとして、水の中を鉄砲玉のように飛んで行った。そしてわれわれは怪物がカンカンに怒った潜水艦のように物凄い速さで帰って来るのを、長いこと待っていた。しかしジンベイザメは二度と姿を現わさなかった。

われわれはいま南赤道海流の中にあって、ガラパゴスの南、ちょうど四〇〇海里のところを、西のほうに動いていた。もうガラパゴス海流の中へ漂って行く危険はすこしもなかった。そしてこの群島と持った唯一の接触は、その島々から遠く海へさまよい出たに違いない大きなウミガメからの挨拶だった。ある日われわれは、すてきな、大きなウミガメが、頭と一つの大きなひれで闘いながら水面に浮かんでいるのを見た。波が上がると、ウミガメの下の水の中に、緑色や青や金色の光が見えた。そしてウミガメが、シイラと生きるか死ぬかの闘いの真最中であるということを発見した。闘いは明らかにまったく一方的だった。一二匹から一五匹の大きな頭をした、派手な色のシイラが、ウミガメの首とひれを攻撃して、明らかにそれを疲れ果てさせようとしていた。というのは、ウミガメは頭と水かきを甲の中へ引っこめたまま、何日もまっすぐに浮いていることはできなかったからである。

ウミガメは筏を見つけると、水に潜ってまっすぐにやって来た。キラキラする魚が追いかけて来た。ウミガメは筏のすぐ横まで来て、材木の上によじ上ろうという気配を見せた。そして、すでにそこに立っていたわれわれを見つけた。もしわれわれがもっと熟練していたら、その巨大なウミガメが筏の横を静かに泳いで行くのを、綱で難なく捕まえることができたことだろう。しかしわれわれは大事な時間を見ていることに費してしまった。そして輪縄を準備したときには、巨大なウミガメはもうへさきを通りすぎてしまっていた。われわれは小さなゴム・ボートを水の中へ投げこみ、ヘルマンとベングトとトルステインが、丸いウミガメを追いかけた。それは前を泳いで行くカメよりもそんなに大きくはなかった。ベングトは、まかない係として、無限の肉のご馳走と、この上なくおいしいカメのスープを心の目に描いた。しかし速く漕げば漕ぐほど、さらに速くウミガメは水面のすぐ下を滑って行った。そして筏から一〇〇メートルも行かないうちに、ウミガメは突然あとかたもなく消えてしまった。しかしヘルマンたちはとにかく、いいことを一つやっていたのだった。というのは、小さな黄色いゴム・ボートが水の上を踊るようにして帰って来たとき、それはシイラのキラキラする群れを全部うしろに従えていたからだった。彼らは新しいウミガメのまわりをまわった。そして一番大胆なやつは、水の中へひれのようにつかっているオールの扁平部に噛みついた。その間におとなしいカメは、いやしい迫害者どもからまんまと逃げおおせたのであった。

第五章　途の半ば

何週間か経った。船とか、漂っている残骸《ざんがい》とか、この世界には他に人間が住んでいるのだということを示すようなものは、何一つとして目につかなかった。海は全部われわれのものであり、水平線のあらゆる扉が開かれて、本当の平和と自由が蒼穹自体からつり下げられていた。

それはまるで、空中の新鮮な潮の香とわれわれを取り巻く青い清らかさが、身も心も洗い清めてくれるかのようだった。筏の上のわれわれにとっては、文明人の大問題は偽《いつわ》りであり、幻であり、人間の心の単なる見当違いの生産物のように見えた。ただ自然力だけが問題だった。そして自然力は小さな筏をまったく無視しているようだった。あるいは、たぶん、海の調和を破ることなく、鳥や魚のように海流と海に順応している自然物として受け入れていたのであろう。泡を立ててぶつかってくる怖ろしい敵ではなくて、自然力はわれわれを助けて着実にたしかに前方に進ませる信頼できる友達になっていた。風と波が押し、推進させれば、大洋の流れはわれわれの下にあってまっすぐゴールのほうへ引いて行った。

もし船が海の普通の日にこっちのほうへ巡航して来たとすれば、われわれが白い波がしらの小さな波におおわれた長いうねりの上を静かに上がったり下がったりしており、貿易風がオレンジ色の帆をポリネシアのほうに彎曲させているのを見出したことだろう。

船に乗っている人たちは、筏のともものところに、顎ひげを生やした褐色の男がまっ裸で、もつれた綱を引っ張りながら長い舵オールと必死に闘っているか、凪《なぎ》の日には、ただ箱の上に腰かけて、熱い太陽に照らされて居眠りをしながら爪先で舵オールをのんびり抑えているのを見たことだろう。

もしこの男がベングトでなかったら、ベングトが七三冊の社会学の本の中の一冊を持って、小屋の入口のところにうつぶせに寝ているのが見られたことだろう。ベングトはその上、まかない係に指定されていて、毎日の食事をこしらえる責任を持っていた。ヘルマンは一日中どこにいるかわからなかった。——気象観測の器械を持って檣頭にいたり、潜水眼鏡をつけて垂下竜骨を点検しながら、筏の下にいたり、ゴム・ボートに乗って曳航されながら、気球や奇妙な測定器械で忙しがっていたりした。彼はわれわれの技術長であり、気象学的、また水路学的な観察の責任を持っていた。

クヌートとトルステインは、湿った乾電池とはんだ鏝《ごて》と回路でいつも何かしていた。戦争中の訓練は、ひとつ残らず、水面上三〇センチのしぶきと露の中で小さな無線局を活動しつづけさせるのに必要だった。毎晩、交代で報告と気象観測を空中に送った。それがたまたま素人《しろうと》の無線愛好家たちによって聴取されると、その人たちがワシントンの気象研究所やその他の目的地に報告を伝えてくれるのだった。エリックはたいてい帆につぎを当てたり綱を継いだりしているか、木に彫刻したり顎ひげを生やした男たちや奇妙な魚のスケッチをしたりしていた。そして毎日正午に、六分儀を持って箱の上に上り、太陽を見てわれわれが前の日からどのくらい動いたかを明らかにした。わたし自身は航海日誌や報告、プランクトンの収集、魚釣りや写真で、することがたくさんあった。一人一人、自分の責任分野を持っていた。そして誰も他人の仕事に干渉はしなかった。舵当番や炊事のような嫌な仕事は、平等に分けられていた。誰でも、昼二時間、夜二時間、舵オールを握った。そして炊事当番としての勤務は勤務日誌と一致していた。筏の上には、規則とか法律とかいうものはほとんどなかった。ただ、夜の当番は腰のまわりに綱を巻いていなくてはならないこと、救命ロープは定位置にあること、食事は全部小屋の壁の外で消費されること、「用をたす場所」はともの丸太の一番先だけであること、だけだった。もし筏の上で重要な決定がなされる場合には、インディアン式に評定《パウ・ワウ》を召集して、万事討論したあとで決定した。

コン・ティキ号の上の普通の日は、最後の夜番が炊事当番を揺り起こすことから始まった。炊事当番は朝日の当たっている、露の下りた甲板の上に眠そうにはい出して、トビウオを集めはじめる。その魚を生で食べる代わりに、ポリネシアとペルーの両方の調理法に従って、小屋の入口の外の甲板にしっかりしばりつけた箱の底にある小さなプライマス・ストーブの上で揚げた。この箱がわれわれの台所だった。ここは、ふつう、反対側の後半部に規則的に吹きつけてくる南東の貿易風から守られていた。ただ風と波があまりプライマスの焰《ほのお》とたわむれるときだけ、木の箱に火がついた。そして一度、炊事当番が眠っていたとき、箱全体が焰のかたまりになって、他ならぬ竹小屋の壁に燃えひろがったことがあった。しかし煙が小屋の中へ押し寄せてきたとき、壁の火は素早く消し止められた。なにしろ、コン・ティキ号の上では、水はすぐ近くにあったからだ。

魚のフライの匂いが竹小屋の中で鼾《いびき》をかいている人たちを起こすということはほとんどなかった。だから炊事当番は、いつもフォークで突っつくか、「朝食準備完了！」と、誰ももうそれ以上聞いていられないような調子っぱずれの声で歌わなければならなかった。筏の横にサメのひれが見えないと、その日は太平洋に素早く跳びこむことによって始まった。それから筏の縁の戸外の朝食だった。

筏の上の食事は文句を言うどころではなかった。料理は二つの実験に分けられ、一つは二〇世紀の主計総監に、一つはコン・ティキと五世紀に捧げられていた。トルステインとベングトが第一の実験の相手で、丸太と竹の甲板の間にある穴の中へ押しこんでおいた特別糧食のきゃしゃで小さな包に食事を制限していた。しかし、魚や海産物は彼らの好むところではなかった。二、三週間おきに竹の甲

竹の小屋の中で風と太陽から守られて。（左から）ワッツィンゲル、ハウグランド、ロービー、ダニエルソン、著者。

無線コーナーのロービー。ダニエルソンが装飾したボール紙の仕切りの後ろにいる。ロービーとハウグランドはワシントンの気象学会へ毎日無線で報告を送った。

板をしばってある繋索を解いて、新しい糧食を取り出した。それは竹の小屋の前のほうにしっかりしばりつけてあった。ボール紙の外側に塗ったアスファルトの丈夫な膜が有効であるということがわかった。一方、そのそばに放置してあった密封したブリキ缶は、食料のまわりを絶え間なく洗っている海水が浸蝕《しんしょく》して駄目になってしまった。

コン・ティキが海を渡ったときは、アスファルトも密封したブリキ缶もなかった。それなのに、重大な食糧問題はなかった。当時においても、食糧は人々が陸から持ってきた物と航海中に自分で手に入れた物から成り立っていた。ティティカカ湖畔の敗北のあとで、コン・ティキがペルーの海岸から海に出たとき、彼は次の二つの目的のどちらかを持っていたと仮定することができる。ひたすら太陽を崇拝している人たちの間の太陽の精神的な象徴として、彼が新しいもっと平和な国を発見しようとして、太陽そのものに従って海へ乗り出したということはきわめてありそうなことだ。もう一つの可能性は、もっと北のほうに上陸して迫害者たちの手の届かないところに新しい王国を発見するために、南米の海岸にそって筏を北に走らせることだった。岩の多い危険な海岸と、海岸ぞいの敵の種族を避けていたら、われわれ自身のように、たやすく南東の貿易風とフンボルト海流のえじきになったのではないか。そして自然の力によって、まったく同じ、大きな半円を描いて、日没のほうに漂流したのではないか。

こういった太陽崇拝者たちが故国から逃げ出したとき、その計画がどんなものであったとしても、航海のために食糧を用意していたことは確かである。乾燥した肉と魚とサツマイモが彼らの原始的な食事の最も重要な部分だった。当時の筏乗りたちがペルーの不毛の海岸にそって海に出たとき、彼らは筏の上に十分な水を持っていた。焼き物のかめの代わりに、一般に巨大なヒョウタンを使っていた。それはバンとぶつかっても大丈夫だった。しかし、筏で使うのにさらにもっと適しているのは巨大な

甲板での食事。

竹の太い棒だった。彼らは節を全部抜き、端の小さな孔から水を流しこんだ。それを栓《せん》や瀝青《れきせい》ややにでふさいだ。こういった太い竹の棒を三〇本あるいは四〇本、竹の甲板の下に、筏にそってしっかりしばりつけることができた。そこは陰になっていて、冷たかった。新鮮な海水――赤道海流の中で摂氏約二六度――がそのまわりを洗っていた。この種の貯えは、われわれ自身が全航海で使った水の二倍を含んでいたであろう。そして単に筏の下の水の中に竹の棒をもっとしばりつけることによって、もっとたくさん持って行くことができた。そこならばすこしも重みにならず、すこしも場所をとらなかった。

二カ月後に、真水が腐って味が悪くなったことに気がついた。しかしそのときまでには、雨の少ない最初の海域は通りすぎて、ずっと前に激しい夕立が十分水を供給してくれる地域に到着しているものなのだ。毎日一人につきたっぷり一リットルの水が割り当てられ、しかもその配給量がいつも全部使われたわけではなかった。

たとえわれわれの先輩が食料を十分持って陸から出発しなかったとしても、海流に乗って海を漂流しているかぎり困りはしなかったろう。海流の中には魚がたくさんいた。航海を通じて、魚が筏のまわりを泳いでいず、たやすく捕まえることのできない日は一日もなかった。とにかくトビウオが自分のほうから筏の上にやってこないで一日が過ぎることはほとんどなかった。大きなカツオが、ともかくらくる大量の水といっしょに筏の上に泳いできて、篩《ふるい》から洩《も》るように水が丸太の間から消えてしまったとき、筏の上でバタバタやりながら横になっていることさえあった。カツオはとてもおいしかった。餓死《がし》することは不可能だった。

昔の原住民たちは戦争時に難破した人たちが思いついた工夫をよく知っていた。――生魚を嚙んで渇きをいやす汁を吸うことである。魚の切身を布に包んで汁をしぼり出すこともできる。もし魚が大きかったら、その横っ腹に穴をあけることは朝飯前だ。その穴はすぐ魚のリンパ腺から出る分泌物でいっぱいになる。もっとよい飲物があればいい味とは言えないが、塩の割合が非常に低いので、渇きがいやされるのである。

時間をきめて海にはいり、日陰になった小屋の中に濡れたまま寝ていると、水を飲む必要はずっと減った。サメがまわりを堂々と巡回していて、筏の横から本当に跳びこむことを妨げているならば、い、ともの丸太の上に寝て、指と爪先で綱をよく捕まえているだけでよかった。そうすれば水晶のように澄んだ太平洋が二、三秒おきにゆぶねに何杯分もザアザアとかかってきた。

熱くて咽喉《のど》がかわいて困るときには、ふつう体が水を必要としていると仮定して、そのために水を牛飲してなんら得るところがないということになることがよくある。熱帯の本当の暑い日には、口の奥のところで水を感じることができるまでなまぬるい水を咽喉の中へ流しこむことができる。そしてやっぱり同じように咽喉がかわいているのだ。そのとき体が必要としているものは液体ではなくて、驚くなかれ、塩なのだ。筏の上に持っていた特別糧食の中には、特に暑い日に定期的に食べるために、塩の板があった。発汗が体から塩をしぼりとってしまうからだった。風がまったく絶えて太陽が容赦《ようしゃ》なく筏の上に照りつけるとき、このような日を体験した。水の配給量が多かったので、胃の中で水がガボガボいうまでひしゃくで飲むことができた。しかし咽喉は意地悪くもっともっと要求していた。そのような日には、真水の配給に二〇パーセントから四〇パーセントの塩《しお》っ辛《から》い海水を加えた。そして驚いたことにはその塩気のある水が渇きをいやしてくれることがわかった。ずっと後になっても口の中で海水の味がした。しかしけっして悪い感じはしなかった。その上、水の配給量をかなり増してくれた。

ある朝、朝食を食べていると、予期しない波が粥《かゆ》の中へ跳びこんできて、カラスムギの味が、海水のいやな味の大部分を取り去ってしまうということをまったくただで教えてくれた。

昔のポリネシア人は、ある奇妙な伝説を伝えていた。それによると、彼らの一番早い祖先が海を渡ってやって来たときに、ある種の植物の葉をいっしょに持っていて、それを噛むと渇きが消え失せたというのである。その植物のもう一つの効能は、いよいよ困ったときに吐気を催さずに海水をうまく飲むことができるということだった。そのような植物は、南海の島々には生えていなかった。だから、その植物の祖先の故国から伝わってきたものに違いない。ポリネシアの歴史家たちがあまり頑固にこういったことを主張してきかないので、現代の研究者たちがその問題を調査して、そのような効能を持つ植物で知られているのはコカ（南米産の薬用植物）植物だけで、それはペルーにしか生えていないという結論に達した。そして先史時代のペルーにおいては、インカ以前の墓の中に発見されてわかったのだが、コカイン（コカの葉から取る麻酔剤）を含んでいるこのコカ植物がインカ族によっても、消えてなくなったその前の民族によっても、常用されていたのである。体力を消耗する山の旅や海の旅には、コカの葉をどっさり持って行って、渇きと疲れの感じを取り除くために何日間もたてつづけに噛んだのだ。そしてすこし長い間コカの葉を噛めば、海水を飲んでもある程度免疫《めんえき》にさえなるのであろう。

コン・ティキ号の上では、コカの葉は試さなかった。しかし前部甲板に、南海の島々にもっと深い印象を残した他の植物のいっぱいはいったヤナギ細工の籠を持っていた。籠は小屋の壁の風下にしっかりしばりつけてあった。そして時が経つにしたがって、黄色い芽と緑色の葉が、ヤナギ細工からだんだん高く伸びて行った。それは木の筏の上の小さな熱帯の庭のようだった。ヨーロッパ人たちがはじめて太平洋諸島にやって来たときに、イースター島とハワイとニュージーランドにサツマイモの大きな畑を発見した。そしてサツマイモは他の島々でも栽培されていた。しかしただポリネシアの地域の中だけだった。それは、世界のもっと西にある部分ではまったく知られていなかった。サツマイモはこういった遠い島々における一番重要な栽培植物の一つであり、住民たちはサツマイモの他には主として魚を食べていた。そしてポリネシアの伝説の多くはサツマイモのまわりに集まっていた。伝説によれば、それはティキが妻のパニといっしょに祖先の最初の故国からやって来たときに、他ならぬティキその人によって持って来られたのだ。故国においては、ずっとサツマイモが重要な食物だった。

ニュージーランドの伝説は、サツマイモが、カヌーではなくて、「綱でしばり合わされた木」でできた舟で、海の向こうから持ってこられたとハッキリ言っている。

さて、ご存知のように、ポリネシアを除けばアメリカが、ヨーロッパ人の時代の前にサツマイモの生えていた世界で唯一つの場所である。そしてティキが島々に持ってきたサツマイモ（イポマエア・ボタタス）は、インディアンがペルーで最も古い時代から栽培してきたものとまったく同じものなのだ。乾燥したサツマイモは、ポリネシアの舟子《かこ》にとっても昔のペルーの原住民にとっても、最も重要な旅の食料だった。南海の島々では、サツマイモは人間によって注意深く栽培される場合にのみ成長すると思われる。そして、それは海水に堪えることはできないから、海流に乗ってペルーから四〇〇〇海里以上流れてくることができたと主張することによってこういった散在する島々に広く分布したのだと説明するのは虫がよすぎる。そのように重大な手がかりをこのようにうまく言いのがれようとしても、言語学者たちが、広く散在する南海の島々のどの島でも、サツマイモの名前はクマラであり、クマラというのが他ならぬペルーの昔のインディアンの間のサツマイモの呼び名であるということを指摘しているのを考えると、無駄なことがことによくわかる。名前がサツマイモについて海を渡ったのだ。

コン・ティキ号の上に持っていたもう一つの非常に重要なポリネシアの栽培植物は、ヒョウタン（ラゲナリア・ヴルガリス）だった。皮が中身と同じように重要で、ポリネシア人は火の上で乾かして水を入れるために使った。これもまたひとりで海を流れ渡って野生の状態で繁茂することのできないこの典型的な畑の植物もまた、昔のポリネシア人がペルーの最初の住民と共有しているのである。こういったヒョウタンは水容《みずい》れに変わり、ペルーの海岸にある先史時代の荒れ果てた墓の中に見出される。そして太平洋の島々にはじめて人がやって来たときより何世紀も前に、ペルーで魚をとっていた住民によって使われていたのだ。ヒョウタンのポリネシア名、キミは、これもまた中央アメリカのインディアンの間に見いだされる。

われわれは偶然手に入れた南方の果物を、腐らないうちに二、三週間で食べつくしてしまったが、その他にまた、太平洋の歴史において、サツマイモとともに最も大きな役割を演じた第三の植物を筏の上に持っていた。二〇〇個の椰子の実を持っていたのだ。それは歯の運動になり、清涼飲料になった。いくつかの実はまもなく芽を出しはじめた。そして海に出てからちょうど一〇週間経ったとき、三〇センチの高さの赤ん坊の椰子が五つ六つできた。それはすでに小枝を開き、緑の葉を繁らせていた。椰子の実は、コロンブスの時代よりも前に、パナマ地峡と南米の両方になっていた。年代記作者、オビエドは、スペイン人たちがペルーの太平洋岸に来たときに、椰子の木がたくさん生えていたと書いている。そのときよりもずっと前から、椰子の木は太平洋の島々の全部に存在していた。植物学者は、それがどっちの方向へ太平洋を渡って広がったのか、まだ確証をつかんでいない。有名な殻《から》を持つ椰子の実さえ、人間の助けなしでは海を渡って広がることはできないのだ。甲板の上の籠に入れておいた実は、ポリネシアまでずっと、食べることができ、芽を出すことができた。しかし、後半分は甲板の下の特別糧食の間に置いて、波がまわりを洗っているようにしておいた。このほうは一つ残らず海水のために駄目になってしまった。そして椰子の実は、バルサの筏がうしろに風を受けて動くよりも速く海の上を浮かんで行くことはできないのだ。椰子の実の目が水を吸いこんでやわらかくなり、そのために海水がはいってしまうのだった。さもなくば、大洋のいたるところにいる、ごみ屋のような海の生物が、浮かんでいる食べられる物が一つも一つの世界からもう一つの世界へと行かないようにと注意しているのであった。

ときどき、青い海のまんなかの静かな日に、われわれは白い鳥の羽が浮かんでいるすぐそばを走って行くことがあった。海の上で眠ることのできる一羽一羽のウミツバメやその他の海鳥に、一番近い陸地から何千海里も離れたところで会った。もし、小さな羽に近づいたとき、それを近々とながめると、二、三人の船客がその上に乗っていて、風を受けて気楽な旅をしているのが見られた。コン・ティキ号がゴリアテ（ダビデに殺されたペリシテ族の巨人の名。旧約サムエル記上第一七章参照）の再来のように通りすぎようとすると、件《くだん》の船客たちは自分たちのよりも早くて広い船がやって来るのを認めて、三人とも全速力で水面を横にちょこちょこ走ってきて、コン・ティキ号の上にはいのぼり、羽はひとりで行かせてしまった。だからコン・ティキ号は密航者でいっぱいになりはじめた。彼らは小さな遠洋のカニだった。指の爪ぐらいの大きさで、ときどきそれよりずっと大きなのもいたが、筏の上のゴリアテたちにとって、捕まえることができれば、おいしいおつまみだった。小さなカニは海面のお巡りさんで、食べられる物を見ると何でもすかさずご馳走になった。もしある日炊事当番が丸太の間にいるトビウオを見つけそこなうと、翌日その上には八匹から一〇匹の小さなカニが乗って、はさみでご馳走になっていた。われわれがやって来ると、たいていびっくりしてチョコチョコと逃げて隠れるのだが、ともの舵オールの台木のそばの小さな孔の中に、ヨハンネスという大変よくなれたカニが住んでいた。みんなの愉快なペットであったオウムの他に、カニのヨハンネスも甲板の上の社会の一員となっていた。天気のいい日に小屋に背を向けて舵をとりながら腰を下ろしているときヨハンネスがそばにいないと広々とした青い海の上でまったく淋しい気持がするのだった。他の小さなカニたちは、コソコソ逃げまわって、普通の船のアブラムシのように盗みを働いていたのに、ヨハンネスは目を大きく開けて、広い丸まっちい体で入口にうずくまり、当番の交代を待っていた。当番に来る者はみな、ヨハンネスのためにビスケットや魚の一かけを持っていた。そして彼が入口のところに出て来て両手をひろげるように、孔の上にかがみこんでやればいいのだった。彼はわれわれの指からはさみでかけらを受け取ると、孔の中へ走って帰って、入口のところに坐りこみ、学校の生徒がご飯を口の中へつめこむみたいに、むしゃむしゃ食べるのだった。

カニたちは、発酵《はっこう》して爆発し、ぐしょぐしょになった椰子の実にハエのようにしがみついたり、波で筏の上に打ち上げられたプランクトンを捕まえたりした。そしてプランクトンという、海の中の一番小さな有機体は、あんまりすくなくては食べた気がしないけれども、ひとたび一度にたくさん捕まえる方法を知ったときには、筏の上のわれわれゴリアテにとってすらおいしい食べ物なのだった。

海流とともに大洋の上を無数に漂っているこういったほとんど目に見えないプランクトンの中に、たいへん栄養になる生物が含まれているに違いないということは明らかである。自分ではプランクトンを食べない魚や海鳥は、そういう場合には、プランクトンを食べる他の魚や海の動物を食べて生きている。そういった魚や海の動物がどんなに大きくても問題ではない。プランクトンというのは、海面の近くを漂っている何千種類という小さな有機体にたいする総称である。目に見えるものもあり、見えないものもある。植物（植物プランクトン）もあり、形のはっきりしない魚の卵や小さな生きている動物（動物プランクトン）もある。動物プランクトンは植物プランクトンを食べて生きており、植物プランクトンは死んだ動物プランクトンからできるアンモニアゴムや亜硝酸塩《あしょうさんえん》や硝酸塩を食べて生きている。そしておたがいに食べたり食べられたりして生きながら、一方ではみんな海の中や上を動いているあらゆる物にたいする食物になっている。大きさで与えることのできないものは、数で与えることができる。

よいプランクトンの水域には、コップ一杯の中に何千というプランクトンがいる。槍で突いたり網でとったり釣針で釣ったりするほど大きな魚が見つからなかったために、一度ならず人々が海で餓死したことがある。そのような場合には、文字どおり非常に薄い生魚のスープの中を航行していることがよくあるものなのだ。もし、針や網の他に、自分たちが漬かっているスープを濾《こ》す道具を持っていれば、栄養の素《もと》──プランクトンを発見したことだろう。おそらく未来のある日、かつて、ずっと前に、陸上で穀物を収穫することを思いついたと同じ程度まで、人間は海からプランクトンを収穫することを考えつくことだろう。穀物もたった一つでは役に立たぬが、たくさんあれば食物になるのだ。

海洋生物学者、A・D・バイコフ博士がそういった考えを教えてくれ、プランクトンに適した魚網をわれわれに持ってこさせた。その「網」は、六・五平方センチあたりほとんど三〇〇〇も目のある絹の網だった。漏斗《じょうご》の形に縫《ぬ》われていて、直径約四六センチの鉄の環《わ》のうしろに丸い口がついており、筏のうしろに引っ張られるのだった。他の種類の魚捕りとまったく同じように、捕れ高は時と場所に応じて変化した。西へ行って海が暖くなるにつれて獲物は減少した。そして夜が一番よく捕れた。なぜかというと、多くの種類は太陽が輝いているときは、水の中へ深く潜って行くらしいからであった。

筏の上で他に時間をつぶす方法がなかったとすれば、プランクトンの網の中に鼻を突っこんで寝ていれば結構面白かったことだろう。匂いのせいではなかった。匂いは悪かった。見たところが食欲をそそるからでもなかった。見たところは百鬼夜行《ひやつきやぎよう》だった。そうではなくて、プランクトンを筏の上にひろげてその小さな動物を一つ一つ肉眼で調べてみると、種々様々のこの世ならぬ形や色が眼前にくりひろげられるからだった。

その大部分は、ちっぽけなエビジャコのような甲殻類《こうかくるい》（橈脚類《とうきやくるい》）か、漂い浮かんでいる魚の卵だったが、魚と貝の幼虫、ありとあらゆる色をした奇妙な小型のカニ、クラゲ、そしてウォルト・ディズニーの『ファンタジア』から取られたような種々様々な小さな動物もいた。セロファン紙を切って作ったギザギザのある幽霊のようにひらひらしているものもあり、羽の代わりに硬い殻のある嘴の赤いちっぽけな鳥に似ているものもあった。プランクトンの世界における造化の神の途方もない発明には限りがなかった。シュールレアリズムの画家がここでまいったと言っても不思議はない。

冷たいフンボルト海流が赤道の南で西に曲がるところでは、二、三時間おきに袋の中からプランクトンの粥を何キロもあけることができた。そのプランクトンは、われわれの通ってきたいろいろなプランクトンの原に応じて、褐色、赤、灰色、緑といったように、色のついた層の重なり合ったケーキのようにくっつき合っていた。夜、燐光が光っているときには、キラキラする宝石の袋を引っ張りこむようだった。しかしそれをつかむと、その海賊の宝物は無数のちっぽけな輝くエビジャコや燐光を発する魚の幼虫に変わって、燃えている石炭の山のように暗黒の中で光るのだった。そしてそういったものをバケツの中にあけると、そのどろどろしたものは、ホタルでできた魔法の粥のように走り出した。そういった夜捕えたプランクトンは、遠くから見ると綺麗だったが、近くから見るときたならしかった。そして匂いは悪かったが、勇気をふるいおこして燐を一匙《ひとさじ》口の中へ入れさえすれば、味が匂いの埋めあわせをした。これがたくさんの小さなエビジャコから成り立っていれば、エビジャコのペーストかイセエビかカニのような味だった。また大部分深海の魚の卵から成り立っていれば、キャビアかときにはカキのような味だった。食べられない植物プランクトンは非常に小さいので水といっしょに網の目から逃げ出してしまうか、非常に大きいので指で摘み上げることができるかだった。ご馳走の中にはいっている「思わぬ邪魔物」は、ポツンポツンとまじっている大型フラスコのようなジェリー状の腔腸《こうちょう》動物（ヒドラ・クラゲなど）や長さ一センチくらいのクラゲだった。こういったものはチクチクするので投げ棄てなければならなかった。その他は、一つ残らず食べることができた。そのままでもよかったし、粥やスープとして真水に入れて料理してもよかった。好き嫌いはある。筏の上の二人はプランクトンはうまいと思い、二人はなかなかよいと思い、二人は見るのもいやだった。栄養の点から言うと、もっと大きな貝と同じ高さだった。そして薬味をつけてうまく料理すると、海産

至近距離の鯨。

物の好きな者には誰にでも、一流のご馳走になりうることは確かだった。

　こういった小さな有機体がカロリーをたっぷり含んでいるということは、白長須鯨《しろながすくじら》によって証明されている。白長須鯨は世界最大の動物であって、しかもプランクトンを食べて生きているのだ。腹のすいた魚がしばしば噛み切ってしまう小さな網を使ってやるわれわれ自身の捕え方は、筏の上に腰を下ろして、通りすぎて行く鯨がセルロイドのような顎ひげを通してプランクトンを濾過しながら滝のような水を吹き上げているのを見ていると、ひどく原始的なものに見えるのだった。そしてある日網全体が海の中に失せてしまった。

「どうして君たちプランクトン食いは、あいつのようにやらないんだい」とトルステインとベングトが、潮を噴いている鯨を指さしながら、軽蔑《けいべつ》するように他の者に言った。「口の中をいっぱいにして、口ひげの間から水を噴き出せばいいんじゃないか」

わたしは船から遠くのほうに鯨を見たことがあり、博物館で剝製《はくせい》を見たこともあった。しかし、その巨大な死骸にたいして、尋常の温血動物、たとえば馬や象にたいしていつも抱くような感じを、抱いたことは一度もなかった。生物学的には、わたしは鯨を本当の哺乳《ほにゅう》動物として受け入れていたことはいたのだが、心の底では、どうしても大きな冷たい魚なのだった。大きな鯨たちがわれわれのほうに、筏のすぐ横まで突進して来ると、われわれは違った印象を受けた。ある日、食事をしながら、いつものように筏の縁に腰を下ろしていた。あんまり水に近かったので、そりかえれば湯のみが洗えるほどだった。そのとき突然、泳いでいる馬のようにうしろではげしく水を吹くものがあったので、びっくりした。大きな鯨が近づいてきて、われわれを睨《にら》みつけていたのだ。あんまり近かったので、噴水孔の奥のほうが磨いた靴《くつ》のように光っているのが見えたほどだった。生きた動物はみな肺がなくて音も立てずにくねくね泳ぎまわり、鰓《えら》を動かしているだけの外海で、本当の呼吸の音を聞くのはあまりにも珍しかった。そこで、われわれは自分たちと同じようにこんなにも遠く海の上をさまよっている、この愛すべきわれらが遠いいとこの鯨君にたいして、心から同族的親愛感を抱いたのだった。新鮮な空気を吸うために鼻を突き出す分別さえ持たない、冷たいヒキガエルのようなジンベイザメの代わりに、ここにわれわれは動物園の丸々と肥った愉快なカバを思い出させるものの訪問を受けたのだった。そしてそれは呼吸をして——それがわたしに一番気持のいい印象を与えた——それから海の中にまた沈んで、見えなくなった。

われわれは何度も鯨に訪問された。たいていは小さいゴトウクジラや歯の生えた鯨で、水面上を大きな群れをなしてわれわれのまわりを跳ねまわった。しかしときには大きなマッコウクジラやその他の巨大な鯨のこともあった。そういったものは一匹だけで現われたり、小さな群れをなして現われたりした。ときには水平線上を船のように通りすぎて、ときどき滝のような水を空中に吹き上げることもあった。しかしときにはわれわれを目がけてまっしぐらに進んで来ることもあった。はじめて大きな鯨が進路を変えて目的ありげに筏のほうにまっすぐやって来たときは、危険な衝突に備えて準備をした。それがだんだん近くなってくるにつれて、頭を水の外へ持ち上げるたびに、潮を吹いたり息を吹いたりする、重い長く引っ張られた音を聞くことができた。水の中を骨折りながらやって来たのは、巨大な、皮の厚い、不恰好《ぶかっこう》な陸の動物だった。コウモリが鳥に似ていないように、魚に似ていないものだった。それはまっすぐに左舷のほうにやって来た。われわれはその縁に集まっていたのである。そして一人が檣頭に腰かけていて、さらに七、八頭の鯨がわれわれのほうにやって来るのが見えると叫んだ。

最初の鯨の大きな、輝く黒い額は、二メートルと離れないところまでやって来ると、水面の下に沈んでしまった。それから巨大な青黒い鯨の背中が筏の下の、われわれの足の下を静かに滑って行くのが見えた。それはしばらくの間、そこに黒くじっとしていた。そして筏全体よりもずっと長い哺乳動物の巨大な、丸い背中を見下ろして、われわれは息を殺していた。それからそれは青みがかった水の中へゆっくり沈んで行って、視界から消えてしまった。その間に、鯨の一隊はすぐ近くまで来ていた。しかしわれわれには注意を払わなかった。怪力をふるって尻尾で捕鯨船を沈めた鯨たちは、思うに最初攻撃をしかけられたものだろう。午前中ずっと、まったく思いがけない場所に現われてわれわれのまわりで潮を吹いたり息を吹いたりしながら、筏や舵オールに突き当たることさえしなかった。太陽に照らされて波の間を自由に跳ねまわりながら、まったく楽しそうだった。しかし正午頃、まるでお昼のサイレンでも鳴ったように、鯨の群れは残らず潜って、それっきり姿を現わさなかった。

筏の下に見ることのできたのは鯨だけではなかった。下に敷いて眠っているヨシのむしろを持ち上げてみると、丸太の隙間から水晶のように青い水の中が見えた。そういうふうにしてしばらくの間寝ていると、背びれや尾びれがひらひらと通りすぎるのが見えたり、ときどき魚全体が見えたりした。隙間がもう五、六センチ広かったら、釣糸を持って寝床の中に楽々と寝ながら、ふとんの下で釣りができたことだろう。

魚の中で一番筏にくっついて離れなかったのはシイラとブリモドキだった。初めのシイラがカヤオ港外の海流の中でわれわれといっしょになったときから、航海中ずっと筏のまわりに大きなシイラが何匹も身をひるがえしていない日は一日もなかった。何が彼らを筏にひきよせたのかはわからないが、たぶん自分の上の移動する屋根の影に隠れて泳ぐことができることに魅力があったのか、それともすべての丸太と舵オールから花飾りのようにぶら下がっている海草とフジツボの菜園で何か食物が探せるからだったのだろう。最初は滑《なめ》らかな緑色のぬるぬるが薄くおおっただけだったが、やがて海草の房は驚くほどの速さで成長していき、しまいにはコン・ティキ号が波の間をよたよたと進む姿はさしずめ顎ひげを生やした海神そっくりというところだった。その緑の海草の中には、ちっぽけな雑魚《ざこ》どもと密航者のカニのお気に入りの場所があるのだった。

アリが筏の上で勢力をほしいままにしたことがあった。何本かの丸太の中に小さな黒いアリがいた。そしてわれわれが海に出て湿気が木の中にしみこみはじめると、アリは群がり出てきて寝袋の中へはいってきた。やつらはいたるところにいた。そしてわれわれを噛んで悩ましたので、やつらのために筏の外に追い出されるのではないかと思ったほどだった。しかしだんだん外海へ出て湿気が多くなるにつれて、やつらは水が苦手であることを悟《さと》ってきた。そしてわれわれが向こう側に着くまでには、ポツンポツンとほんの二、三匹がもちこたえただけだった。カニといっしょに、筏の上で一番繁栄したものは、長さ二センチ半から四センチのフジツボだった。フジツボは何百となく、筏のとくに風下に成長した。そして古いやつをスープの釜の中へ入れるが早いか、新しい幼虫が根を下ろして成長して行くのだった。フジツボは新鮮でおいしかった。われわれは海草を摘《つ》んでサラダにした。それはあまりうまくはなかったが、食べられた。シイラが菜園で何か食べているのを本当に見たことは一度もなかったが、シイラは絶えずキラキラする腹を上に向けて丸太の下を泳いでいた。

シイラは、あざやかな色をした熱帯魚で、英語では同じく「ドルフィン」というイルカ、歯のある小型鯨とまちがえてはいけない。シイラはふつう長さ一メートルから一メートル四〇センチ、両側が平べったくて頭と首がおそろしく高かった。われわれは長さ一メートル四二センチ、頭の高さ三四・三センチもあるやつを筏の上に引っ張り上げた。シイラはすばらしい色をしていた。水中ではアオバエのように青と緑に光り、黄金色のひれをキラキラさせていた。しかしそれを筏の上へ引っ張り上げると、ときどき不思議な光景が見られた。この魚が死ぬと、だんだん変色して黒い斑点のある銀灰色になり、最後にはまったく一様の銀白色になった。この状態が四、五分続くと、やがてもとの色がゆっくりとまた現われた。水中でも、シイラはときどきカメレオンのように色を変えた。そして何度もわれわれは輝く銅色をした魚の「新種」を見た。しかしもっと近づいて見ると、それは古馴染《ふるなじみ》のシイラであるということがわかった。

その高い額のために、シイラは横から押しつぶされたブルドッグのような外観を呈していた。そしてこの肉食魚が逃げるトビウオの群れを追って魚雷のように突進して行くとき、その額はいつも水面を切って進んだ。シイラは機嫌がよいときには、平らな横腹を下にしてひっくり返り、物凄い速さで前進し、それから空中高く跳び上がって、平べったいホットケーキのように転落した。水面に落ちるといつも同じようにバチャンという音がして水柱が上がった。水の中へ落ちるが早いか、また跳び上がる。そして波の向こうに見えなくなるのだった。しかし機嫌が悪いとき、たとえばわれわれが筏の上に引っ張り上げたようなときには、噛みついた。トルステインは、しばらくの間足の親指にぼろを巻きつけてびっこをひきながら歩きまわっていた。シイラの口の中へうっかり入れてしまったからだった。そいつは、その機逸せずとばかりに、口を閉じていつもよりすこし強く噛んだのだった。国へ帰ってから、シイラは人間が海水浴をしていると襲いかかって食べてしまうという話を聞いた。これはあまり光栄な話ではなかった。われわれは毎日シイラの間で海水浴をして、すこしも特別な興味を示されなかったからである。しかし彼らは恐るべき猛魚だった。われわれは彼らの胃の中にヤリイカとまるごとのトビウオを見つけたからである。

トビウオはシイラの大好物だった。水面の上で何かはねを上げると、トビウオではないかと思ってそれを目がけてやみくもに突進した。眠い朝の時間、よくわれわれは小屋の中から目ばたきをしながらはい出して、半分眠ったまま海の中へ歯ブラシをつけた。すると一四キロもある魚が稲妻のように筏の下から飛び出してきて、歯ブラシの匂いを嗅いでがっかりしたので、われわれは跳び上がってすっかり目が覚めてしまうのだった。また筏の縁で静かに朝食を食べているとき、シイラが跳び上がって横しぶきのすごく猛烈なやつをはねとばしたらしく、そのために海水がわれわれの背中を流れ下りたり、食物の中へはいったりした。

ある日、晩飯を食べていたとき、トルステインが釣りのほら話の中で一番すごいやつを地で行った。彼は突然フォークを置いて、海の中へ手を突っこんだ。そして何だかわからないでいるうちに、水が泡立って大きなシイラがわれわれの間に転がりこんできた。トルステインは、静かに滑りすぎて行く釣糸の端をつかんでいた。そして反対の端には、エリックが二、三日前に釣りをしていたときに彼の釣糸を切ったシイラが、まったく狼狽《ろうばい》してぶら下がっていたのだった。

シイラが筏のまわりや下に六匹か七匹グルグルしながらついてこない日は一日もなかった。荒れた日には二、三匹のこともあった。と同時に、その翌日には三〇匹から四〇匹も現われるかもしれなかった。原則として、もし晩飯に生魚が食べたかったら、あらかじめ二〇分前に炊事当番に予告しておけば十分だった。すると炊事当番は短い竹の棒に糸を結びつけ、釣針にトビウオを半分つけた。たちまちシイラが一匹現われて、頭で水を切って泳ぎながら針を追っかけ、そのあとからもう二、三匹が続くという調子だった。針にかかったのを泳ぎまわらせて疲れさせるのにまたとない魚で、とりたてだと肉はしまっておいしく、タラとサケを混ぜ合わせたような味がした。それは二日間もった。そしてそれでたくさんだった。海の中には魚が十分いたからである。

ブリモドキとはそれとは違った仕方で知り合いになった。サメたちが連れてきて、サメの死後われわれに引き取られるようになったのである。海に出てまもなく、最初のサメがわれわれを訪問した。やがてサメが現われることはほとんど毎日のおきまりになった。ときどきサメが筏を視察に浮かんできて、一、二回われわれのまわりをまわってから、餌を探しに行ってしまった。しかしたいていの場合、彼らは舵オールのすぐうしろから追いかける姿勢をとり、そこで音も立てずに浮かびながら、こっそり右舷から左舷へ忍びよったり、ときどき筏ののんびりした進行について行くため、ゆっくりと尻尾を振ったりしていた。灰色がかった青い色のサメの体は、水の表面のすぐ下では日光に照らされていつも茶色がかって見え、波といっしょに上がったり下がったりするので、背びれはいつも不気味につっ立っていた。高い波がくると、サメはわれわれの高さよりもずっと高く持ち上げられた。それが口の前に小さなブリモドキの騒々しい先払いをつけて威風堂々とわれわれのほうに泳いで来るときには、ガラスのケースにはいっているようにサメの真横がながめられた。二、三秒間、サメもその縞のあるお伴もまっすぐに筏の上に泳いでくるように見えるのだったが、筏は優美に風下に傾いて、波の背を乗り越え、向こう側に下りて行くのだった。

まず第一に、サメの令名と恐ろしそうな外観のために、われわれはサメにたいして大きな尊敬の念を抱いていた。鋼鉄のような筋肉の一つの大きな束《たば》から成り立っているともいうべき流線型の体には、手のつけられない力があった。そして小さい緑色の猫のような目をして、フットボールでもらくらくと呑み下せる大きな顎をもった広くて平らな顔には、無慈悲な貪欲さがあった。舵をとっている者が、「右舷にサメ」あるいは「左舷にサメ」と叫ぶと、われわれは手銛とかぎ竿を探しに出て、筏の縁にそって部署についた。サメはふつう背びれを丸太に近づけてわれわれのまわりをまわった。サメの背中の紙やすりのような鎧《よろい》にかぎ竿を打ちつけると、かぎ竿はうどんのように曲がってしまう。手銛の穂先は熱戦のさなかに折れてしまう。それを見ると、サメにたいするわれわれの尊敬はいや増した。サメの皮を突き通し軟骨や筋肉の中へ突っこむことによってわれわれが得るものといっては、ただ大騒ぎをやって、まわりの海水を泡立てたあげく、サメ公に逃げ失せられ、小さな油が浮かび上がり、水面に広がるだけだった。

　最後の銛の頭を残しておくために、一番大きな釣針を束にしてしばりつけ、まるごとのシイラの屍《し》体《たい》の中にかくした。鋼鉄線を念入りに細工してそれに餌をつけ、救命索に結びつけて海に投げた。時間はかかったがサメは確実にきた。そして鼻先を水の上に上げながら、大きな三日月形の口をパクッと開いて、シイラを丸呑みにしてしまった。そしてそこで釘《くぎ》づけになった。闘争が始まった。サメは水をバチャバチャと泡立たせた。しかしわれわれは綱をしっかりと握り、抵抗をものともせず、ともの丸太までそのでかい奴を引っ張り寄せた。そこでサメは次に起こるべきことを待ちながら、まるで鋸《のこぎり》のような歯の平行した列でわれわれを威《い》嚇《かく》するかのようにただ大きな口を開いているだけだった。ここでわれわれは波を利用して、海草でぬるぬるしている端のほうの低い丸太の上にサメをひっぱり上げた。そして尾びれのまわりに綱を投げかけると、出陣の踊りが終わるまで離れたところへ逃げているのだった。

最初のサメの軟骨の中に、われわれ自身の銛の頭が発見された。そして最初は、これがそのサメの比較的闘志のなかったゆえんだと考えた。しかしその後、われわれは次から次へと同じ方法でサメを捕まえた。そしていつも同じように簡単にいった。たとえサメがぐいぐい引くことができ、たしかに恐ろしく重くて泳ぎまわらせて疲れさせるのに困難なときでも、ただ綱をしっかりと握りその綱引きでサメに一寸たりとも譲らなければ、サメはまったく元気がなくなりおとなしくなって、その怪力を十分発揮することはけっしてないのだった。そして青ザメも褐色のサメもいた。筏の上にひっぱり上げたサメは、ふつう二メートルから三メートルの長さだった。後者のほうは筋肉のかたまりの外側に、ありったけの力を出して突かなければ鋭利なナイフを突き通すことのできないような皮を持っていた。そうしてもだめなこともしばしばだった。腹の皮も背中の皮と同じようにカチカチだった。そして頭のうしろの両側にある五つのえら穴が唯一の弱点だった。

サメをひっぱりこむと、たいてい黒いぬるぬるするコバンザメがその体にしっかりとくっついていた。平べったい頭のテッペンにある楕円形の吸盤でしっかりくっついていて、尻尾を引っ張っても離すことができなかった。しかし自分から離れて、ピョイと跳んで一瞬後に別の場所にくっつくことはできるのだった。サメが海に帰る気配を見せず、その元の主人にしっかりぶら下がるのに飽きてくると、別のサメを見つけるために、ひょいと跳んで筏の隙間に姿を消し、泳いで行ってしまった。そしてコバンザメはサメを見つけることができないと、しばらくの間他の魚の皮にくっついている。コバンザメは一般に指の長さから三〇センチまでのものだった。われわれは、原住民が運よくコバンザメを生捕りにしたとき、ときどき使う昔の手を使ってみた。彼らはその尻尾に糸を結びつけて泳がしてやる。すると目にはいった最初の魚に吸いつこうとする。そして非常にしっかりくっつくものだから、運のいい漁師はコバンザメの尻尾といっしょに魚まで引っ張りこむことができるのである。われわれはうまくいかなかった。尻尾に糸をつけてコバンザメを放してやると、きまってただすっとんで行き、とびきりすばらしい大ザメを見つけたと信じこんで筏の丸太の一本にしっかりと吸いついてしまうのだった。そしていくら強く糸を引っ張っても、そこにぶら下がっていた。だんだんこういった小さなコバンザメがたくさん筏の側面の貝の中に頑固にしがみついてぶらさがるようになり、われわれといっしょに太平洋を旅して行った。

しかしコバンザメは馬鹿でみっともなくて、その元気な友達のブリモドキのようにかわいい動物になることはけっしてなかった。ブリモドキは小さな葉巻形の魚で、シマウマのような縞がある。そしてサメの鼻先に群れをなして速かに泳ぐ。その半盲の友、サメの水先案内をしていると考えられているところから、英語ではパイロット・フィッシュ、つまり水先案内魚という名前を頂戴した。本当にそれはただサメといっしょに泳いでいる。そして独立して行動するときは、自分の視界の中に食物を認めたからに他ならない。ブリモドキはその主にして師たるものに最後の瞬間まで従っていた。しかしコバンザメのようにしっかりとその怪物の皮にくっつくことができないので、元の主人がふいに空中に消え失せて二度と帰って来ないと、まったく途方にくれてしまうのだった。そういうときは、ブリモドキはあわてふためいて急いで探しまわり、いつも帰ってきてサメが空のほうに消え失せた筏のいともにそって泳ぐのだった。しかし時間が経ってもサメがふたたび下りて来ないので、新しい主にして師たるものをキョロキョロと探さなければならなかった。そしてコン・ティキ号より手近には誰もいないのだった。

筏の横から体を乗り出してキラキラする澄んだ水の中へ頭を突っこむと、筏が海の怪物のお腹《なか》のように見えた。舵オールが尾で、垂下竜骨が平らなひれのようにぶら下がっていた。その間には、ひき

ひとたびサメを筏の上にひっぱり上げると、噛みつくのを止めるまで、つかまえた人は離れたところにいた。

とられたブリモドキが並んで泳いでいた。そして、ブクブクいう人間の頭には注意を払わなかった。ただその中の一、二匹が素早く飛んできて、鼻をのぞきこみ、何事もなかったようにまた戻っていって、熱心に泳いでいるものの中に並ぶだけだった。

わがブリモドキは、二つの分遣隊に分かれて哨戒《しょうかい》していた。大部分は垂下竜骨の間を泳ぎ、他の連中は見事な扇形をなしてへさきの真前を泳いでいた。ときどき、われわれが追い越すちょっとした食べられる物をパックリやろうとして筏から飛んで行った。そして食事の後で、筏の横の水の中で食器を洗うと、まるで残り物のなかに縞のあるブリモドキの葉巻のケースを全部空けてしまったようになるのだった。残り物のうち、彼らが試してみないものはただの一つもなかった。そして植物性の食べ物でないかぎり、お腹の中へはいって行った。この奇妙な小さな魚たちは、われわれが、サメのように、自分たちにたいして父親のような愛情を持っているという子供のような信頼を持って、われわれの愛の翼の下に集まっていた。彼らはコン・ティキ号の海のペットになった。そしてブリモドキに手を出すことは筏の上のご法度《はっと》だった。

われわれの随行員の中には、たしかに子供のブリモドキもいた。大部分一五センチくらいの長さなのに、二センチ半そこそこだったからである。ジンベイザメが、エリックの銛を脳天にぶちこまれた後で、稲妻のような速さで飛んで行ってしまったとき、年かさのブリモドキの中には勝った者のほうに寝返りを打ったものもいた。彼らは長さ六〇センチもあった。着々と勝利を重ねて行くにつれてコン・ティキ号はまもなく四〇～五〇匹のブリモドキのお伴を持った。そして彼らの多くはわれわれの静かな前進と毎日の残り物が非常に気に入ったので、海の上を何千マイルもついて来たのだった。

しかし、ときたま恩知らずのやつもいた。ある日、わたしが舵オールを握っていると、突然南のほうで海が泡立っているのに気がついた。そしてシイラの大群が銀色の魚雷のように海の上を突進してて来るのが見えた。彼らは、いつものように平らな横腹を見せて楽しそうにしぶきを上げながらやって来るのではなく水中というよりは空中を猛烈なスピードで突進してきた。青いうねりは、ただ一かたまりの混乱となってしぶきを上げながら逃げて来るシイラのために掻き乱され、白く泡立った。そのうしろから一つの黒い背中がジグザグ・コースをとって高速モーター・ボートのように突進してきた。死物狂いのシイラたちは水面の上下を飛ぶようにして筏のすぐそばまでやって来た。ここで彼らは潜った。一方、一〇〇匹ばかりがひとかたまりになってしっかりくっつき合った群れを作り、東のほうへ向きを変えて逃げた。だからとものほうの海は一面にキラキラする、色のかたまりとなった。そのうしろのギラギラする背中は、水面から半分持ち上がって、優美な曲線を描いて筏の下に潜り、シイラの群を追って魚雷のようにとものほうに突進して行った。それはヨシキリザメのおそろしく大きな奴で、長さ六メートル近くもあろうかと思われた。それが見えなくなったとき、わがブリモドキもまた若干いなくなっていた。彼らはもっと華々《はなばな》しい海の英雄を見つけて従軍して行ったのであった。

専門家たちが一番警戒するようにと言った海の動物はタコだった。それは、筏の上に上がって来ることができるからだった。ワシントンの国立地理学会は、巨大なタコがお気に入りの住処《すみか》を持っていて夜になると水面に上がって来るという、フンボルト海流のある海域からの報告と劇的なマグネシウム写真を見せてくれた。非常に貪欲で、もし一匹が一切れの肉に食いついて釣針にぶら下がっていると、もう一匹やって来てその釣針にかかった仲間を食べはじめるというほどだった。大きなサメを締め殺し、大きな鯨に醜い印をつけることのできる腕を持ち、触手の間にはワシのような恐ろしい嘴が隠されている。われわれは、彼らが目から燐光を発しながら暗闇の中に浮かんでいること、そして筏の上に直接上がって来ようとは思わなくても、筏のどんな小さな隅でも探りまわることができる長い腕を持っているということを思い出した。夜、寝袋の中から引きずり出そうとする冷たい腕を首のまわりに感ずることを想像すると、こいつばかりはご免を蒙ろうと、万一手探りする触手に抱きつかれて目を覚ました場合のために、めいめいサーベルのような南米原住民の大刀で武装していた。出帆するとき、とくに、ペルーの海の専門家たちがその問題に触れて、まさしくフンボルト海流の中にある最も危険な水域を海図の上に示してくれたとき、それよりもいやな感じのしたものはなかったのである。

長い間、筏の上にも海の上にも、ヤリイカのいる気配は見えなかった。しかしある朝、ヤリイカがあの水域にいるに違いないという最初の警告を受け取った。太陽が昇ったときに筏の上に、猫ぐらいの大きさの小さな赤ん坊の形をしたヤリイカを発見したのである。夜のうちにひとりで甲板の上に上がってきて、小屋の入口の外の竹に腕を巻きつけて死んでいた。黒いどろどろのインキのような液汁が竹の甲板の上に塗られて、ヤリイカのまわりに水溜《みずたま》りのようになっていた。われわれは墨のようなこのイカ墨で、航海日誌を一、二ページ書いた。それからヤリイカの赤ん坊をシイラたちを喜ばすために海の中へ投げた。

われわれはこの小さな事件の中に、もっと大きな夜の訪問者のまえぶれを見た。赤ん坊でさえ筏の上によじ上ることができるとすれば、空腹なその祖先は疑いなく同じことができるだろう。われわれの先祖がヴァイキングの船に乗って、海の老人のことを考えていたときには、われわれと同じような感じがしたに違いない。しかし次の事件はわれわれをまったく煙に巻いてしまった。ある朝、もっと小さなヤリイカを一匹だけ椰子の葉の屋根のテッペンに見つけたのだ。このためにわれわれははなはだ判断に迷った。インキの印がたった一つ屋根のまんなかのヤリイカのまわりに丸く塗られているだけだったので、ヤリイカがそこまでのぼって行ったとは考えられなかった。また海鳥が落としたものでもなかった。ヤリイカはまったく無疵《むきず》で、嘴の跡がついていなかったからである。われわれは、筏の上にかぶさってきた波によって屋根の上に投げ上げられたのだという結論に達した。しかし夜番に当たった者は誰も、その夜そんな波があったことを思い出すことはできなかった。そして日が経つにしたがって、幼いヤリイカがさらに多くきまって筏の上に発見されるようになった。そのうち一番小さいやつは人間の中指ぐらいの大きさだった。

まもなく、たとえ夜の間海が静かであっても、朝になってから甲板のあたりに、トビウオにまじって小さなヤリイカを一つか二つ発見するのがおきまりになった。それは本当の恐ろしいヤリイカのちいさいやつで、吸盤がいっぱいついた八本の長い足と、さきが茨《いばら》のようなかぎになった、もっと長い二本の足を持っていた。しかし、大きなヤリイカは甲板の上へやって来そうなようすはなかった。燐光を発する目の光が暗夜海面を漂って行くのを見、そしてたった一度だけ、海面が泡立ってぶくぶく音を立てたかと思うと、わがシイラたちが何匹か、必死になって逃げようとする中を、大きな車輪のような何物《なにもの》かがヌーとあらわれて空中を回転しているのを見たことがあった。だが、小さなやつが毎晩かかさずにやって来るのに、大きなやつはなぜやって来ないのかということは、恐ろしいヤリイカの水域を出てから二カ月――経験に富んだ二カ月であったが――経つまで、答えが見つからなかった謎であった。

幼いヤリイカはひきつづき筏の上にやって来た。ある天気のいい朝、われわれはみな、何かキラキラする物の群れが水の中から跳び出して大きな雨滴のように空中を飛んで行き、それを追いかけているシイラによって海がぶくぶく泡立っているのを見た。最初われわれはトビウオの群れだと思った。筏の上からすでに三回もこういった光景を見ていたからである。しかしそれが近寄ってきて、その中のいくつかが一、二メートルの高さで筏の上を飛び越したとき、一つはま正面からベングトの胸に飛びこんでバサリと甲板の上に落ちた。それは小さなヤリイカだった。われわれの驚きは大きかった。

それを帆布のバケツの中へ入れると、ひきつづき踏み切って水面へ飛び上がろうとした。しかし小さなバケツの中では十分にスピードが出ず、水の中から半分以上出ることはできなかった。ヤリイカがふつうロケット機の原理に基づいて泳いでいるということは周知の事実である。体の側面にある閉じたチューブから大きな力で海水を噴き出す。そのようにして高速度でピュッピュッとうしろに飛ぶことができるのである。そして触手を全部うしろになった頭の上に房のようにしてぶら下げると、ヤリイカは魚のように流線型になってしまうのだ。両側に丸い皮と肉のひだが二つついていて、ふつうは水の中で舵をとったり静かに泳いだりするために使われている。しかし、たくさんの大きな魚の大好物である無防備の幼いヤリイカが、トビウオと同じように空中へ飛んで追跡者から逃れることができるということが、こうして明らかにされたのである。人間の天才がロケット機の原理を思いつくよりずっと前に、その考えを現実化していたものであった。海水を体を通して噴き出してものすごいスピードを上げ、それから翼のような皮のひだを開くことによってある角度で水面から飛び出す。トビウオのように、そのスピードで行けるだけ波の上をグライダーのように飛ぶ。その後、われわれが注意を払いはじめるようになってから、よくヤリイカが五〇から六〇メートルも飛んでいるのを見た。一匹だけのこともあり、二匹のこともあり、三匹のこともあった。イカが「滑空する」ことができるという事実は、われわれの会ったことのあるあらゆる動物学者にとって新奇なことだった。

太平洋の中に住んでいる者たちのお客さんとして、われわれはよくヤリイカを食べた。それはイセエビと消《けし》ゴムをいっしょにしたような味がした。だがコン・ティキ号の上では、一番下等な献立だった。甲板の上でヤリイカをただで手に入れたときには、何か他の物と交換した。釣針にヤリイカをつけて投げこみ、バタバタする大きな魚といっしょにもう一度引っ張りこむというようにして、その交換をした。マグロやカツオさえ幼いヤリイカが好きだった。そしてマグロやカツオはわれわれの一番上等な献立だった。
しかしわれわれは海面を漂って行きながら、かならずしも知己とぶつかり合ってばかりいたわけではない。日誌には次のような種類の記事がたくさん記載されている。
五・一一——きょう、筏の縁で夕食をしていたときに、巨大な海の動物が二度筏の横の水面に上がって来た。おそろしいしぶきを上げて、見えなくなった。何だかサッパリわからない。
六・六——ヘルマンが黒い色をした太った魚を見た。幅の広い白い胴、薄い尾とスパイク。右舷で何回も海の上にすっかり跳び上がった。
六・一六——奇妙な魚が左船首に認められた。長さ二メートル、幅の一番広いところ三〇センチ、長っ細い茶色の鼻面、頭に近いところに大きな背びれ、背中の真中にもっと小さいやつ。重い、鎌《かま》の形をした尾びれ。水面の近くにいつづけ、ときどきウナギのように体をくねらせて泳いだ。ヘルマンとわたしが手銛を持ってゴム・ボートに乗って出ると、それは潜ってしまった。後になって上がって来た。しかしまた潜って見えなくなってしまった。
翌日——エリックが檣頭に腰かけていた。昼の一二時彼はきのうと同じ種類の長っ細い茶色の魚を三〇～四〇匹見た。こんどは高速で左舷からやって来て、海中の大きくて平らな茶色の影のようにとものほうに消えた。
六・一八——クヌートが蛇のような生き物を認めた。約一メートルで長っ細く、水面の下で真直ぐ立って上がったり下がったりし、蛇のようにくねくねしながら潜って行った。
何回か、暗礁のように水面の下に動かずに横たわっている大きな黒いかたまりを通りすぎた。部屋の床ほどの大きさだった。思うに悪名の高い巨大なエイだったのだろう。しかしそれはすこしも動かなかった。そしてわれわれはその形をハッキリ見極めることができるほど近くを通ったことは一度もなかった。

水の中にそのような友達を持っていたので、時間はけっしてゆっくりとは過ぎなかった。われわれが自分で海の中へ潜って、筏の下側の綱を点検しなければならなかったときは、もっと悪かった。ある日垂下竜骨が一本、筏の下に滑り落ちた。それは綱にひっかかったが、われわれは摑むことができなかった。潜ることにかけてはヘルマンとクヌートが一番うまかった。二度ヘルマンが筏の下を泳いで、シイラとブリモドキにまじって浮かび、垂下竜骨を引っ張った。二度目に浮かび上がって来て、息切れを直すために筏の縁に腰かけているとき、二メートル半のサメが彼の脚から三メートルと離れていないところに見えた。サメは深淵から彼のつま先のほうへまっしぐらに上がってきた。おそらくわれわれがサメを誤解したのであろうが、よからぬ意図を持っているのではないかと思って、その脳天に銛を投げこんだ。サメは何をしやがるんだと思った。そして暴れてしぶきをはね上げた。その結果、サメは水面上に油の膜を残して姿を消し、垂下竜骨は修繕されずに、筏の下で綱にひっかかったままになった。

そこでエリックが潜水籠を作ることを思いついた。それに使える原料がたくさんあるわけではなかったが、竹と、綱と、椰子の実を入れていた古い経木《きょうぎ》細工の籠があった。竹と綱の細工で籠を上に延ばし、それから籠にはいって筏の横から下ろしてもらった。そうするとサメを引きつける脚は籠の中に隠され、たとえ上のほうの綱の細工がわれわれと魚の両方にたいしてただ心理的な効果を持っているにすぎないとしても、もし何か敵意を持ったものがわれわれ目がけて突進して来たときには、サッと籠の中に潜りこんで、甲板の上にいる他の者から水の外に引っ張り上げてもらうことができるのだった。

この潜水籠はただ役に立ったばかりではなく、だんだん筏の上にいるわれわれにとって完全な娯《たの》しみの場所になっていった。それはわれわれが床の下に持っている浮かぶ水族館を研究する絶好の機会を与えてくれたのであった。

海がおとなしくうねり流れているときには、一人ずつ籠の中へはいこんで、息のつづくかぎり水の下に下ろしてもらった。水の中には、奇妙に変形された、影のない光の流れがあった。目を水面の下に入れるやいなや、光はもうわれわれ自身の水上の世界のような一定の方向を持ってはいなかった。光の屈折は上からと同じように下からも来た。太陽はもう輝いてはいなかった。それはどこにでもあった。筏の底を見上げると、一面にキラキラと照らされていた。九本の大きな丸太と綱が魔法の光を浴びていた。そして筏の四周と舵オールの全体にわたって、春の緑に彩られた海草のユラユラする花環《はなわ》がついていた。ブリモドキは魚の皮を着たシマウマのようにキチンと隊列をなして泳いでおり、大きなシイラはあわただしい、油断のない、ぐいぐい引っ張るような動作で泳ぎまわって、熱心に獲物を探していた。ここかしこ、光が、隙間から下に突き出ている垂下竜骨の樹液の多い赤い木の上に落ちていた。そしてその木の上には、白いフジツボの平和な植民地があって、ギザギザのある黄色い鰓で酸素と食物をリズミカルに招き入れていた。誰かがあまり近くに来ると、赤と黄色に縁どられた殻を急いで閉じて、危険が去ったと感ずるまで戸口を閉めているのだった。ここの光は、甲板の上の熱帯の太陽に慣れているわれわれには、驚くほど清澄でおだやかだった。永遠の闇夜《やみよ》である海の底知れぬ深淵の中を見下ろしたときでさえ、その夜は、屈折してくる太陽の光線のために気持のいいあかるい青色に見えるのだった。驚いたことには、われわれ自身は水面のすぐ下にいるにすぎないのに、澄んだ清らかな青い海のずっと底のほうにいる魚が見えた。そういった魚はカツオだったかもしれない。また、見分けることのできないほど深いところに泳いでいる他の種類の魚もいた。ときどき、そういった魚は大群をなしていることもあった。海流全体が魚でいっぱいなのか、あるいは、深淵にいるあの魚たちも二、三日われわれと行を共にしようとしてコン・ティキ号の下にわざと集まって来たのか、どっちなのだろうかとよく考えたものだった。

われわれが一番好きだったのは、金色のひれのあるマグロが訪問して来たときに水面の下に潜ることだった。ときどき、マグロは大群をなして筏のところにやって来た。しかしたいていは二、三匹いっしょにやって来て、われわれが釣針にひっかけることができないときには、何日もたてつづけに静かに円を描いてまわりを泳ぎまわっていた。筏からは、マグロはただなんら変わった装飾を持たない大きな、重い茶色の魚のように見えたが、われわれが水の中にはいおりて行くと、自然に色と形を変えた。その変化があまりにもまか不思議だったので、何度もわれわれは上がってきて、それが海を渡りながら見てきたその魚であるのか新しく確かめてみたほどだった。その大きな魚はわれわれには目もくれなかった。その堂々たる行動を平然と続けていた。しかしいまや彼らは驚くほど優美な肢体《したい》を獲得していた。それに匹敵するものは他の魚には一度も見当たらなかった。そして、色は薄いスミレ色でおおわれた金属のようになっていた。完全な釣合いと流線型の形をした、輝く銀と鋼鉄の威力的な魚雷のように、彼らは自分の七〇から八〇キロの重さを一点非の打ちどころのない優美さで水中を滑らせるのに、ひれを一枚か二枚わずかに動かすだけでいいのだった。

海やそこに住処を持っているものと接触すればするほど、それは奇妙でなくなってきて、自分の家にいるような気持になってきた。そして、太平洋に親しんで生活しそのためにわれわれとはまったく違った立場から太平洋を知っていた昔の原始人を尊敬するようになった。われわれは太平洋の塩の含有量を測定し、マグロとシイラにラテン語の名前をつけたかもしれない。原始人はそうはしなかった。しかし、それでもやはり、原始人たちが海について思い描いていたことは、われわれの思い描いていることよりも本当であったのではないかとわたしは思うのである。

金色のひれを持つマグロは釣りのだいご味を満喫させてくれた。一匹で筏の小艦隊の食料に十分だった。

海のまんなかには動かない目印というものは多くはない。波と魚、太陽と星は、来てまた去る。南海の諸島をペルーから距《へだ》てている四三〇〇海里の中には、どんな種類の陸地もないと考えられている。だからわれわれが西経一〇〇度に近づいて、太平洋の海図のわれわれが辿《たど》っている進路のすぐ目の前に一つの暗礁が印されているということを発見したときは、大いに驚いた。それは小さな丸として印されていた。その海図はその年に発行されたものだったので、「南米航路」を参照した。曰《いわ》く、「一九〇六年と一九二六年に、砕け波がガラパゴス群島の南西約一〇〇〇キロメートルに存在すると報告されている。南緯六度四二分、西経九九度四三分。一九二七年に一艘の汽船がこの位置の西方一・六キロメートルのところを通りすぎた。しかし砕け波らしいものは見えなかった。また一九三四年にもう一艘の船が南方一・六キロメートルのところを通りすぎたが、砕け波らしいものは見えなかった。発動機船カウリー号が、一九三五年に、この位置で一六〇尋も錘を下ろしたが海底に達しなかった」。

海図に従えば、その場所は明らかになお船舶にとって疑わしい命題と見なされていた。そして吃水の深い船は、浅瀬にあまり近寄ると、われわれが筏で行くよりも大きな危険を冒すことになるので、われわれは海図に印されたその点に向かってまっすぐに舵をとり、何を発見するかやってみようと決心した。暗礁はわれわれの進んでいると思われる方向よりもすこし北に印されていた。そこでわれわれは舵オールを右舷に置き、横帆を調節して、へさきが大ざっぱに北を指し、波と風を右舷のほうから受けるようにした。いまや、太平洋が寝袋の中に前よりもすこしばかりたくさんしぶきを投げ入れるということになった。ちょうどそのとき天気がかなり荒れ出したから、とくにそうだった。しかし、風が筏の後半分に向かって吹いているかぎり、コン・ティキ号が風にたいして驚くほど広い角度であわてず騒がず行動することができるのを見てわれわれは満足だった。風が筏の後半分に向かって吹いていないと、帆がくるっとまわって、筏をまた自分のものにするためにはてんやわんやだった。二日二晩、北北西に筏を走らせた。波は高く、貿易風が南東と東の間を変動しはじめたので、不安定になった。しかしわれわれは上げられたり下ろされたりしながら、ぶつかってくる波を残らず乗り越えて行った。檣頭では絶えず見張りをつづけた。そして波の背を乗り越えるときには、水平線がかなり広くなった。波がしらは竹小屋の屋根よりも二メートルも高くなった。そして烈《はげ》しい波が二ついっしょに突進して来ると、ぶつかり合ってさらに高く盛り上がり、ヒューッという水の塔をぶち上げて、それがどんな方向に飛び散るかわかったものではなかった。夜になると、われわれは入口を食糧品の箱で塞《ふさ》いだ。しかしそれでもびしょ濡れになって眠るのだった。眠りに落ちるか落ちないうちに、最初のやつが竹の壁の上にがしゃんと来た。そして、水が竹細工を通って泉のように噴き出し、また泡立つ奔流が食糧品を越えてわれわれのところまで押し寄せて来た。

「鉛管屋に電話をかけろ」われわれが体を起こして、水が床を流れ出てゆく隙間を作っているとき、眠そうな声がそういうのが聞こえた。鉛管屋は来なかった。そしてその晩寝床の中はまるで風呂桶《ふろおけ》のようだった。大きなシイラが本当に筏の上にやって来た。偶然にもヘルマンの当直のときだった。

翌日、波は静まってきた。貿易風がこんどはしばらくの間、真東から吹いてやれと決心したからだった。かわるがわる交代で檣頭に上った。その日の午後おそく、目的の点に到着すると思われたからだった。その日は海の中にいつもより多くの動きを認めた。たぶんそれはわれわれがいつもよりもよく見張っていたからにすぎなかったのだろう。

午後の間、大きなメカジキが水面に近く筏に近づいて来るのが見えた。水の中から突き出ている二つの鋭いひれは二メートル離れていた。そして剣のような嘴はほとんど体と同じくらいの長さに見えた。メカジキは、舵をとっていた者のすぐそばをカーブを描いてサッと通って行って、波がしらのかげに見えなくなった。かなり濡れたしょっぱい昼食を食べているとき、背甲と頭とばたばたするひれを持った大きなウミガメが、われわれのすぐ鼻っ先で、ヒューッという波に持ち上げられた。その波が二つの他の波に代わったとき、ウミガメは現われたときと同じように、突然どこかへ行ってしまった。今度もまた、シイラの腹のキラキラする白みがかった線が、鎧をつけた爬虫類《はちゆうるい》の下の水の中を転がりまわっているのが見えた。その水域には、長さ二センチ半のちっぽけなトビウオがすこぶるたくさんいた。それは大群をなして飛び、よく筏の上にやってきた。われわれはまた、一羽だけの大カモメを認め、定期的に軍艦鳥に訪問された。軍艦鳥は、巨大なツバメのように叉になった尾を持っていて、筏の上を旋回した。軍艦鳥はふつう、陸が近いというしるしと見なされている。だから筏の上の楽観論は増大していった。

「やっぱりそこには暗礁か砂州があるんだな」と思った者もいた。そして一番楽観的なのが言った。「われわれは小さな緑の草の生えた島を発見するんだぜ。――ここには昔からほとんど人が来たことがないから、誰も知らないんだ。だから、われわれは新しい陸を発見しようとしているんだ。――コン・ティキ島を！」

昼からずっと、エリックはますます熱心に台所の箱の上に上って、六分儀をのぞいて目をパチパチやりながら立っていた。午後六時二〇分、彼はわれわれの位置を南緯六度四二分、西経九九度四二分と知らせた。海図の上の暗礁の一海里真東だった。竹の帆桁が下ろされ、帆は甲板の上に巻かれた。風は真東で、ちょうどその場所にゆっくりとわれわれを運ぶと思われた。太陽が速かに海の中に沈んで行ったとき、満月が代わりに皎々《こうこう》と輝き出て、水平線から水平線へ黒く銀色に波打つ海の面を照らした。檣頭からの視野は良好だった。長い列をなしている砕ける波がいたるところに見えたが、暗礁や浅瀬を示す規則正しく寄せては返す波は見えなかった。誰も寝床にはいろうとはしなかった。みんな立って熱心に見張り、二、三人一度に檣頭に上っていた。そして印をつけられた水域のまんなかを漂って行くとき、ずっと水深を計りつづけた。筏の上に持っていた鉛のおもりは全部、長さ五〇〇尋以上の五四本の糸をよじった絹の綱の端にしばりつけられた。だから、たとえその綱が筏の風圧のためにかなり曲がって垂れ下がったとしても、とにかく鉛は約四〇〇尋の深さに下がっていたのである。そして、その場所の東にも、そのまんなかにも、その西にも、海底はなかった。われわれは海面の上をこれを最後と一瞥した。そして、その海域が調査され、どんな種類の浅瀬もないと言っても差支えないということを確かにした後で、帆を上げてオールをいつもの場所に置いた。そこで風と波はふたたび左船尾にきた。だからわれわれは筏といっしょに、筏の自然な、自由な進路の上を進みつづけて行った。波は前のように、とものむき出しの丸太の間から来ては去った。たとえ、貿易風が東から南東に定まらない何日かの間、まわりの高波が怒り狂って突撃してきても、もう濡れずに寝たり食事をしたりすることができた。

　無かった暗礁に向かって北上したこの小さな航海において、われわれは垂下竜骨の竜骨としての効果についてきわめて多くのことを学んだ。そして、後になって、ヘルマンとクヌートがいっしょに筏の下に潜って五番目の垂下竜骨を修繕したとき、われわれはこういった奇妙な板についてさらに多くのことを学んだ。それはインディアンたちがこの忘れられたスポーツをやめてしまってから後、誰も理解したことのないことだった。その板が竜骨の働きをして、筏が風とある角度をとって動くことができるようにしたということである——それは簡単な航法だった。しかし年とったスペイン人たちが、インディアンたちはおおむね「材木の間に押しこんだある種の垂下竜骨によって」海の上でバルサの筏を「操縦した」と明言したとき、これはわれわれにとっても、その問題を考えたあらゆる人にとっても、チンプンカンプンに聞こえたのだった。垂下竜骨は狭い隙間にしっかりと挟まれていただけなので、それは横に向けて、舵として役立たせることはできなかった。

われわれはその秘密を次のようにして発見した。風は定まり、波はふたたび低くなっていた。だからコン・ティキ号は、しばりつけた舵オールに触らないでも、二日の間しっかりした進路を保っていた。われわれは修復した垂下竜骨をともの隙間へ押しこんだ。すると一瞬にしてコン・ティキ号は西から北西に数度《ディグリー》進路を変えて、しっかりと静かにその新しい進路を進んで行った。この垂下竜骨をふたたび引き上げると、筏は前の進路に戻って行った。しかし、それをただ半分だけ引き上げると、筏は元の進路にただ半分だけ戻って行くのだった。垂下竜骨をただ上げたり下げたりするだけで、舵オールに触らないでも、進路を変えて、そのままの方向へ進むことができるのだった。これがインカ族の巧妙なやり方だった。彼らは簡単な天びんの構造を作り上げ、それによって帆にたいする風の圧力が帆柱を支点とするようにしたのである。二本の腕は、それぞれ、筏の帆柱より前の部分と後の部分とだった。ともの垂下竜骨の面の総計のほうが重ければ、へさきが風といっしょに自由にまわり、前の垂下竜骨の面のほうが重ければ、ともが風といっしょにまわった。帆柱に一番近い垂下竜骨が、腕と力の関係によって、もちろん効力が一番小さかった。風がまうしろにあれば、垂下竜骨は作用しなくなった。だからそのときは舵オールをぶっつづけに動かさなければ筏を安定しておくことはできなかった。筏がそのようにして長々と横たわっていれば、波を自由に乗り越えるのにはすこし長すぎた。そして、小屋の入口と食事をする場所が右舷にあったので、われわれはいつも波を左船尾に受けた。

　われわれはたしかに、舵オールの綱を横に引っ張る代わりに、舵とりを立たせて垂下竜骨を隙間の中で上下に引っ張らせることによって、航海を続けることができただろう。しかしいまはもう舵オールにあまり慣れてしまっていたので、垂下竜骨でただだいたいの進路をきめて、オールで舵をとることを好んだ。

航海の次の大きな段階は、ただ海図の上にだけ存在した浅瀬のように、目には見えないものだった。海に出てから四五日目だった。経度の七八度から一〇八度まで進んでいた。そして前方の最初の島までかっきり半分のところにいた。われわれと東の南米の間には二〇〇〇海里以上あり、西のポリネシアまでと同じ距離だった。あらゆる方向で一番近い陸は、東北東にガラパゴス群島、真南はイースター島であり、ともに、果てしない大洋の上を五〇〇海里以上だった。船は見たことがなかった。現にそのときも一艘も見えなかった。それは太平洋のあらゆる普通の海上交通の航路からはずれていたからであった。

しかしわれわれはこういった巨大な距離を本当に感じてはいなかった。われわれが動くのにつれて、水平線が気のつかないうちにいっしょに滑って行き、われわれ自身の、浮かぶ世界はいつも同じだった。蒼穹は筏自体を中心とする円のように見え、同じ星が夜ごとに頭上で回転して行った。

第六章　太平洋横断㈡

海があまり荒れていないときには、よく小さなゴム・ボートで海面に浮かび出て写真をとったりした。海があまり静かだったので、二人の男がその気球のような小さな物を水に入れて、ボートに乗ってみたいと思ったわけだが、その最初のときのことをわたしは忘れないであろう。筏から離れきるかきらないうちに、彼らはオールをほうり出して、大声を上げて笑った。そして波が運び去って彼らが見えなくなり、また波間に現われるにつれて、われわれがチラッと見えるごとに、あんまり大きな声で笑ったので、彼らの笑い声は人気のない太平洋の上に鳴り渡った。われわれは混乱した気持であたりを見まわした。自分自身のひげぼうぼうの顔の他には滑稽《こっけい》なものは何も見えなかった。しかしボートの二人はもうああいったものには慣れているはずだったから、われわれはやつらは突然おかしくなってしまったのではないかという暗黙の疑いを抱きはじめた。日射病、かもしれない。その二人の者は笑いこけて、コン・ティキ号の上にほとんどよじのぼれないほどだった。そしてハアハア言いながら、目に涙を浮かべ、ただ自分で行って見てくれと言った。

われわれの中の二人が躍り上がるゴム・ボートの中に跳び下りた。そして一つの波に捕えられて高く持ち上げられた。そのとたんにわれわれはドカンと腰を下ろして、大声を上げて笑った。われわれはできるだけ素早く筏にはい上がって、まだボートに乗っていない最後の二人をなだめなければならなかった。彼らはわれわれがみな正真正銘頭がおかしくなってしまったのだと思ったからである。

微風と熱帯の暑さ——われわれをほとんど悩まさなかった。静かな日には、ゴム・ボートに乗って遠出した。

途の半ば——東と西のいちばん近い陸地から2000海里以上。箱の上に上り、太陽の高度を測定するヘッセルベルグ。

われわれ自身とその自慢の船こそが、遠くからその全景をはじめて見たときに、そのようにまったくしようのない、異様な印象を与えたのだ。われわれはそれまで、外海における自分自身を外側からながめたことは一度もなかった。材木の丸太は一番小さな波のうしろにも見えなくなった。そして、何か見えたと思うと、それは波間からポコンポコンと持ち上がる、広い入口と葉っぱで葺《ふ》いたごわごわした屋根のある低い小屋なのだった。筏はまさに、力なく波のまにまに大海に漂う古いノルウェーの乾草小屋そっくりだった。日焼けして顎ひげを生やした悪漢のいっぱいいるひんまがった乾草小屋だ。もし誰かわれわれのうしろから風呂桶に乗って海を漕いでくる者があったら、やはり同じように、ひとりでに笑い出したくなってしまったことだろう。普通の波でさえ小屋の壁の半ばまで巻き上がり、顎ひげを生やした男たちが欠伸《あくび》しながら横になっているのが見える広く開いた入口からどんどん流れこむに違いないというように見えた。しかしそのときグラグラの筏はふたたび水面に上がって来て、顎ひげを生やした放浪者たちは前と同じく、濡れもせずに何事もなく、そこに横になっていた。もっと高い波がそばを走って来れば、小屋も帆も帆柱全体もその山のような波のうしろにかくれてしまうだろう。しかし、次の瞬間放浪者のいる小屋がふたたびそこにあることは、これもまた確かなことであろう。

見たところはよくなかった。そして、その特別の船の上で事がそんなにうまくいったということは現実とは思えなかった。

その次に自分自身をさんざ笑ってやろうと思って漕いで出たとき、すんでのところで災難を引き起こすところだった。風と波が思ったよりもひどかった。そしてコン・ティキ号は、思ったよりもずっと速く波の上を進んでいた。ボートに乗っているわれわれは、止まって待つこともできず回れ右をして戻って来ることもできない、御《ぎょ》しがたい筏に追いつこうとして、その外海で命がけでボートを漕がなければならなかった。コン・ティキ号の上にいる者たちが帆を下ろしてくれたときでさえ、風が竹小屋をしっかりと捕まえたので、われわれが踊り上がる丸いゴム・ボートに乗ってちっぽけなおもちゃのようなオールをバチャバチャさせながら追っかけることができるのと同じぐらいの速さで、バルサの筏は西のほうに流れ去って行った。一人一人の頭にはただ一つのことだけがあった。——おたがいにどんなことがあっても離ればなれになってはならないということ。逃げて行く筏を捕まえて他の者のところにはい上がり、ふたたびわが筏に帰るまでに海の上で費した何分かは、ゾッとするようなものだった。

その日から、必要があれば筏の上に残っている者がボートを手繰《たぐ》りこめるように、長い索《つな》をボートのへさきにしばりつけることなしに、ゴム・ボートに乗って出ることは厳重に禁止された。だから、風がおだやかで太平洋が静かにうねっているときのほかは、けっして筏から遠くへは行かなかった。しかし、筏がポリネシアへの中間にあって、洋々たる大洋が羅針盤上のあらゆる点の方向に地球を丸くおおっているときには、われわれは前述の条件に恵まれた。だから安全にコン・ティキ号を離れて、空と海の間の青い空間に漕ぎ入って行くことができた。筏の影絵《シルエット》が遠くのほうにだんだん小さくなっていき、大きな帆がついに水平線の上のぼんやりした黒い正方形になってしまうのを見ると、孤独感がときどき襲ってきた。海は下に、上の空と同じように青一色に連なっていた。そして海と空が出会うところでは、青に青が流れこんでひとつになっていた。われわれはほとんど空間の中につり下げられているような感じを持つことができた。われわれの全世界は空っぽで青かった。首を焼く、金色の暖い熱帯の太陽のほかには、その中に固定した点はなかった。だから孤独な筏の遠い帆が、水平線の上の磁気を持った点のようにわれわれを引きつけた。漕ぎ帰って筏の上にはい上がると、自分自身の世界に、筏の上ではあるがしっかりした、安全な地面の上に、また帰ってきたことを感じた。そして竹小屋の中には陰があり、竹と枯れた椰子の葉の匂いがあった。小屋の外の陽に照らされた澄みきった青さは、小屋の開いた壁を通して、てごろな清涼剤の役目をした。われわれはそれに非常に慣れており、また、しばらくの間ならば、それは非常にいいものだったので、ついに、その大きな澄んだ青さがまたわれわれを外に誘い出すのだった。

危なっかしい竹の小屋がどんな心理的影響をわれわれに与えたかは、特筆に値することだった。その小屋の大きさは二・四メートルに四・二メートル、風と波の圧力をへらすために屋根の棟の下でさえまっすぐに立って歩けないほど低くつくってあった。壁と屋根は、しばり合わせて張り綱をした強い竹の棒でつくられ、割竹を編んだ丈夫なものでおおわれていた。屋根から葉っぱの縁飾りをぶら下げた、緑色や黄色の棒は、船室の白壁のとうてい与ええない休息を眼に与えてくれた。そして右舷の竹壁はその三分の一が開いており、屋根と壁からは太陽や月の光がさしこんで来るのだが、この原始的な憩《いこ》いの場合は、白いペンキを塗った汽船の船室の壁と閉じた丸窓が同じ環境で与えてくれる以上の安心感を与えてくれた。われわれは、この奇妙な事実はどう説明したらいいのかと考えた。そして次の結論に達した。われわれ自身の意識は、椰子の葉でおおわれた竹の住処を海の旅と結びつけることにはまったく慣れていない。渦巻く大海と、波間に浮かんでいる風の吹きこむ椰子の小屋との間には、なんら自然の調和というものがない。だから、小屋は波間ではまったくお門違いに見えるであろうし、また波は小屋の壁のまわりではまったくお門違いに見えるであろう。われわれが筏の上にいつづけるかぎり、竹小屋とそのジャングルの匂いが明々白々たる現実であり、上がったり下がったりする波はむしろ幻覚のように見えるのであった。しかしゴム・ボートからは、波と小屋はその役割を交換した。バルサの丸太がいつもカモメのように波に乗り、もし筏の上に波が砕けても、水をともからさっと流してしまうという事実は、小屋のある筏の中央の乾いた場所にたいするゆるぎない信頼感を与えた。航海が長く続けば続くほど、居心地のよい憩いの場所の中で安全感を持った。そして、入口の外を踊りながら通りすぎて行く白い波がしらの波を、まるでそういったものが、すこしも脅威を感じさせない、印象の深い映画ででもあるかのようにながめたのだった。大きな口を開いている壁は、むき出しの筏の端からわずか一メートル半しかなく、また水面の上四五センチしかなかったのだが、一度、その中へはいこむと、われわれは海から何キロも陸地の奥へ旅行して、海の危険から縁遠いジャングル小屋を占拠しているように感じるのだった。小屋の中では、仰向《あおむ》けに寝て、風の中の林のように曲がっている奇妙な屋根を見上げ、生木や、竹や、枯れた椰子の葉のジャングルの匂いを楽しむことができた。

ときにはまた、夜自分自身をながめるために、ゴム・ボートに乗って出たこともあった。真黒な波が四方八方に聳え立ち、キラキラする無数の熱帯の星の光を受けて水中のプランクトンがかすかに光っていた。世界は単純で、星は暗闇にあった。西紀前一九四七年なのか、西紀後一九四七年なのかということは、突然無意味なことになってしまった。われわれは生きていた。そしてそのことをひしひしと感じていた。機械時代以前の人間には、生活は充実したものだった。——まったく、現代人の生活よりも多くの点において充実した豊かなものだった。時間と進化は存在することを止めた。現実的なもの、問題となるものはただ、過去でもそうであったし未来でもそうであるように、同じきょうだけだった。われわれは歴史の絶対的な共通の尺度、満天の星空の下の果てしない暗黒の中に呑みこまれてしまっていた。夜ボートに乗っていると、われわれの前ではコン・ティキ号が波の中から持ち上がり、筏とわれわれの間に聳え立つ黒い水のかたまりのうしろにふたたび沈んで行った。月の光の中では、筏のまわりには変わった雰囲気があった。海草に縁取られた、頑丈な、キラキラする木の丸太、ヴァイキングの帆の四角い真黒な輪郭、石油ランプの黄色い光をともにつけたごわごわした竹小屋

——すべてのものが、実際の現実よりも、むしろおとぎ話から取った一つの絵を思わせた。ときどき、筏は黒い波のうしろにまったく見えなくなった。それからまた上がってきて、星空を背景に影絵のようにクッキリと浮かび出た。そしてキラキラする水が丸太から流れ落ちた。

たった一つだけの筏のまわりのその雰囲気を見ると、人間がはじめてこの海を渡ったときに、陸地を発見する機会を増やそうとして、水平線のかなたに扇形に拡がった、同じような筏の全艇隊を心の目の中によく見ることができた。インカのトゥパク・ユパンキーは、ペルーとエクワドルをその支配下に置いた男だが、スペイン人が来るすこし前に、太平洋のまんなかにあると噂《うわさ》されている島々を見つけるために、バルサの筏に乗った数千人の艇隊員といっしょにその海を渡ったのである。彼は二つの島を発見した。それはガラパゴス群島だと一部では考えられている。そして八カ月間留守にした後で、彼とそのたくさんの舟子《かこ》たちは、骨折ってエクワドルに帰ることに成功した。コン・ティキとその側近たちは、それよりも数百年前に同じような隊形で航海したに違いない。しかしポリネシアの島々を発見したのだから、難儀しながら帰ろうとする理由がなかったのである。

ふたたび筏の上に跳び上がると、よく竹の甲板の上の石油ランプのまわりにまるく腰を下ろして、一五〇〇年前にこれと同じことをそっくり経験したことのあるペルーから出た舟子《かこ》たちの話をしたものだった。ランプは、顎ひげを生やした男たちの巨大な影を帆の上に投げかけた。そしてわれわれは、メキシコから中央アメリカへ、そして南米の北西部をペルーまで、神話と建築の中にたどることのできる、ペルーから出た顎ひげを生やした白人たちのことを考えた。ペルーでは、この神秘な文明は、インカ族が来る前に、魔法の杖でさわられたように、消え失せてしまって、われわれがいま近づいている西のほうの孤立した島々に、同じように突然また現われたのである。そのさすらいの教師たちは、ずっと昔、同じ簡単な方法で、カナリヤ諸島からメキシコ湾へ西の海流と貿易風とともに渡ってきた、あの大西洋を越えてきた初期文明民族の人たちであったのであろうか。それは、われわれが踏破しようとしている距離よりもずっと短かった。そしてわれわれはもう、海を完全に絶縁的な要因とは信じていなかった。大勢の研究者は、いろいろな有力な理由のために、メキシコのアズテク族からペルーのインカ族にわたる偉大なインディアンの文明は、東方の海を越えて突然やってきた刺激のために活気づいたと主張してきた。一般のアメリカ・インディアンは、二万年あるいはそれ以上の年月にわたってシベリアからアメリカにすこしずつはいりこんできたアジアの狩猟漁労の民族であったのである。かつてメキシコからペルーに広がった高い文明にはしだいに発展したという跡がないということは、たしかに驚くべきことである。考古学者が深く掘れば掘るほど、その文化の高かったことがわかり、ついに、その古代の文明が原始的な文化のまんなかになんらの基礎もなく出現したというハッキリした点まで行きついたのである。

そしてその文明は、大西洋から海流が来ている中南米の砂漠とジャングルの地方のまんなかに、出現しているのである。文明というものは、古代でも現代でも、もっと温暖な地方に発展のためのもっと容易な条件を持っているものなのだが。

同じことが南海の島々でも見られる。イースター島は取るに足らない小さな島で、乾燥していて不毛であり、太平洋のあらゆる島の中でアジアから一番遠いにもかかわらず、文明の一番深い跡を残しているのは、ペルーに一番近いこの島なのだ。

われわれが航海を半分終わったとき、ちょうどペルーからイースター島への距離と同じだけ航海していたのであった。そしてこの伝説的な島は真南にあった。われわれは普通の筏の船出をまねてペルーの海岸のまんなかのふとした場所から陸を離れたのだった。もしもっと南の、コン・ティキの廃墟の市チャワナコにもっと近いところで陸を離れていたら、同じ風を受け、もっと弱い海流に乗って、その両方のためにイースター島の方向に運ばれていたことであろう。

西経一一〇度を通りすぎたとき、ポリネシアのイースター島のほうがわれわれよりもペルーに近かったのだから、われわれはポリネシアの海域にいたわけだった。われわれは南海の島々の最初の前哨地点、最古の島嶼《とうしよ》文明の中心と同じ経度にいたのだ。そして夜になって、われわれの赫々《かつかく》たる道案内が空から下りてきて、スペクトルの色という色を見せて西の海のかなたに隠れてしまうと、静かな貿易風が、イースター島の奇妙な神秘の物語に生命を吹きこむのだった。夜の空が時間の観念をまったく消滅させるとき、われわれの顔が顎ひげを生やした巨人の顔のように、ふたたび帆の上に投げかけられた。

しかし、ずっと南のイースター島では石に彫られたもっと大きな巨人の顔が、とがった顎ひげと白人の目鼻立ちを備えて、数世紀の秘密について思いをめぐらしながら立っていた。一七二二年、ヨーロッパ人たちがはじめてその島を発見したときにもそのようにして立っていたし、ポリネシアの酋長の二二代前、現在の住民たちがカヌーに乗って上陸して来てその島の神秘的な文明人の中の大人という大人をみな殺しにしたときにもそのようにして立っていたのだ。そのときいらい、イースター島の巨大な石の顔は、古代の解決できない神秘の随一の象徴の中に数えられてきた。その樹木のない島の斜面のここかしこに、彼らの巨大な像は天に聳えていた。それは人間の形にみごとに彫られ、普通の三、四階の家ぐらい高い単一のかたまりとして立っている石の巨像だった。昔の人たちが、どういうふうにしてそのような石像を形づくり、運び、立てることができたのか。まるでそんなことはまだまだ大きな問題ではないとでもいうかのように、彼らはさらに、別の巨大な赤い石のかたまりを、巨大なかつらのように、地上一一メートルのいくつかの頭のテッペンに落ち着かせることに成功したのだ。

そういったことはいったい何を意味するのか。そして、こんにち一流の技術者にとっても容易ならぬ問題をわがものとしていた消えた建築家たちは、機械についてどんな種類の知識を持っていたのであろうか。

ペルーから筏に乗って出た人たちを背景として、あらゆるものを総合すれば、イースター島の神秘はけっきょく解けない問題ではないであろう。古代の文明はこの島の上に、時の力が壊すことのできなかった跡を残している。

イースター島は古代の死火山の頂上である。古代の開化した住民たちによって舗装された道路が、海岸のよく保存された波止場に通じていて、島のまわりの水位がこんにちとまったく同じだったことを示している。これは沈んだ大陸の残りではなくて太平洋の文化的な中心であったときも、いまと同じように小さくて孤立したちっぽけな離れ島だったのだ。

このくさび形の島のまんなかにはイースター島火山の死んだ噴火口がある。そして噴火口の中には、彫刻家たちの驚くべき石切り場と仕事場がある。それはそこのところに、古代の芸術家で建築家であった人たちが数百年前立ち去ったときとそっくりそのまま残っている。数百年前、彼らは島の東端にあわてて逃げた。伝説によれば、そこで新しく到着した島民たちが、彼らの中の大人という大人をみな殺しにしたのである。そして、芸術家たちの仕事が突然中絶させられたために、イースター島噴火口における普通の仕事日のハッキリした横断面が残っている。火打ち石のように硬い彫刻家たちの石の斧が、仕事場のあたりに投げ出されている。そして、この開化した人たちが、コン・ティキの彫刻家たちが同じように巨大な石像をアンデス高原の上に残してペルーから敗走したときのように、鉄を知らなかったのだということを示している。どっちの場所でも、石切り場は、顎ひげを生やした伝説的な白人が、山腹から長さ一二〜一三メートルの石のかたまりを、もっと硬い石の斧の助けを借りて切り出していたところに見いだすことができる。そしてどっちの場所でも、何トンもある巨大なかたまりが、巨大な人間の像として直立されたり、神秘的なテラスや壁を形づくるために積み重ねられたりする前に、ゴツゴツした土の上を何マイルも運搬されたのである。

巨大な未完成の像が、たくさん、つくりはじめられたイースター島の噴火口壁の中の穴の中になお横たわっている。そして、仕事がいろいろな段階をへてどのように運ばれたかを示している。一番大きな人間の像は、建造者たちが逃げなければならなかったときにはほとんど完成していたが、長さ二〇メートルだった。もしそれが完成して立てられていたならば、この石の巨像の頭は八階のビルディングのテッペンと同じ高さであったろう。どの石像も継ぎ目のない一つの石のかたまりから切り出された。そして、横たわっている石像のまわりにある彫刻家たちの仕事場は、そうたくさんの人が各石像に同時に働いてはいなかったということを示している。ペルーの石の巨像とそっくりそのまま、仰向けに寝て、腕を曲げ、手を腹の上に置いたイースター島の像は、仕事場から動かされて島のあちこちにある目的地に運ばれる前に、どんな細かいところまでも完成されていた。最後の段階では、石切り場の中で、巨人はただ背中の下の狭い隆起だけで絶壁にくっついていた。それからこれも切り取られた。巨人はその間丸石によって支えられていた。

こういった像は、大部分、噴火口の底に引っ張り下ろされて、そこの斜面に立てられた。しかし、もっと大きな巨像は、いくつか噴火口の壁を運び上げられてそれを越え、障害の多い土地の上を何キロメートルも運ばれてから、石の台の上に立てられて、別の赤い熔岩の巨石を頭の上に載っけられたのであった。この運搬自体が、まったく神秘に見えるかもしれない。しかしそれが事実であったことは否定することはできない。また、ペルーから消え失せた建築家たちがアンデス山脈の中に、彼らがこの方面の最高の熟練者であったということを示す同じ大きさの石の巨像を残したということも、否定することはできないのだ。たとえイースター島の石像が一番大きく、一番たくさんあり、そこの彫刻家たちが独特のスタイルを獲得しているとしても、件の消え失せた文明は人間の形をした同じような巨大な像をアメリカにもっとも近い他の太平洋の島々の上にも打ち立てたのだ。そしてどの場所でも、石像はへんぴな石切り場から神殿の境内《けいだい》に持って来られたのだ。マルケサス群島で、わたしはその巨大な石がどういうふうにして動かされたかということについての伝説を聞いた。そして、この伝説がトンガタプにおいて石柱が巨大な門のところに運搬された原住民の話とまったく符節を合するので、イースター島で石柱を立てたのと同じ民族が同じ方法を使ったということが仮定されうるのである。

穴の中の彫刻家たちの仕事は長い時間を要したが、たった二、三人の熟練者しかいらなかった。一つの像が完成されるごとに行なわれた運搬の仕事は、もっと短時間に行なわれたが、それに反して、大勢の人数を必要とした。小さなイースター島は、その頃、魚が豊富にあり、徹底的に開拓されていて、ペルー種のサツマイモの大きな畑があった。そして専門家たちは、その島は栄えたときには七〇〇〇～八〇〇〇の人口を養うことができたと考えている。巨大な像をけわしい噴火口の壁を引っ張り上げてそれを越えさせるのに、一〇〇〇人くらいで十二分であり、島を横切って、さらに引っ張って行くには、五〇〇人で十分であった。

すりきれない太綱《ふとづな》が、シナノキなどの内皮と植物の繊維から編まれた。そして、木のわくを使って、大勢の人が、芋の根でぬるぬるにされた丸太と小さな丸石の上を石の巨像を引っ張った。古代の開化した民族が綱や太索をつくる名人だったということは、南海の島々からも、ペルーからも、よく知られている。ペルーでは、最初のヨーロッパ人たちが、人間の腰のように太く編んだ太索で急流と峡谷の上にかけた長さ一〇〇メートルの吊《つ》り橋を発見した。

石の巨像がその選ばれた場所に着いて直立させられると、次の問題が持ち上がった。大勢の人たちが石と砂で一時的な傾斜面をつくり、その巨人を、脚を先にして、けわしくないほうの側を引っ張り上げた。像がテッペンに達すると、鋭いかどを越えて跳び、足があらかじめ掘った穴の中に入るようにまっすぐに滑り落ちた。傾斜面がそこにまだ立っていて、巨人の頭のうしろをこすっているので、傾斜面がすっかりとり除かれる前に、別の石の円筒を転がし上げて、巨人の頭のテッペンに載せた。こういったあらかじめつくった傾斜面は、イースター島のいくつかの場所に立っていて、ついに来なかった巨大な像を待っている。その技術はすばらしいが、もし古代人の知能と、それに当てた時間と人力の量を過小評価することをやめるなら、べつに神秘的なことではない。

しかし、なぜ彼らはこういった像をつくったのであろうか。また、像の頭の上に載せる特殊な赤い石を見つけるために、噴火口の仕事場から八キロメートルも離れたもう一つの石切り場まで行くことが、なぜ必要だったのであろうか。南米でもマルケサス群島でも、像全体がこの赤い石でできていることがしばしばあり、それを手に入れるために非常に遠くまで行っている。身分の高い人の赤いかぶり物は、ポリネシアでもペルーでも、ともに重要な特徴であった。

まず、像が誰を表わしているか見てみよう。ヨーロッパ人がはじめてその島を訪れたとき、海岸で不思議な「白人」を見た。そして、こういった島にいる普通の人たちと対照的な、長く垂れ下がった顎ひげを持った男たち、すなわち、侵入者たちの虐殺を免れたその島の最初の人種に属する女子供の子孫を見いだしたのであった。原住民たち自身が自分たちの祖先は褐色人種だったが、中には白色人種もいたと明言した。原住民たちは、褐色人種は二二代前の酋長のときにポリネシアのどこかから移民して来たのだし、白色人種は五七代も前（すなわち西暦約四〇〇年から五〇〇年）に大きな船に乗って東のほうからやって来たのだ、ということを正確に計算した。東からきた人種は、「長耳族」という名前を与えられていた。彼らは耳たぶにおもりをぶら下げて、人為的に耳を長くし、その耳は肩にまで垂れ下がっていたからである。これが、「短耳族」が島にやって来たときに殺された不思議な「長耳族」だった。そしてイースター島の石像はみな、彫刻家たち自身のように、肩のところまでぶら下がる大きな耳を持っていたのである。

さて、ペルーのインカ伝説は、天皇コン・ティキは顎ひげを生やした白人たちを支配していたが、彼らは肩のところまでとどくように、耳を人為的に長くしていたので、インカ族によって「大耳族」と呼ばれていた、と言っている。インカ族は、ティティカカ湖の島の闘いでインカ族自身によってみな殺しにされたり追い出されたりする前に、アンデス山脈の中の放擲《ほうてき》された巨大な像を建てた者は、コン・ティキの「大耳族」であるということを強調している。

要するに、コン・ティキの白色の「大耳族」は、巨大な石像をつくる豊富な経験を身につけてペルーから西方に消えた。そして、まったく同じ技術に熟練しているティキの白色の「長耳族」が東方からイースター島にやってきた。彼らはただちにその技術を遺憾《いかん》なく発揮した。だから小さなイースター島の上では、だんだん発展していってその島の傑作をつくるようになったというどんな小さな痕跡《こんせき》さえも見いだすことはできないのである。

いろいろな南海の島々の石像をおたがいに比較した場合よりも、ペルーの大きな石像と特定の南海の島々の石像の間に、大きな類似があることがしばしばである。マルケサス群島とタヒチでは、その ような像はティキという一般的な名前のもとに知られ、死後神に列せられた、その島の歴史に輝く祖先たちを表わしている。そして、疑いもなくそのことから、イースター島の像の上に載っている奇妙な赤い帽子の説明がつくのである。言い伝えによれば、ポリネシアのあらゆる島には、赤っぽい髪の毛と白い皮膚を持った個人や全家族が存在した。そして島民たち自身が、島の最初の白人たちの子孫はまさにこの人たちであると明言した。ある島では、宗教的なお祭りが行なわれて、それに参加する者はもっとも遠い祖先たちに似せるために、皮膚を白く、髪の毛を赤く塗ったのであった。イースター島の例祭では、祭りの長《おさ》は、頭を赤く塗るために丸坊主になった。またイースター島の巨像の上に載っている巨大な赤い石の帽子は、その地方の髪型の典型的な形に彫られていた。ちょうど人々が伝統にしたがって髪の毛を頭のまんなかで小さな丁髷《ちょんまげ》に結《ゆ》ったように、帽子のテッペンに丸い髷《まげ》があった。

イースター島の像は、それを彫った人たち自身が耳を長くしていたので、長い耳を持っていた。かつらとして特に選んだ赤い石を持っていたが、それは彫った人自身が赤っぽい髪を持っていたからである。顎はとんがって突き出ていたが、それは彫った人自身が顎ひげを生やしていたからである。まっすぐで狭い鼻と薄い鋭い唇を持っていて、白色人種の典型的な人相を備えていたが、それは彫った人自身がマライ人種に属してはいなかったからである。また、その像が巨大な頭とちっぽけな脚を持ち、手を腹の上に置いていたのは、ペルーでちょうどそのようにして巨像をつくっていたからなのだ。イースター島の像の唯一の装飾は、つねに像の腹のまわりに彫られた帯である。その象徴的な帯は、ティティカカ湖畔のコン・ティキの古代の廃墟にある像の一つ一つの上にも見いだされる。それは太陽神の伝説的な象徴、虹《にじ》の帯である。マンガレバには一つの神話があって、それに従えば、太陽神が、その魔法の帯であるところの虹をほどいて、その島に白い皮膚をした子孫を住まわせるために、それを伝って空から下りて来られたのであった。かつて太陽は、ペルーでも、こういったあらゆる島の上でも、最古の祖先と見なされていたのである。

われわれはよく、星空の下で甲板に腰を下ろして、イースター島の奇妙な歴史を繰り返し語ったものだった。もっともわれわれ自身の筏はわれわれをまっすぐポリネシアのまんなかに運んでいたので、その遠い島の名前を地図の上に見るだけで、その島がちょっとでも見えるというわけではなかったのだが。しかし、イースター島は東からの遺跡に満ち満ちているので、その名前さえも一つの指針として役立つことができるのだ。

「イースター島」は、偶然あるオランダ人が、ある復活祭の日にその島を「発見」したので、地図の上に出現した。そして、すでにそこに住んでいた島民自身が、自分の島にたいしてもっと有意義な、意味のある名前を持っていたということを、われわれは忘れてしまっている。この島はポリネシア語ですくなくとも名前を三つ持っているのである。

一つの名前はテ・ピト・テ・ヘヌアで、「島々のへそ」という意味である。この詩的な名前は、もっと西のほうにある他の島々との関連において、イースター島を明らかに特別の位置に置く。そして、ポリネシア人自身に従えば、これはイースター島の一番古い名称なのだ。島の東側には、「長耳族」がはじめて上陸した伝説的な場所の近くに、「金のへそ」と呼ばれている丹念に細工された石の球がある。そして、これがこんどは、イースター島自身のへそと見なされているのだ。詩的なポリネシアの祖先たちが東海岸に島のへそを彫り、ペルーに一番近い島を西方の数知れぬ島々のへそとして選んだということは、象徴的な意味を持っている。そして、ポリネシアの伝説が島々の発見を島々の「誕生」と呼んでいることを知れば、他ならぬイースター島が島々の誕生の印を象徴し、最初の母国とのつながりをなすものと考えられていたことは、見やすい道理である。

イースター島の二番目の名前はラパ・ヌイで、「大ラパ」という意味である。そしてラパ・イティすなわち「小ラパ」はイースター島のはるか西にある同じ大きさのもう一つの島なのだ。さて、最初の住処を、たとえば大ラパと呼び、たとえその次の住処が同じ大きさでも、その場所が新ラパとか小ラパと呼ばれるということは、あらゆる民族の自然の習慣である。そして、小ラパの上では、原住民たちが、島の最初の住民たちは、東方の、アメリカに一番近い、大ラパ、すなわちイースター島から来たという伝説を、すこしの誤りもなく伝えている。このことは、東からの最初の移民を直接に示しているのだ。

この要《かなめ》をなす島の三番目にして最後の名前は、マタ・キテ・ラニで、「天（のほうを）見る（ところの）目」という意味である。はじめて島を見たときには、こう呼ぶことは躊躇《ちゆうちよ》されるだろう。比較的低いイースター島は、他の山のある高い島々――たとえばタヒチ、マルケサス群島あるいはハワイよりも、けっして天のほうを見てはいないからだ。しかしラニ、天、はポリネシア人には二重の意味を持っていた。それはまた祖先の故国、太陽神の聖地、ティキの見棄てた山の王国でもあったのだ。そして、彼らが大洋の中の何千という島の中で、とくに前哨イースター島を、「天のほうを見るところの目」と呼んだということは非常に意味深いことである。ポリネシア語で「天の目」を意味する同類の名前マタ・ラニが、昔のペルーの地名で、イースター島の真向いの太平洋岸にあって、それがアンデス山脈の中にある廃墟となった昔のコン・ティキの都からまっすぐの麓になっている地点の名前であることを考えると、それはますますもって驚くべきことになってくる。

星空のもとで甲板に腰を下ろしながら、自分自身が先史時代の探検にずっと参加しているような感じを持っていたとき、イースター島だけが豊富な話題を与えてくれたのであった。われわれはほとんど、まるでティキの時代から陸を求めて太陽と星の下に海を動きまわる以外は、何もしたことがないような感じを抱いていた。

波や海にたいしては、もう前のような尊敬の念を抱いてはいなかった。われわれはそれらと、筏の上のわれわれにたいするそれらの関係を知っていた。サメさえも毎日の絵の一部になっていた。われわれはサメとそのいつもの反応を知っていた。もう手銛《てもり》のことは考えなかった。そして、サメがわれわれの横までやってきても、筏の縁から動くことさえしなかった。それどころか、その背びれが丸太にそって静かに滑って行くときに、そいつをつかまえようとするほうが普通だった。これはついに、まったく新しい形のスポーツ、サメとの綱なしの綱曳《つなひ》きに発展した。

われわれはきわめておとなしく始めた。食べきれないほどたくさんのシイラを、いとも簡単に捕まえた。誰でもやるたのしみを食物を無駄にすることなしに続けようとして、シイラとわれわれ自身のおたがいの楽しみのために、釣針なしの滑稽な魚釣りを思いついた。余ったトビウオを紐に結びつけて水面に投げる。シイラが水面に飛んできて魚を捕まえる。それから引っ張り合いだ。見事なサーカスが演じられる。というのは、一匹のシイラが口を放すと、その代わりにまた一匹やってくるからだ。われわれは面白かったし、シイラたちも最後には魚を手に入れるというわけだった。

次にわれわれはサメと、同じ競技を始めた。魚の切れっぱしを綱の端につけたり、食事の残りを入れた袋をよく索につけて出したりした。サメは、仰向けにならずに、鼻っ先を水の上に突き出して、そいつをパックリやろうとして口を大きく開けて泳いで来た。サメがまた口を閉じようとするちょうどそのとき、われわれは綱を引っ張らないではいられなかった。すると、だまされたサメ公は言葉ではあらわせないほど馬鹿げた我慢強い表情をしながら泳ぎつづけて、またもや屑《くず》ものめがけて口を開く。すると、それはそのつど口の先から飛び出す。しまいにはついに丸太のそばまでやってきて、鼻先にぶら下がった食物めがけてワンワン食物を要求する犬のように跳ね上がるのであった。それはまるで動物園の口を大きくあけたカバに餌をやるようなものだった。そして、筏に乗ってから三カ月後の七月末のある日、次のような記事が日誌に書かれた。

「きょう、ついてきたサメと友達になった。夕食のとき、開いた口の中へ直接残り物を入れてやった。われわれの横を泳いでいると、半分狂暴で、半分おとなしくてなついている犬のような印象を与えた。われわれが自分でサメの口の中へはいらないかぎり、サメがまったく愉快なものに見えるということは否定できない。すくなくとも、彼らがまわりにいるのは面白いことだ。われわれが海水浴しているときは別だが」

ある日、サメの食物を紐で結びつけた竹の棒が、いつでも使えるように筏の縁に置いてあったが、そのとき一つの波がやってきて、すっかり海の中へ流してしまった。竹の棒はすでに筏の二〇〇メートルうしろに浮かんでいた。と、それが突然水中にまっすぐ立って、筏のうしろから独力で突進してきた。まるで、またもとの場所へうまく帰ろうとしているかのようだった。釣竿が揺れながら近寄ってくると、三メートルのサメがその真下に泳いでいるのが見えた。そして竹の棒は潜望鏡のように波の外に突き出していた。サメは糸を噛み切らずに食物の袋を呑み込んでしまったのだ。釣竿はまもなくわれわれに追いつき、きわめて静かに通りこして、前のほうに消えた。

たとえわれわれがだんだんまったく別の目でサメを見るようになったとしても、巨大な口の中に待ち伏せしている五、六列のかみそりのような鋭い歯にたいする尊敬の念は、けっして消えなかった。

ある日、クヌートが計らずもサメといっしょに泳ぐことになった。誰も筏から泳いで行くことは許されていなかった。筏が流れて行くためもあり、サメがいるためでもある。しかしある日、特別に静かで、ついて来たサメたちを筏の上に引っ張り上げたばかりだったので、ちょっとなら海につかってもいいという許可が与えられた。クヌートは跳びこんで、水面に出てクロールで帰るまでに、ずっと遠くまで行ってしまった。その瞬間、帆柱から、彼自身よりも大きな一つの影が彼のうしろのもっと深いところから上がって来るのが見えた。恐怖を起こさせないように、われわれはできるだけ静かに警告の言葉を叫んだ。そしてクヌートは筏の縁に向かって力泳してきた。しかし下の影はもっと泳ぎがうまかった。それは深淵から飛ぶように上がってきて、クヌートに追いついた。彼らは同時に筏に着いた。クヌートが筏の上によじ上っているとき、二メートルのサメが彼の腹の真下を滑りすぎて、筏のそばに止まった。それがパクリとやらなかったのは幸いだった。われわれはそれにおいしいシイラの頭をやって感謝の意を表わした。

一般に、サメの食欲を刺激するのは、視覚よりも嗅覚《きゆうかく》である。われわれは彼らを試すために、水中に脚を入れて腰かけた。すると、彼らは一メートルばかり離れたところまで泳いで来て、また静かに尻尾をわれわれのほうに向けるだけだった。しかし、われわれが魚を洗った後のように、水がすこしでも血で汚れていると、サメのひれは生き返ってきた。そしてずっと向こうから突然アオバエのように集まって来るのだった。サメのはらわたを投げてやると、まったく気が狂ったようになって、無茶苦茶に飛びまわった。自分と同じサメの肝臓を餓鬼《がき》のように貪《むさぼ》り食った。そして、われわれが足を海の中へ入れると、彼らはロケットのように飛んで来て、足があったあたりの丸太の中に歯を食いこませることさえあった。サメまたサメだった。それは、サメというものはまったく自分自身の感情に左右されるからなのだ。

サメとの交際の最後の段階は、彼らの尻尾を引っ張りはじめたことだった。動物の尻尾を引っ張ることは、下等なスポーツと考えられている。しかしそれは誰もサメにそれをやってみたことがないからであろう。というのは、それはまったく威勢のいいスポーツだったからである。

サメの尻尾を捕まえるためには、まず本当のご馳走をやらなければならなかった。サメはそれを取ろうとして、いまにも頭を水から高く突き出そうとした。いつも食物は袋の中へ入れてぶらぶら下げながら与えられた。というのは、一度直接手でサメに餌をやると、それはもう面白くないからである。犬や馴れた熊に手で餌をやると、彼らは食物に歯を立てて、一切れ嚙み切るか、まるごと手に入れようとして、それまでやっきになって嚙みちぎる。しかし、大きなシイラをサメの頭から安全な距離に差し出すと、サメは上がって来て、口をパクンとやる。すると、すこしも引っ張られた感じがしないで、シイラは半分突然行ってしまい、人は手に尻尾を持って腰を下ろしたまま残される。シイラを自分でナイフを使って二つに切ろうとして大骨を折ったことがあるが、アッと言う間にサメは、三角形の鋸歯を素早く横に動かして、眼にもとまらぬ早業《はやわざ》で背骨だろうが何だろうがソーセージ製造機のように呑みこんでしまった。サメがまた静かに下がって行こうとするとき、尻尾が水面の上にひらひらして、簡単につかむことができた。サメの皮はちょうど紙やすりのようでつかみやすかった。そして尻尾の上の端の内側に、ぐっと握るためにできているような凹《くぼ》みがあった。一度そこをしっかりつかんでしまうと、もう外れっこなしだった。それから、しまったとサメ公が立ち直るすきも与えず、ぐいと引っ張って、尻尾はできるだけ丸太の上にしっかり抑えつけなければならなかった。一、二秒、サメは何もわからなかった。しかし次には、体の前の方を元気なくくねくねばたばたさせはじめた。というのは、尻尾の助けがなくては、サメはすこしもスピードを上げることができないからなのだ。その他のひれはただ平衡をとったり舵をとったりする道具にすぎない。数回死物狂いにぐいぐい引っ張る。その間われわれは尻尾をしっかりつかんでいなくてはならなかったが、それが終わると、気も顛倒《てんとう》したサメはすっかりしおれて気力を失ってしまい、だぶだぶの胃が頭のほうへ逆に下がって行きはじめると、とうとう完全にまひ状態になってしまう。サメが静かになり、いわば、成り行きにまかせるようにして硬直してぶら下がっているとき、そのときこそわれわれが渾身の力をふるって引っ張りこむときだった。われわれはその重い魚を水中から半分以上引っ張り上げたことはほとんどなかった。が、それからサメがまた目をさまして、残りを自分でやってくれた。バタバタ乱暴にあばれたかと思うと、頭をふり上げざま、ものの見事に丸太の上へはね上がった。それからわれわれは力いっぱい引っ張って、ずっと離れたところへ跳びのかなければならなかった。それも、脚を噛まれまいと思ったらかなり素早くやらなければならなかった。こうなるとサメはご機嫌が悪いからだった。高く跳び上がって体をぐっとまわしながら、尻尾を大鎚《おおづち》のように使って、竹の壁にぶつかった。それはもう鉄のような筋肉を使い惜しみはしなかった。その出陣の踊りは、巨大な口は広く開かれ、歯並《はな》みは手当たり次第に空中を噛んだりぱくついたりした。サメが計らずも海の中へ転がりこんで、さんざん恥をかいたあげく永久に消えてなくなることによって終わることもあった。しかしたいてい、ともの同じ丸太の上に無茶苦茶に体をぶっつけまわって、ついにわれわれがなげなわを尻尾のつけ根に巻きつけるか、サメが悪魔のように歯をガリガリさせることを永久にやめるか、そのどちらかであった。

オウムは、われわれがサメを筏の上に引っ張り上げるとまったく震え上がった。竹小屋の中から急いで出て来て、ものすごい速さで壁をよじ上り、椰子の葉の屋根の上に安全な見張り場所を見つけるのだった。そして、興奮してわめきながら、そこで首を横に振っていたり、棟の上をあちこち飛んだりしていた。それはつとに立派な水夫になっていた。そしていつもユーモアたっぷりに笑いながらはしゃいでいた。われわれは筏の上では自分たちを七人だと思っていた。われわれ六人と緑色のオウムとである。カニのヨハンネスはけっきょく冷血の添え物と見なされることに甘んじなければならなかった。夜になると、オウムは竹小屋の屋根の下の籠の中へはいこんだ。しかし、昼間は甲板を歩きまわったり、支え綱や支索にぶら下がって、まったく見とれるような軽業《かるわざ》をやったりした。はじめ帆柱の支索には締め金具があった。しかし綱を擦りへらしたので、普通の引けば締まるようにした結び（輪縄）にとりかえた。支索が太陽と風のために延びてだらっとなると、鉄のように重いマングローヴの木の帆柱が綱にばんばんぶつかり食い込んで綱が落ちてこないように、全員が仕事にかかって帆柱を締め上げなければならなかった。すると、われわれがえっさえっさと引っ張っている一番大事なときに、オウムが例のつぶれた声で叫び出した。「引け！　引け！　ホ、ホ、ホ、ホ、ハ、ハ、ハ！」

そして、そのためにわれわれが笑うと、オウムは自分自身のおかしさに震えるほど笑って、支索の上をグルグルまわるのであった。

はじめ、オウムはわが無電技師たちにたいして有害だった。彼らはその不思議なレシーバーを耳に当てて、無線コーナーに坐って幸せそうに夢中になっていた。そして、たぶん、オクラホマの無線ファンと連絡していたのであろう。すると、レシーバーが突然聞こえなくなり、いくら電線をなだめすかしてもダイアルをまわしても、ちっとも聞こえない。オウムがアンテナの電線をせっせと嚙み切ってしまっていたのだ。これは、アンテナの電線が気球につけて上に延ばされていたはじめ頃にはとくによく起こった。しかしある日、オウムが重病にかかった。籠の中にいてふさぎこみ、二日間食物に触れなかった。その間、その糞《ふん》はアンテナの金色の屑で光っていた。そこで無電技師たちは怒って言った言葉を後悔し、オウムはその悪行を後悔した。そしてその日から、トルステインとクヌートはオウムと特別仲のいい友達になった。そしてオウムは無線コーナー以外ではけっして眠ろうとしなかった。オウムの母国語は、それがはじめて筏に乗ったときはスペイン語だった。そしてトルステインの得意な生粋《きっすい》のノルウェー語の絶叫を真似《まね》するようになったが、そのずっと前からベングトはこいつはノルウェーなまりのスペイン語を話すようになると言明していたのだった。

われわれは、オウムのユーモアと華やかな色を二月《ふたつき》の間たのしんだ。それから、オウムが檣頭から支索をおりているときに、大きな波がと
もから筏の上にやって来た。オウムが海の中へ落ちてしまったのを発見したときは、もう手後れだった。オウムは見えなかった。そしてコン・ティキ号は回れ右をしたり止まったりすることはできなかった。何か筏から海の中に落ちた場合、それを取りに帰る機会はなかったのだ。――数多くの経験がそれを教えていた。

オウムを失ったことは、その最初の晩われわれの意気を消沈させた。一人ぽっちの夜番のときなど、

海の中に落ちたとすれば、それとまったく同じ運命に陥ることがわかったからであった。

あらゆる危険防止の規則を強化し、夜番のために新しい救命索を使用することにし、最初の二月無事だったのは、まったく僥倖《ぎょうこう》にすぎなかったのだから、われわれのやり方がよかったからだと信じこんでしまわないようにと、おたがいに戒《いまし》め合った。

不注意な一歩、あさはかな一動作、ただそれだけで、われわれはこの緑のオウムが行ってしまったところに送られてしまうのだった。白昼でもそうなのだ。

ときどき、マイカ（真烏賊）の卵の大きな白い殻を認めた。青い波の上にダチョウの卵か白い頭蓋骨のように浮かんでいた。たった一回だけ、ヤリイカが下にくねくねしているのが見えた。また、われわれ自身と同じ高さに浮かんでいる雪のように白い球を認めた。そして、さいしょは、ボートに乗って漕ぎ出してそれを手に入れるのは朝めし前だと思った。プランクトンの網の綱が切れ、布網だけがあとにとり残されてわれわれのうしろに浮かんでいたとき、やっぱり同じように考えた。漕ぎ帰るために、綱をつけて、ボートを下ろした。しかし、驚いたことには、風と波がボートを近寄せず、コン・ティキ号から出した索が水の中で非常に強いブレーキの働きをしたので、前に離れた点にまっすぐ漕ぎ返ることがどうしてもできないということがわかった。つまみ上げようと思う物から二、三メートルのところまでは行くことができた。しかしそのとき索がすっかり出切ってしまい、コン・ティキ号はわれわれを西のほうへ引っ張って行った。「一度海の中へ落ちたら、永久に海の中へ落ちたのだ」というのが筏の上のわれわれの心にしだいに消し難く烙《や》きついてきていた教訓だった。他の者といっしょに行きたいなら、コン・ティキ号が向こう側の陸にへさきをぶっつけるまで、しがみついていなければならないのだ。

オウムは無線コーナーに空白を残した。しかし翌日、熱帯の太陽が太平洋の上に輝き出ると、悲しみは長くは続かなかった。それから二、三日のうちに、サメをたくさん引っ張りこんだ。そしていつもサメの腹の中に、マグロの頭や他の珍しいものにまじって、黒い彎曲したオウムのくちばしを発見した。しかしその黒いくちばしは、いつも、もっとよく調べてみると、マイカのくちばしなのだった。

二人の無電技師は筏に乗った最初の日から、無線コーナーで面倒な仕事と取っ組んでいた。フンボルト海流にはいった一番最初の日に、海水が電池の箱から滴り落ちたので、荒波の中で救いうるものは救おうというわけで、敏感な無線コーナーを帆布でおおわなければならなかった。それから、十分に長いアンテナを小さな筏の上にどうして取りつけるかという問題があった。彼らはアンテナを凧で上げようとした。しかし一陣の風が吹き、凧は簡単に波がしらの中へ跳びこんで見えなくなってしまった。そこで今度は気球で上げようとした。しかし熱帯の太陽が気球を焼いて孔をあけた。そこでペシャンコになって海の中へ沈んでしまった。次にはオウムのために悩まされた。これに加えて、短波がまるでからっぽのシャボン箱の中の空気のように無言で生気のないアンデスの死帯の外に出るまでに、フンボルト海流の中で二週間を費した。

しかしある夜、短波が突然聞こえだした。そしてトルステインの呼び出し記号が、偶然スウェーデンの無線の愛好家と連絡しようとしていたロサンゼルスの愛好家の耳にはいった。その男はわれわれの持っているセットの種類を尋ねた。質問にたいする満足な答えを得ると、トルステインにあなたは誰でどこに住んでいるのかと尋ねた。トルステインの住処が太平洋上の筏の上の竹小屋だと聞くと、トルステインがさらに細かいことを提供せぬうちに、数回特別にカチカチいう音が聞こえた。相手の男は落ち着いてから、自分の名前はハルで妻の名前はアナ、そして彼女はスウェーデン生まれで、われわれが生きていて無事だということを家族に知らせてあげようと言っていると告げた。

その晩、赤の他人のハルという、はるかかなたのロサンゼルスのうようよする人々の中にいる映画技師が、われわれ自身を除いては、偶然われわれの居場所と無事であることを知っている世界でただ一人の人間であるということを考えると、奇妙な感じがした。その夜からずっと、ハルこと本名ハロルド・ケムペルとその友人フランク・クエバスが、毎晩交代で起きていて、筏からの信号を聴取してくれた。そしてヘルマンは、ほとんど報告がなく全然統計のない地域からの一日二回の無電報告にたいして、合衆国気象局長から感謝の電信を受け取った。その後クヌートとトルステインは、ほとんど毎晩他のラジオ・アマチュアと連絡をつけた。そしてこの人たちがノトデンのエイル・ベルグという無線愛好者を通じてノルウェーへ挨拶を渡してくれた。

　無線コーナーにあまり塩水がたくさんはいって放送局がまったく仕事を停止したのは、大洋のまんなかへ出てからたった二、三日の間だけだった。技師たちはねじとはんだ鏝を持ってしゃっちょこ立ちしていた。そして遠くの無線愛好者たちはみな、筏はお陀仏になってしまったと考えた。しかしある夜、ＬＩ二Ｂの信号が突然空中に送られた。そして一瞬後には、無慮《むりょ》数百のアメリカの技師たちが同時にキーを握って呼び出しに答えたので、無線コーナーは蜂《はち》の巣をつついたような騒ぎだった。まったく、無電技師たちのいる場所に迷いこむと、いつもまるで蜂の巣の上に腰かけているような感じがした。それは海水で湿っていた。海水は木製品を伝ってどこからでも上がって来た。そして、たとえ技師のいるバルサの丸太の上に一枚の生ゴムがあったとしても、モールス・キーに触ればお尻《しり》のあたりにも指先にも、電気の衝撃を受けるのだった。また、われわれ門外漢の一人がよくしつらえられた無線コーナーから鉛筆を盗もうとすると、頭の毛がまっすぐにつっ立つか、鉛筆の使いふるしから長いスパークが出るかするのであった。トルステインとクヌートとオウムだけが、そのコーナーの中を無事に体をくねらせて歩きまわることができた。そこでわれわれは、ボール紙を一枚立てて残りの者には危険地帯だということを示したのであった。

ある晩おそくクヌートはランプの明かりをたよりに、いつもの隅で無線をいじっていたが、突然わたしの脚をゆすって、オスロの郊外に住んでいるクリスチャン・アムンセンという奴といま話していたところだと言った。これは素人の記録としてはちょっとしたものだった。一秒間一万三九九〇キロ・サイクルの筏の上の小さな短波発信機は、小さな懐中電灯と同じくらいの力、六ワット以上は出なかったからである。それは八月二日で、われわれはすでに六〇度以上も地球をまわって先へ進んでいたので、オスロは地球の反対側にあるわけだった。国王ホーコン陛下はその翌日七五歳の誕生日を迎えられるので、われわれは筏から直接祝電を打った。その翌日クリスチャンの電波がまたはいって、いままでのようにこれから先も好運に恵まれて成功裡《り》に航海を終えるようにとの王からのご返事を送って来た。

もう一つのエピソードを、われわれは筏の上の全生活に対照するものとして覚えている。われわれは筏の上にカメラを二つ持っていた。そしてエリックは航海中に写真を現像するための一包の材料を持っていた。だから、われわれはいろんなもののみずみずしい早取り写真をとることができたが、しかしそれはよく出てこなかった。ジンベイザメが訪問してきた後では、彼はもう我慢できなくなってしまった。で、ある晩、指示とまったく一致するように注意深く化学薬品と水を混合してフィルムを二枚現像した。陰画は長距離写真のようだった。不明瞭な点々と皺だけだった。フィルムはだめになってしまったのだ。われわれは関係者に電信を打って忠告を求めた。そしてわれわれの通信はハリウッドの無線愛好者によって聴取された。彼は研究所に電話をかけた。そしてまもなく彼の電波がはいって来て、現像液が暖かすぎるのだと言った。一六度以上の水を使ってはならない。そうしないと陰画に皺がよってしまうだろう、というのであった。

われわれは彼の忠告に感謝した。そして周囲で一番低い温度は海流自体の温度だということを確かめた。それは二七度近かった。ところでヘルマンは冷蔵技師だった。そこでわたしは冗談に水の温度を一六度に下げてくれと頼んだ。彼は、すでにふくらましてあったゴム・ボートの付属品である炭酸の小さな瓶を使わしてくれと言った。そして寝袋と毛のシャツでおおった釜の中で何か手品をやると、突然ヘルマンの不精《ぶしょう》ひげの上に雪が現われた。そして彼は釜の中にはいった白い氷の大きなかたまりを持ってはいってきた。

エリックはもう一度現像したが、結果はすばらしかった。

しかし、たとえ短波によって空中を運ばれる幽霊語がコン・ティキの昔では知られざるぜいたくだったとしても、われわれの下の大洋の波は昔と同じだった。そして一五〇〇年前と同じように、バルサの筏を着実に西のほうへと運んで行った。

南海の島々にもっと近い海域にはいってから、天候はすこし不安定になり、ときどき雨を伴ったはやてが吹いた。そして貿易風はその方向を変えた。それは、われわれが赤道海流に乗ってだいぶ来るまでは、一定不変に南東から吹いて来ていた。それからだんだん真東に変わってきた。六月一〇日にわれわれは一番北の位置に達した。南緯六度一九分だった。そのときは赤道にあまりにも接近したので、マルケサス群島の一番北の島さえも通りこして、陸を見つけないでまったく海の中に消えてしまうのではないかと思ったほどだった。しかしそれから貿易風が東から北東にさらにまわって、島々のあるあたりの緯度のほうへとカーブを描いてわれわれを吹き送った。

風と波が何日もたてつづけに変わらないでいることがよくあった。そんなときには、当番が一人だけで甲板の上にいる夜を除いて、誰が舵当番なのかキレイに忘れてしまった。というのは、波と風が一定していれば、舵オールはしっかりしばりつけられていて、コン・ティキの帆はひとりでに風をはらんでいたからである。そういうときは、夜番は小屋の入口に静かに腰を下ろして、星を眺めていることができた。というのは、もし星座が空で位置を変えたら、それが出て行って、変わったのは舵オールか風かたしかめるときだったからである。

何週間もたてつづけに星が蒼穹を横切って進んでゆくのを見ていたときは、星を頼りに舵をとるということがどんなに容易なものかは信じられないほどだった。まったく、夜見るものはその外にたくさんはなかった。毎晩、どこにいろいろな星座が出ているかがわかった。で、われわれが赤道のほうに北上して来ると、大熊座が北の水平線からすっかり上がってしまったので、北極星を一瞥できるのではないかと心配したほどだった。北極星は、人が南のほうから来て赤道を越えたときに現われるものなのだ。しかし北東の貿易風が吹き出すにつれて、大熊座はふたたび沈んでしまった。

昔のポリネシア人は偉大な航海者だった。昼は太陽により、夜は星によって、船の方位を定めた。天体についての知識は驚くべきものだった。地球が丸いということを知っており、赤道や南北回帰線のような難解な概念にたいする呼び名を持っていた。ハワイでは、丸いヒョウタンの上に大洋の海図を彫っていた。また他のある島々の上では、枝を編んでくわしい海図をつくり、それに島を印すために貝殻《かいがら》をくっつけ、また小枝で特殊な海流を表わしていた。ポリネシア人は五つの遊星（惑星）を知っていて、さまよう星と呼んでいた。そして恒星と区別して、恒星には二〇〇近い違った名前をつけていた。昔のポリネシアの優秀な航海者は、いろんな星が空のどの部分に上がるか、そして、夜の何時にはどこにあるか、また、一年のいつ頃どこにあるか、ということをよく知っていた。彼らは、いろんな島の上で、どの星が真上になるかを知っていた。そして、島の名を、毎夜毎年その真上にくる星の名前にちなんでつけた場合が、いくつかあったのである。

星空が東から西に回転するキラキラ光る巨大な羅針盤のように横たわっているという事実は別として、彼らは、頭の真上の星によって自分たちがどれだけ北にあるいは南にいるかということがいつもわかる、ということを理解していた。ポリネシア人は、探検して現在の領土、すなわちアメリカに一番近い海の全部を支配下に収めてから、その後の何世代もの間、いくつかの島の間の交通を確保していた。伝説の伝えるところによると、タヒチから出た酋長たちが、二〇〇〇海里以上北で数度西にあるハワイを訪問したときは、舵とりは最初、頭の真上の星によってハワイの緯度に来たことがわかるまで、太陽と星によって真北に舵をとる。それから直角に曲がって、鳥や雲が島の群れがあるところを教えてくれるほど近くに来るまで、真西に舵をとったのであった。

ポリネシア人はどこからその広大な天文学的知識と、驚くほど徹底的に計算されている暦を手に入れたのであろうか。西のほうのメラネシア人やマライ人からでないことは確かだ。しかし、あの昔の消え失せた文明人種、アメリカでアズテク族、マヤ族、インカ族に驚くべき文化を教えた「白色で顎ひげを生やした人たち」が、当時のヨーロッパも対抗できなかったような、不思議なほどよく似た暦とよく似た天文学的知識を発達させていたのである。

ポリネシアでは、ペルーでのように、暦の年は、一年のうちスバル座がはじめて水平線上に現われる特殊な日から始まるようにつくられていた。そしてどっちの地域でも、この星座は農業の守護神と考えられていたのである。

太平洋のほうにずっと傾斜しているペルーでは、太古の天文台の廃墟が砂漠の中に存在している。石の巨像を彫り、ピラミッドを建て、サツマイモとヒョウタンを栽培し、スバル座が上がってくることで年を始めたあの神秘的な文明民族の遺跡なのだ。コン・ティキは太平洋に乗り出したとき、スバル座を知っていたのである。

七月二日に、夜番はもう夜空を研究しながら安閑《あんかん》として坐っていることができなくなった。何日か北東の軽風が吹いたあとで、強い風と荒模様の海がやって来た。夜がふけると、月が皎々と輝き、まったく新しい帆風が吹いた。前側方に投げた木片《こっぱ》を通りすぎるのに要する秒数を数えることによって、速度を計った。するとスピードの最高記録を樹立しつつあることがわかった。われわれの平均速度は、筏の上にだけ通用する用語で、一二から一八「木片」だったが、そのときしばらくの間、「六木片」に減っていた。そして燐光が筏のともの規則正しい船跡の中で渦巻いていた。

四人が竹小屋の中でいびきをかいていた。そしてトルステインはモールス・キーをカチャカチャいわせており、わたしは舵とり当番だった。真夜中ちょっと前に、わたしは、混乱した視界をまっすぐ横切ってとものほうから砕けながらやって来るまったく異常な波を認めた。そしてそのうしろに、最初のに似たさらに二つの巨大な波の泡立った波がしらが、くびすを接してやってくるのを見ることができた。もしわれわれ自身がその場所を通りすぎたばかりでなかったら、わたしは自分が見たのは危険な浅瀬に打ち上げられた高波だと思いこんだことであろう。最初の波が月光に照らされて長い壁のようにうしろから押し寄せてきたとき、わたしは警告の叫びを発した。そして次にくる波を受けるために筏をぐいと回した。

最初の波がやってきたとき、筏はともを斜に振り上げて、いま砕けたばかりの波の背の上に乗り上げた。だからその波は波がしらにそってずっとヒューヒューいう音を立てて沸騰《ふっとう》した。われわれは筏の両側を流れる沸騰した泡のさかまきの中を通って行った。そして、荒波自体はわれわれの下をうねりすぎて行った。波が通りすぎるとき最後にともがさっと上がって、われわれはともから先に波の広い谷に滑り落ちた。すぐあとから次の水の壁がやって来て、また盛り上がった。そしてわれわれはもう一度素早く空中に持ち上げられ、きれいな水のかたまりが、その縁を飛びこえるときに、ともにいるわれわれの上に砕けた。その結果、筏は波にたいして真横を向けることになった。間に合うように素早く筏をねじ向けることは不可能だった。次の波がやって来て、キラキラする壁のような泡の縞の中から盛り上がった。壁はちょうどわれわれのところに来たとき、上端にそってくずれはじめた。それがくずれかかって来たとき、わたしは小屋の屋根から突き出している竹の竿にできるだけしっかりぶら下がるのが精いっぱいだった。筏が天高く投げ上げられて、まわりのあらゆるものが轟々たる泡の渦巻の中に拉《らっ》し去られるのを感じながら、わたしはそこで息をこらしていた。一瞬の後、われわれとコン・ティキ号はふたたび水の上に出て、おだやかな波の背の向こう側を静かに滑り下りていた。それから波はまた正常になった。三つの大きな波の壁がわれわれの前を走って行った。そしてとものほうにあたって、月光に照らされながら一つなぎの椰子の実が水の中にポコリポコリと浮かんでいた。

最後の波は小屋に激しい打撃を与えた。だからトルステインは無線コーナーでもんどりうって投げとばされ、他の者はその音に驚いて目を覚ました。水が丸太の間から上がって来、壁を通してなだれこんだ。前甲板の左舷では、竹細工が小さな噴火口のようにパックリ口を開けた。そして潜水籠はへさきのところにたたきつけられてペシャンコになっていた。しかしその他の物は全部もとのままだった。三つの大波がどこから来たのか、海底の動揺によるものでなければ、確かな説明はどうしてもつかなかった。そして海底の動揺はこういった地方ではそう珍しいものではない。

二日後、最初の嵐があった。貿易風がまったくなくなってしまった。そして頭上のはるかに高い青空を流れていた羽毛のような白い貿易風雲が、南のほうから水平線を越えて上がってきた厚い黒雲によって突然侵害された。それが嵐の始まりだった。それから、まるっきり予期していなかった方向から突風が吹いて来た。だから舵とり当番が筏を思い通りにすることは不可能だった。帆がかたく安全にふくらむように、新しい風の方向にともをめぐらすが早いか、突風が別の方向から吹いてきて、帆から誇らかなふくらみを絞りとった。そして帆がぐるぐる回ってあたりを叩きまわり、乗組員にとっても荷物にとっても危険千万だった。しかしそれから、風が突然、悪天候がくる方向からまっすぐに吹きはじめた。そして黒雲が上で渦巻くうちに、微風が強い風に変わり、それがしだいに本当の暴風になっていった。

信じられないほど短い時間のうちに、まわりの波は五メートルもの高さにはね上がり、一つ一つの波がしらは海の凹《くぼ》みから六ないし七・五メートルの高さにもり上がった。だから、われわれ自身が凹みの中に下がっているときは、波がしらは檣頭と同じ高さだった。全員くの字なりになって甲板をはいまわらなければならなかった。その間にも、風は竹の壁をゆすぶり、索具という索具の中でひゅうひゅう、ごうごう鳴った。

無線コーナーを守るために、小屋の一番うしろの壁と左舷に帆布をひろげた。ゆるんだ荷物は全部しっかりとしばりつけられた。そして帆は下ろされて、竹の帆桁のまわりにくくりつけられた。空が雲でおおわれてくると、海は暗くものすごくなり、四方八方、砕ける波のために白い波がしらでおおわれた。風上では、つぶれた泡の長い跡が長い波の背の上から下に、縞のようについていた。そして波の背が砕けてくずれ落ちるところには、どこにも緑色の斑点が、傷のように、蒼黒《あおぐろ》い海の中で長い間泡立ちながら浮かんでいた。波がしらは砕けると吹き飛ばされた。そしてしぶきがしょっぱい雨のように海の上に立った。熱帯の雨が水平のはやての中で降り注いで海の面を打つとき、まわりはすっかり見えなくなってしまい、あらゆる部品が嵐を切り抜けられるようになっているかどうか調べながら、はだかで凍えて、くの字なりになって甲板をはいまわっていると、頭髪と顎ひげから流れる水は塩からかった。嵐が水平線を越えて突進して来て、はじめてわれわれのまわりに集中してきたときには、緊張した危惧《きぐ》や懸念《けねん》がわれわれの面上に見うけられた。しかし嵐が本格的になってきて、コン・ティキ号が来る物を何でも平気の平左《へいざ》で受け取ったときには、嵐は血をわかすスポーツとなった。そしてわれわれはみな、筏自身がコルクのように波がしらの上にあり、怒った水の主な重さはいつも、

五、六センチ下にあるのをずっと見ながら、バルサの筏が実にスタイリッシュに征服してしまう周囲の狂乱を喜んだ。そのような天候のときは、海は山と共通するものをたくさん持っていた。それは、木の生えていない灰色の非常に高い高原上で、嵐に会ったようなものだった。われわれは熱帯のまんなかにいたのではあるが、筏が濛々《もうもう》たる海の荒野の上を滑るように上下していると、いつも雪の吹き寄せと岩面の間を走り下っているような気がしていたものだった。

　舵とり当番は、そのような天候には目を開けたままでいなければならなかった。一番険しい波が筏の前半分の下を通りすぎるときには、ともの丸太が水の中からすっかり持ち上がった。しかし次の瞬間、丸太は次の波がしらを乗りこえるためにまたはね下りた。いつも波はあまりにくびすを接してやって来たので、最初のがまださきを空中に持ち上げている間に最後のがやって来た。すると、硬い水の幕が恐ろしい逆巻きとなって舵とり当番の上に落雷した。しかし次の瞬間、ともが上がって、洪水はフォークの叉を通って行くように消えて行った。

　計算によると、普通の凪いだ海では、一番高い波と波の間にはふつう七秒あって、二四時間に約二〇〇トンの水をともから受けている勘定だった。それにはほとんど気がつかなかった。というのは、それは舵とり当番の乗っているむき出しの丸太のまわりに静かにあふれてきて、また同じように静かに丸太の間に消えて行くからであった。しかし激しい嵐のときには五秒ごとに一一～一二リットルから二～三立方メートル、ときにはそれ以上の水が筏の上に溢れてくるのを見ると、二四時間の間に一万トン以上の水がともから筏の上に流れて来るわけだった。それはときには耳を聾《ろう》する雷《かみなり》のような音を立てて筏の上に砕けた。だから舵とりは腰のところまで水びたしになって立ち、まるで流れの急な川の中で流れにさからって無理に進んでいるように感ずるのだった。一瞬間、筏は震えながら立っているように見えた。しかしそれから、ともを圧し下げていた残酷な荷物は、大きな滝となってまた海の中に消えて行った。

ヘルマンは風力計を持って、一昼夜続いた強風の強さのはやてを測定しながらずっと外に出ていた。それからはやてはしだいに、ときどき雨まじりのはやてを伴った烈しい風にと衰《おとろ》えていった。そのために、よい帆風を受けて西のほうにのたうちながら進んで行くわれわれのまわりには、波がずっと沸騰しつづけていた。聳え立つ波の間で風を正確に測定するために、ヘルマンは、いつでもできるときには、ゆらゆらする檣頭によじ上らなければならなかった。もっとも、そこではしがみついているのが精々だったが。

天候が落ち着いたとき、まわりの大きな魚はまったく逆上してしまったようだった。筏のまわりの水は、サメ、マグロ、シイラ、そして二、三匹の目のくらんだカツオでいっぱいだった。どれもこれも筏の材木のすぐ下やそれに一番近い波の中をくねくねしている。それは絶え間ない生きるか死ぬかの闘いだった。大きな魚の背中は丸くなって水の上に出、ロケットのように飛ぶ。追うものと追われるものが一対をなしている。そして筏のまわりの水は濃い血によって繰り返し彩られる。闘っているのはおもにマグロとシイラだった。シイラは大群をなしてやって来て、いつもよりずっと素早く敏《びん》捷《しょう》に動いた。マグロが攻めるほうだった。しばしば、七〇〜九〇キロの魚が口の中にシイラの血みどろの頭をくわえて空中高く跳び上がった。しかし、たとえ一匹一匹のシイラはマグロに食い下がられて矢のように逃げていたとしても、群れとしてのシイラは負けてはいなかった。もっとも、首に大きな傷をパックリあけてのたうちまわっているのがいつも五、六匹はいたけれども。ときどき、サメもまた、怒りで目がくらむみたいだった。そして彼らが大きなマグロを捕まえて闘うのが見えた。マグロは優勢な敵にぶつかったわけである。

おとなしい小さなブリモドキは一匹も見あたらなかった。狂暴なマグロにむさぼり食われてしまっ

歌を歌いギターを弾くヘッセルベルグ。

マグロ、サメ、カツオの大漁。

たのか、筏の下の隙間の中に隠れたり戦場から遠くに逃げてしまったのか、そのどちらかであろう。さすがにわれわれは頭を水の中に入れて見はしなかった。

わたしが用をたしながらともにいたとき、きたないショックを受けた——そしてあとになって自分自身の周章狼狽《しゅうしょうろうばい》を嘲笑《ちょうしょう》しないわけにはいかなかった。われわれは水洗便所のちょっとした水には慣れていたが、海の中のサメの頭のようにわたしに突き当たって来た何か大きくて冷たくて非常に重いものから、まったく思いがけなくともものところで猛烈なパンチをくらったときには、そんなことはまったくありえないことのような気がした。わたしはお尻にサメをぶら下げているような気持で、本当に帆柱の支索によじ上っていた。そしてやっと気を落ち着けた。ヘルマンが、舵オールにもたれかかって体を二つに折って笑っていたが、巨大なマグロが七〇キログラムあまりの冷たい体でわたしの裸の部分を横なぐりにしたのだと教えてくれた。後になって、ヘルマンとそれからトルステインが当直についていたとき、同じ魚がともから来る波といっしょに筏の上に跳び上がろうとした。そして二度、その大きな奴は丸太の端に乗っかった。しかし二度とも、われわれがそのぬるぬるする体をつかめないうちに、また海の中へ身を投げてしまった。

その後で、とまどった太ったカツオが波といっしょに筏の上に上がってきた。そこで、それと、その前の日つかまえたマグロを使ってわれわれを取り巻く血なまぐさい混乱に秩序を与えるために、釣りをしようと決心した。

日記は記す。

「まず二メートルのサメが釣れて、筏の上に引っ張り上げられた。釣針がもう一度投げられるが早いか、二メートル半のサメによって呑みこまれた。それを筏の上に引っ張り上げた。釣針がまた投げられると、新しく二メートルのサメがかかった。そして筏の縁を引っ張り上げ終わったとき、糸を切って潜ってしまった。釣針はまたすぐ投げられた。そして二メートル半のサメがやって来て、われわれと激しい組打ちをやった。その頭を丸太の上に引っ張り上げたとき、四本の鋼鉄線がみんなブッツリ切れて、サメは深淵の中へ潜ってしまった。新しい釣針が投げられた。そして二メートルあまりのサメが筏の上に引っ張り上げられた。いまは、ともののぬるぬるする丸太の上に立って釣りをするのは危険だった。サメが三匹、死んだと思ってからずっと後になっても、頭をぐっと上げてぱくぱくやりつづけていたからだ。サメの尻尾を持って前のほうにひっぱって行って、前甲板に積み上げた。そしてそのすぐあとで、大きなマグロが釣れて、まえに筏の上に引っ張り上げたどのサメよりも激しくわれわれと闘った。非常に太っていて重かったので、われわれのうち、それを尻尾で持ち上げることのできる者は誰もいなかった。

海は狂暴な魚の背中でやっぱりいっぱいだった。別のサメが釣れた。しかし筏の上に引っ張り上げている最中に逃げてしまった。しかし、それから二メートルのサメを無事に筏の上に引き上げた。その次には一メートル半のサメ、それもまた筏の上に来た。それからまた別の二メートルのサメを捕まえて引っ張り上げた。針がまた投げられたとき、二メートルあまりのサメを引っ張り上げた」

甲板の上を歩くと、いたるところに大きなサメが道をふさいで横たわっていて、尻尾を発作的に甲板に打ちつけたり、竹小屋にぶつかったりしながら、嚙みつきまわっていた。幾晩かの嵐の後で釣りを始めたときには、もう疲労困憊《こんぱい》していたので、どのサメがまったく死んでいるのか、近寄って行ったときにどれがまだ発作的に口をぱくぱくやっているのか、どれがまだぴんぴんしていて緑色の猫の眼で待ち伏せしているのか、まったく見さかいがつかなくなってしまった。四方八方に九匹の大きなサメが横たわったときには、重い索を引っ張ったり手に負えないサメと闘ったりすることに疲れ果ててしまったので、五時間骨折った後で手を上げてしまった。

　翌日は、シイラとマグロはすくなくなっていた。しかしサメの数は変わらなかった。われわれはまた釣って引っ張りこみはじめた。しかし、筏から流れる新しいサメの血がさらに多くのサメを引きつけるだけだということに気がついて、まもなくやめにした。死んだサメを全部海の中へ投げて、甲板の血をすっかり洗い清めた。竹のむしろはサメの歯とざらざらした皮膚によって引き裂かれていた。その中で一番血に汚れてズタズタになったものを海の中へ投げ棄てて、新しい黄金色の竹むしろと取り代えた。そういったむしろが何枚か、前甲板の上にしっかりしばりつけられていたのである。

　こういった夕方寝床にはいると、心の目の中にぱっくり開いた貪欲なサメの口と血が見えた。そしてサメの肉の匂いが鼻孔にくっついていた。サメは食べることができた。二四時間海水の中に漬けて、切り身からアンモニアを取ると、タラのような味がした。しかしカツオとマグロのほうがどれほどうまいかしれなかった。

　その晩、はじめて、仲間の一人が、椰子の島の緑の草の上に気持よく体を延ばすことができたら愉快だろうなあと言っているのが聞こえた。冷たい魚と荒海以外の物が何か見えたら、彼は喜ぶことだろう。

　天候はまたまったく静かになった。しかし前のように一定して頼りになったことは一度もなかった。予測できない、猛烈な突風が、ときどき激しい夕立をもたらした。われわれはそれを見ると喜んだ。飲料水の大部分が悪くなりはじめて、悪臭を発する沼の水のような味がしていたからであった。夕立が一番激しく降るときには、小屋の屋根から水を集め、甲板に裸で立っていた。そして塩を真水で洗い落とすぜいたくを徹底的に味わった。

　ブリモドキはまたいつもの場所にくねくねしていた。しかし前のやつが血の入浴のあとで帰って来たのか、新しい従者が闘いの最中にとってかわったのか、われわれにはわからなかった。

七月二一日に、風がまた突然なくなった。重苦しくてまったく静かだった。そしてわれわれは以前の経験からこれが何を意味するかわかっていた。間違いはなかった。何度か猛烈な突風が、東から西から南から吹いたあとで、だんだん南のほうからの微風が吹くようになった。南のほうには、黒い恐ろしげな雲がふたたび水平線を越えて突進してきた。ヘルマンは風力計を持ってずっと外に出ていた。すでに毎秒一五メートル以上の風速だった。そのとき突然トルスティンの寝袋が波にさらわれた。そして次の二、三秒間に起こったことは、それを話すのにかかる時間よりもずっと短い時間しかかからなかった。

ヘルマンは流れて行く袋を捕まえようとして、思わず足を踏み出して海の中に落ちた。われわれは波の音の間にかすかな救いを求める声を耳にした。ヘルマンの頭と振っている片腕、それから何かはっきりしない緑色をしたものが彼の近くの水の中にくるくるまわっているのが見えた。彼は、左舷から自分を拉し去った荒浪の中を通って筏に帰ろうとして命がけで闘っているのだった。ともで舵オールを握っていたトルスティンと、へさきにいたわたし自身が、彼を認めた最初の二人だった。二人は恐怖のため、からだが冷たくなった。そして声をかぎりに「人が落ちたぞ！」と叫びながら、一番近くの救命具のところへつっ走った。他の者は、海の騒音のためにヘルマンの叫び声をぜんぜん聞いていなかった。しかしまたたく間に甲板の上は活気づいて大騒ぎとなった。ヘルマンはすばらしく水泳がうまかった。そこで、われわれはすぐ彼の生命が危険にさらされていることを感じたけれども、手遅れにならないうちに、何とかして筏の舷側まで泳ぎ帰るだろうというのぞみも十分持っていた。

一番近くにいたトルスティンが、救命ボートに使う索が巻きつけてあった竹の巻き胴をつかんだ。これが手の届くところにあったからだ。この索がつかみ上げられたのは、全航海を通じてそのときだけだった。すべて二、三秒間の出来事だった。ヘルマンはいまや筏のともと並ぶところにいたが、二、三メートル離れていた。そして最後の望みは、舵オールの扁平部に泳ぎついて、そいつにつかまることだった。丸太の端をとりにがすと、彼は手をのばしてオールの扁平部をつかもうとした。が、それはすべり抜けてしまった。そして彼がいま流れている海中——それはいままでの経験で、何物であれ取り返すことのできないことがわかっているところだった。ベングトとわたしがボートを下ろしている間に、クヌートとエリックが救命帯を投げた。それは長い索をつけ、小屋の屋根の角にぶら下げていつでも使えるようになっていたが、きょうは、風があまりに強かったので、救命帯を投げてやってもただ筏へ吹き戻されて来るだけだった。二、三回投げて失敗したとき、ヘルマンはすでに舵オールのずっとうしろにながされ、筏におくれまいと必死に泳いでいたが、突風が吹きつけるごとに距離が開いていった。それからはヘルマンと筏の開きはどんどん増すばかりだということを彼は知っていた。しかし彼はかすかなのぞみをボートにかけていた。それをわれわれはいま水の中へ入れたところだった。ブレーキとして働く索がなければ、ゴムの舟を泳いでいるヘルマンのところへおしやることはできるかもしれなかったが、ゴムの舟がコン・ティキ号まで帰って来られるかどうかは別問題だった。とはいうものの、ゴム・ボートの中の三人はいくらかのぞみがあるのに、海の中の一人は何ものぞみがなかったのだ。

　すると突然クヌートがいきなり踏み切って、頭から先に海に飛びこむのが見えた。彼は片手に救命帯を持って、必死に波をわけていた。ヘルマンの頭が波の上にあらわれたときはいつも、クヌートは波間にかくれ、クヌートが押し上がったときはヘルマンがそこに見えなかった。しかしやがて二人の頭が同時に見えた。二人はたがいに泳ぎよって、救命帯にすがりついた。クヌートが腕を振った。そしてゴム・ボートはその間に筏の上に引っ張り上げられていたので、四人全部で救命帯の索を握って、泳ぐ二人のすぐうしろに見える大きな黒い何物かに不安の目を据えながら、ここを先途《せんど》と引っ張った。水の中のこの不思議な動物は、大きな緑色がかった黒い三角形を波がしらの上に突き出していた。それは、クヌートがヘルマンのほうに進んで行ったときに、クヌートにショックを与えそうになった。その三角形がサメでもなければ、また海の怪物でもないということは、そのときヘルマンだけが知っていた。それは空気をはらんだトルステインの防水寝袋の一方の端だった。しかし、寝袋は、四人が二人を筏の上へ無事安全に引っ張り上げたあと、そう長くは浮かんでいなかった。寝袋を海の底のほうへ引きずりこんだものが何であったにせよ、その奴はもうすこしのことで、もっとおいしい獲物をとらえることができたはずだったのだ。

「あの中にいなくてよかった」とトルステインは言った。そしてほうり出していった舵オールを握った。

しかし、その晩は、その他に陽気な警句がたくさん言われたわけではなかった。われわれはみんな、その後長いこと、寒気《さむけ》が神経と骨の中を走るのを感じた。しかしその冷たい震えは、やはりわれわれは六人とも筏の上にいるのだという温い感謝と混り合っていた。

われわれはその日クヌートをさんざん賞めたたえた。ヘルマンもそうだったが、その他の者もいっしょだった。

しかし、もう起こってしまったことを考えている時間はそうなかった。というのは、空が頭の上で黒くなっていくにつれて、突風が力を増し、夜が来る前に新しい嵐が襲いかかって来たからであった。ついにわれわれは、救命帯を長い索につけて筏のうしろにぶら下げた。だから、万一われわれの一人がはやての中でまた海の中へ落ちたときには、舵オールのうしろに泳ぎ寄る物ができたわけだった。それから、夜のとばりが降りて筏と海を隠すにつれて、あたりは真暗になってきた。そして暗闇の中を大きく上下にはずみながら、われわれはただ、強風が帆柱と曳綱の中で吹きすさんでいるのを聞いたり感じたりするだけだった。一方突風は破壊的な力でふわふわする竹小屋を圧した。そしてそれが海の中へ飛ぶのではないかと思ったほどだった。しかし小屋は帆布でおおわれて、支え綱でよく定着してあった。そしてわれわれはコン・ティキ号が泡立つ波とともに上下するのを感じた。一方丸太は波の動きとともに楽器のキーのように上下に動いた。滝のような水が床の広い隙間からほとばしり出はせず、隙間はただ湿った空気が勢いよく上下する規則正しいふいごとして働くだけだということには、われわれはいつも同じようにびっくりした。

まる五日の間、天候は完全に暴風になったり軽い強風に変わったりした。海は掘り返されて広い谷となり、その谷は泡立つ灰青色の波から出る煙霧でいっぱいだった。そしてその波は風の襲撃の下でその背を長く平らに圧し延ばされているようだった。それから五日目に、天が裂けて青空がちょっと顔を出した。そして意地の悪い黒い雲のおおいは、暴風がすぎ行くにつれて、いつも最後には勝利を収める青空に席を譲った。われわれは、舵オールを折られ帆を裂かれて、強風の中を切り抜けたのだ。そして垂下竜骨はだらりとぶら下がって丸太の間でかなてこのようにばんばんぶつかっていた。水の下でそれを締め上げていた綱が全部擦り切れてしまったからだった。しかしわれわれ自身と荷物は完全に無疵だった。

二つの暴風の後で、コン・ティキ号はつなぎ目がうんと弱くなった。けわしい波の山の背を乗りこえるために無理をしたので、全部の綱がのびきり、絶え間なく動いている丸太のために綱がバルサの木の中に食いこんだ。われわれはインカ族のやり方に従ってワイヤ・ロープを使わなかったことを神に感謝した。ワイヤ・ロープを使っていれば、強風の中で筏全体を簡単に挽《ひ》き切って、マッチ棒みたいにしてしまったことだろう。また、出発のときからからに乾燥したよく浮かぶバルサを使っていたら、筏は海水を満喫してとうの昔に海の中へ沈んでしまっていたことだろう。飽和の働きをして、水が気孔の多いバルサの木の中へ浸透するのを防いだのは、切り立ての丸太の中の樹液だったのだ。しかしいまや綱は非常にゆるくなってしまったので、二本の丸太の間へ足を滑り落とすと危険だった。そんなことになろうものなら、ガシャンと丸太がぶつかったとき足はひとたまりもなく押しつぶされるにきまっていた。へさきとともには竹の甲板はなかったから、両足を同時に大きく広げて二本の丸太の上に立つときは膝を曲げないわけにいかなかった。ともの丸太はぬれた海草のためにバナナの葉のように滑りやすく、しょっちゅう歩くところには緑色の海草の中にきまった道をつくり、舵とり当番が立つためには広い厚板をおいておいたのだけれども、波が筏にうちつけるときに足場をしっかりさせることは生やさしい仕事ではなかった。そして左舷では、九本の巨大な丸太の一本が夜といわず昼といわず、にぶい、しめった音を立てながら横丸太にぶつかっていた。それからまた二本の傾いたマストを一つに合わせている綱も、きしりだして新しい心配の種になった。それは、帆柱の足場が二本の違った丸太の上に乗っていたので、おたがいに勝手に動いたからであった。

　われわれは舵オールを、鉄のように硬いマングローヴの長い副木《そえぎ》をつけて、継ぎ木してしばりつけた。エリックとベングトが帆縫手となり、コン・ティキはまもなくもう一度頭を上げて、ポリネシアのほうに胸をかたく脹《ふく》らました。うしろでは、舵オールが、上天気で静穏になった波の中で躍っていた。しかし垂下竜骨は二度とふたたびもとどおりにはならなかった。それらは水の圧力にたいして全力を挙げてぶつからなかった。駄目になって筏の下にゆるく張索なしでぶら下がっていたからである。下側の綱を点検しても無駄だった。すっかり海草におおわれていたからだ。竹の甲板を全部持ち上げると、主な綱のうち、たった三本だけが切れていることがわかった。荷物のために歪められ圧しつけられて、そのためにすり切れてしまったのだった。丸太が非常な重さの水を吸いこんでいることは明らかだったが、荷物は軽くなっていた。だからこれは大ざっぱに言って差し引きとんとんだった。食料品と飲料水は大部分すでに使いつくされていた。無電技師たちの乾電池も同様だった。

とは言うものの、最後の暴風の後では、前方の島々からわれわれを隔てている短い距離の間、筏は沈みもせずバラバラにもならないはずだということは十分明らかだった。いまやまったく別の問題が前面に出て来た——航海はどのようにして終わるのだろうか、ということだった。

コン・ティキ号は、その漂流を止める硬い岩か他の何か動かない物にへさきをぶっつけるまで、頑固に西のほうへと進みつづけるであろう。前方にある無数のポリネシアの島々のうちの一つに全員が安全無事に上陸するまでは、航海は終わらないのだ。

最後の暴風の中を通って来たとき、どこで筏が往生するのかきわめて不確かだった。われわれはマルケサス群島とツアモツ群島から等しい距離のところにいた。つまり、二つの島の群れのどっちも一瞥することなしに、そのまんなかをまったく容易に通り抜けられる位置にあったのである。マルケサス群島の中で一番近い島は三〇〇海里北西にあった。そしてツアモツ群島の中で一番近い島は三〇〇海里南西にあった。風と海流は不確かで、だいたいの方向は西のほうに、二つの群島の間の広い大洋のほうに向いていた。

北西に当たって一番近くにある島は、ほかならぬファツ・ヒヴァだった。わたしが浜辺の杭の上に立てた小屋に住み、祖先の英雄ティキについての老人のいきいきとした話を聞いた、小さな、ジャングルにおおわれた山の多い島である。もしコン・ティキ号があの同じ浜に向かえば、わたしはたくさんの知り合いに会うことだろうが、老人その人に会うことはほとんどあるまい。彼は本当のティキに再会するという希望に胸をふくらませて、とうの昔に旅立ってしまったに違いない。もし筏がこういったマルケサス群島の山脈のほうに頭を向ければ、この群島の数少ない島々は遠く離れている。そして海はそそり立つ断崖に遮るものもなく轟々とぶつかっているので、われわれは数少ない谷の入口を求めて舵をとりながら、目を見張っていなければならないだろう。谷のおしまいはいつも細長い浜になっているのである。

もし、反対に、ツアモツ群島の珊瑚礁のほうに頭を向ければ、そこには数多くの島がたがいにくっつき合って、広い海面をおおっている。しかしこの島々の群れはまた、低いあるいは危険な群島として知られている。それは、全体がまったく珊瑚虫からつくり上げられていて、油断のならない暗礁と海面上にたった二ないし三メートルしか出ていない椰子におおわれた環礁からできているからである。危険な環状の暗礁が一つ一つの環礁のまわりに、守るように坐りこんでいて、その海域一帯の海上交通にたいして一つの脅威になっている。しかし、たとえ珊瑚虫がツアモツ群島をつくり、マルケサス群島が死火山の残りであるとしても、どっちの群島にも同じポリネシア人種が住んでいて、どっちの王族もティキを原初の祖先と見なしているのだ。

早くも七月三日、まだポリネシアから一〇〇〇海里のところにいたとき、造化の神がおんみずから、昔ペルーからきた原始的な筏乗りにお告げになることができたように、海のまんなかのどこか先のほうに本当に陸があるということを、われわれにお告げになることができたのであった。ペルーの海岸からたっぷり一〇〇〇海里も来るまでの間、軍艦鳥の小さな群れを認めた。それらは約西経一〇〇度で姿を消し、その後はただ、海の上に家を持っている小さなウミツバメが見えただけだった。しかし七月三日に軍艦鳥がまた姿を現わした。西経一二五度だった。そしてこれからはずっと、軍艦鳥の小さな群れがしばしば見られることだろう。空高く見られることもあり、波がしらの上に急降下しているこどもあろう。波がしらの上でそれらはシイラから逃げるために空中に飛び立ったトビウオをつまみ上げるのだった。こういった鳥はうしろのアメリカからやって来たものではなかったから、前方のもう一つの国に家を持っているにちがいなかった。

七月一六日に、造化の神はさらにもっと明らかに本性をあらわしたもうた。その日われわれは三メートルのサメを引っ張り上げたが、こいつは胃の中から、この大洋のまんなかにある、ある海岸から最近持ってきた消化されていない大きなヒトデを吐きもどしたのであった。

そしてそのすぐ翌日、ポリネシアの島々から直接に、最初のハッキリした訪問を受けた。

二羽の大きなカツオドリが西のほうの水平線の上にポツンと現われて、すぐあとで、低く飛びながら、帆柱の上にやって来たときは、筏の上のすばらしい瞬間だった。翼の幅が一メートル半もあるその鳥たちは、われわれのまわりを何回も旋回した。それから翼をたたんでわれわれの横の海の上に落ち着いた。シイラがその点にすぐさま突進して行って、泳いでいる大きな鳥のまわりを物珍しそうにくねくねした。しかしどっちのほうも、相手に触らなかった。この鳥たちは、ポリネシアによくいらっしゃいましたと言いに来た最初の生きたお使いだった。彼らは夕方になっても帰らずに、海の上で眠った。そして真夜中すぎに、まだ、しわがれた叫び声を挙げながら帆柱のまわりを環を描いて飛んでいるのが聞こえた。

筏の上にくるトビウオはその頃では別のもっとずっと大きな種類のものであった。わたしはファツ・ヒヴァの海岸にそって原住民たちといっしょに釣りの旅をやったことがあるので、それと知ったのである。

三日三晩、まっすぐファツ・ヒヴァのほうに向かったが、それから強い北東の風が吹いて来て、われわれをツアモツ環礁の方向に吹き送った。その頃ではもう本当の南赤道海流から外へ吹き流されてしまっていて、大洋の海流はもうどう流れているのかあてにならなくなっていた。ある日その海流があったかと思うと、次の日はもうなくなっていた。海流は海の上至るところに支流を出している見えない川のように流れることができるのだった。海流が急なときにはふつう波がたくさんあった。そして水の温度はふつう一度下がった。海流の方向と強度は、エリックの計算した位置と彼の測定した位置の間の違いによって毎日示された。

ポリネシアの玄関で、風は「パス」と言って、われわれを海流の弱い支流に渡した。それは、驚いたことには、南極の方向に流れていた。風がまったく静かになるということはなかった――航海を通じてそんなことを経験したことは一度もなかった――そして風が弱いときには、どんな小さな風も集めるために、われわれは持っているぼろ切れを全部掲げた。アメリカのほうに後退した日は一日もなかった。そして二四時間に進んだ一番少ない距離は九海里だった。また、航海を全体として見た場合、平均の速度は二四時間に四二・五海里だった。

貿易風は、けっきょく、最後の最後というときにわれわれを失望させようという気持は持っていなかった。それはふたたび吹き始め、世界の新奇な部分にはいる準備をしているガタガタの船を押しに押した。

すぎて行く毎日とともに、海鳥のだんだん大きな群れがやってきて、四方八方に目的もなくわれわれの上を旋回した。ある晩、太陽が海の中に沈もうとしているとき、鳥が激しい刺激を受けるのをハッキリと認めた。彼らはわれわれや下のトビウオには目もくれずに、西の方向へ飛び去っていった。そして、檣頭から、彼らが来たときと同じように、まったく同じコースの上をまっすぐに飛んで行くのを見ることができた。高いところから、何かわれわれの見えない物が見えたのであろう。あるいは本能によって飛んでいたのであろう。とにかく、彼らは計画を持って、一番近い島、自分の巣に向かって、まっすぐ飛び帰っているのであった。

われわれは舵オールを曲げて、鳥が消えて行った方向にカッキリ進路を定めた。暗くなってからも、われわれがいまたどっているのとまったく同じコースの上を、星空に姿をうつしながら、頭上を飛んで行く落伍者たちの叫び声が聞こえた。それはすばらしい夜だった。月は満月に近かったが、これはコン・ティキ号の航海を通じて三度目のことであった。

翌日は、もっとたくさんの鳥が頭上にいた。しかし彼らが夕方ふたたび道を教えてくれるのを待つ必要はなかった。こんどは水平線の上に奇妙な静止している雲を見つけた。今までの雲は南のほうから上がって来て、貿易風に送られながら丸い天空を横ぎって、西の水平線上に姿を消す小さな羽毛のようなちぎれ雲ばかりだった、わたしはかつてファツ・ヒヴァでそのような流れて行く貿易風雲を知るようになり、われわれは昼夜コン・ティキ号の上でそのような雲を見てきた。しかし、南東の水平線の上に一つだけ浮かんでいる雲は、動かなかった。貿易風雲がそばを流れて行くのにそれは動かない煙の柱のようにただ上がったきりだった。クムルニムブス（積乱雲）というのがそのような雲にたいするラテン名である。ポリネシア人たちはこれは知らなかったが、そのような雲の下には陸地があるということは知っていた。というのは、熱帯の太陽が熱い砂を焼くと、暖かい空気の流れがつくられ、それが上に上って、中に含んでいる水蒸気をもっと冷たい空気の層の中で凝結させるからである。

日が沈んで雲が見えなくなるまで、雲によって舵をとった。風は定まっていた。そして、舵オールをしっかりしばりつけておけば、コン・ティキ号はひとりでに同じ進路を進みつづけた。それは天気のいいときによくやったことであった。舵とり当番の仕事は、そのときは、擦り減って光っている檣頭の厚板にできるだけ長く腰かけて、何か陸を示すものがないかと見張りをつづけることであった。

その晩は夜どおし、頭上に耳を聾するような鳥の叫び声があった。そして月は満月に近かった。

第七章　南海の島々へ

七月三〇日の前夜、コン・ティキ号のまわりには新しい奇妙な雰囲気があった。たぶんそれは何か新しいことが起こりつつあることを示す頭上の海鳥の耳を聾する叫び声だったのだろう。さまざまな声の鳥の叫び声は、生命のない綱の死んだギーギーいう音の後では、あまりにも熱狂的であまりにも地上的だった。この三カ月間海の騒音より大きく聞こえていたのは、生命のない綱の死んだギーギーいう音だけだった。そして、櫓頭の見張りの上をまわる月は、いままでよりも大きく丸く見えた。われわれの空想の中で、それは椰子の梢と温かい血のかよったロマンスを映していた。海のまんなかの冷たい魚の上では、そのように黄色い光では輝かなかった。

六時にベングトが櫓頭から下りてきて、ヘルマンを起こして寝た。ヘルマンがギーギー軋《きし》りながら揺れている帆柱をよじ上ったとき、夜が明けはじめていた。一〇分後に彼はまた縄梯子を下りてきて、わたしの足をゆすぶった。

「おもてへ出てあなたの島を見るんだ！」

彼の顔は輝いていた。わたしは跳び起きた。ベングトが続いた。彼はまだよく眠っていなかったのだ。くびすを接して上れるだけ高く上り、帆柱が交差しているところで押しあった。たくさんの鳥がまわりにいた。そして空をおおうかすかな菫青《きんせい》色のヴェールが、去りゆく夜の最後の名残りのように、海に映っていた。しかしずっと東のほうの水平線いっぱいに、赤い輝きが広がりはじめていた。そしてはるか南東にあたって、しだいに一つのかすかな影にたいする血のように赤い背景を形づくっていった。その影は、青い鉛筆の線のように海の端にそって短くひかれていた。

陸だ！　島だ！　われわれはそれをむさぼるように見つめ、ほかの連中を起こすと、彼らも目をこすりながら、まろび出て、まるでへさきが浜辺に乗り上げようとしていると思ったかのように、四方八方を見まわした。ギャーギャーいう海鳥は遠い島の方向に空を横切って橋を形づくっていた。日の出が近づき、夜がいっぱいに明け放たれるにつれて、赤い背景が広がって金色に変わっていき、それにつれて島が水平線を背景にだんだんハッキリと見えてきた。

われわれの最初の考えは、島があるべきところにないということだった。そして島は流れることができないから、筏が夜の間に北方の海流に捕えられたにちがいなかった。だが海の上を一瞥しただけで、波の方向から、闇の中で機会を逸してしまったということがすぐにわかった。いまのところからでは、もう風に筏を押してもらって島のほうへ進むことはできなかった。ツアモツ群島のまわりの海域には、陸にぶつかって四方八方に曲がる強い局部的な海流がいっぱいあって、その多くは、暗礁と礁湖《ラグーン》を越えて出たりはいったりする強力な潮流に会うと、方向を変えるのであった。

われわれは舵オールを下ろした。しかしそれが役に立たないことはよくわかっていた。六時三〇分に太陽が海から昇って、熱帯の常としてまっすぐに上って行った。島はものの二、三海里かなたに横たわって、水平線にそってはうきわめて低い一片の森のような外観を呈していた。木々は明るい色をした狭い浜のうしろに密生していた。浜辺はあまり低かったので、規則正しい間隔で波のうしろに隠れた。エリックの測定によると、これはプカ・プカ島、ツアモツ群島最前線の前哨だという。「太平洋諸島への航路一九四〇年」、二つの異なった海図、そしてエリックの観測はこの島にたいして全部で四つの違った位置を与えていた。しかしあの付近一帯には他の島がなかったから、われわれの見た島がプカ・プカ島であることに疑いはありえなかった。

突拍子もない叫び声は筏の上では聞かれなかった。帆が調節され、オールが下ろされたあとで、われわれは檣頭にかたまって黙りこくっていたり、果てしない洋々たる海のまんなかに突然現われた陸のほうを凝視しながら甲板に立っていたりした。とうとうわれわれは、このまる三カ月間実際に前進していたのであって、永久に同じ水平線の円内をただぐるぐるまわりしていたのではなかったことを証明するはっきりした証拠を見たのだ。われわれには、まるでその島が動くことができて、われわれがその中心に永遠の住処を持っている青い空漠たる海の円の中に、突然はいって来たように見えるのだった。まるでその島が、東のほうの水平線に向かって、われわれ自身の領域を横切ってゆっくりと流れて行くように見えるのだった。われわれはみな、実際にポリネシアに着いたのだという暖かい、静かな満足感でいっぱいだった。その満足感は、海の上を西へ西へと果てしなく漂いながら、そこに島が蜃気楼《しんきろう》のように横たわっているのを手をつかねて見ていなければならないという、瞬間のかすかな失望と混じり合っていた。

日の出のすぐあとで、煙の濃い黒い柱が島のまんなかから左の木のいただきの上に上がった。われわれはそれを目で追って、原住民たちが起きて朝食をつくっているのだと考えた。原住民の望楼《ものみ》がわれわれを見て、上陸するようにと煙の合図を上げているのだということは、そのとき考えつかなかった。七時頃、焼けたボラオの木のかすかな匂いを嗅いだ。それはわれわれの塩っぽい鼻腔《びこう》をくすぐった。それはわたしの中に、ファツ・ヒヴァの浜辺の火の眠っていた記憶をただちに喚《よ》び起こした。三〇分後に、新しく切られた木と森の匂いをとらえた。島はもう小さくなりはじめて、とものほうに横たわっていたので、それからそよそよする微風を受けていたのだ。一五分の間、ヘルマンとわたしは檣頭にしがみついて、葉っぱの暖かい匂いと青葉の媚薬《びやく》を鼻腔に吸いこんだ。これがポリネシアだった——波間の塩っぽい九三日の後の乾いた陸の美しい、濃い匂い。ベングトはもうまた寝袋の中でいびきをかいていた。エリックとトルステインは小屋の中にあおむけになって瞑想《めいそう》にふけっていた。そしてクヌートは走って出たりはいったりして、葉っぱの匂いを嗅ぎ、日記に書き入れていた。

八時半、プカ・プカ島はとものほうの海の中に沈んだ。しかし、檣頭によじ上れば、ずっと一一時まで、東の水平線の上にかすかな青い筋があるのを見ることができた。それから、それもまた行ってしまった。そして空に上がってじっと動かずにいる、高い積乱雲だけが、プカ・プカ島の所在を示していた。鳥たちの姿が見えなくなった。彼らは島々の風上にいることを好んだ。そうすれば、夕方満腹して家に帰るときに、風に乗って飛ぶことができる。シイラもまた目に見えて少なくなった。そしてブリモドキがたった二、三匹、また筏の下に現われた。

その夜、ベングトはテーブルと椅子が欲しいと言った。寝て、仰向けになったりうつぶせになったりしながら本を読むのはもう飽き飽きしたからだった。それ以外は、彼はわれわれが上陸しそこなったことを喜んでいた。まだ読まない本が三冊残っていたからだった。トルステインは突然林檎《りんご》を食べたがった。そしてわたし自身は、テキと玉葱《たまねぎ》のおいしい匂いをハッキリと嗅いで夜中に目を覚ました。しかしそれは汚れたシャツにすぎないことがわかった。

そのすぐ翌朝、水平線の下の二つの機関車から出ている蒸気のように、二つの雲が立ちのぼっているのを認めた。海図は、雲ののぼってきた珊瑚島の名前はファンガヒナとアンガタウであるということを教えてくれた。アンガタウの上の雲は、風の具合からいって、もってこいの場所にあったので、それに向かって進路を定め、オールをしっかりしばりつけて、太平洋の驚くべき平和と自由を楽しんだ。コン・ティキ号の竹の甲板の上の晴れた日の生活はあまりにも美しかったので、われわれを待つものが何であるにせよ、今度こそまもなく旅は終わるにちがいないと確信しながら、あらゆる印象を呑みこんだのだった。

三日三晩、アンガタウの上の雲によって舵をとった。天気は上々だった。オールだけが進路を保っていた。そして海流はいたずらをしなかった。四日目の朝、四時から六時の当番の後で、トルステインがヘルマンと交代した。そしてヘルマンは、月光の中に低い島の輪郭を見たと思うと言った。すぐあとで太陽が昇ったとき、トルステインが小屋の入口から頭を突っこんで叫んだ。

「前方に陸地！」

みんな甲板に跳び出した。そして旗という旗をかかげた。まず、ともにノルウェーの旗を、それから、フランスの植民地に向かっているのだから、檣頭にフランスの旗を。まもなく、筏の集めていた旗が全部、強い貿易風の中にひらめいた――アメリカ、イギリス、ペルー、スウェーデンの旗。それから、探検家クラブの旗。だから、いまやコン・ティキ号が着飾ったのだということは疑いがなかった。島はこんどは理想的な位置にあった。ちょうどわれわれ自身の進路に当たっていた。そしてプカ・プカ島が四日前の日の出に現われたときよりも、すこし遠くにあった。太陽がうしろのほうに空をまっすぐに上ると、島の上のかすみがかかった空高く、はっきりした緑色のチラチラする輝きが見えた。それは島を取り囲んでいる暗礁の内側の静かな緑色の礁湖《ラグーン》の照りかえしだった。低い環礁にとっては、この種の蜃気楼を空中何千メートルもの高さに映し出すものがあり、現実に島が水平線上に見える何日も前から、原始的な航海者に島の位置を知らせるのである。

一〇時頃、われわれは舵オールを自分で引き受けた。いまや島のどの部分に向かって舵をとるか、決定しなければならない。もう、一つ一つの木のいただきを見分けることができ、陽を受けて輝き、うっそうたる葉を背景としてハッキリと見える木の幹の列を見ることができた。

われわれと島の間のどこかに、危険な暗礁があって、何か罪のない島に近づくものがないかと待ち伏せしているということはわかっていた。この暗礁は、東から来る波の深い、奔放なうねりの真下に横たわっていて、水の巨大なかたまりが暗礁の上で釣合いを失うと、天に向かって逆巻き、轟々と泡立ちながら、尖った珊瑚礁の上に落下するのだった。たくさんの船がツアモツ群島の暗礁にぶつかる恐ろしい吸引力にとらえられ、珊瑚にたたきつけられて木端微塵になったのである。

海からは、この恐るべきわなはぜんぜん見えなかった。われわれは波の方向に従って走ったが、波また波の彎曲した輝く背が、島のほうに消えて行くのが見えるだけだった。暗礁も、その上の泡立つ魔女たちの踊りのすべても、行手《ゆくて》の広い波の背の盛り上がる列のうしろに隠されていた。しかし、島の両端にそって、浜の横顔が見えるところに、北も南も、陸から二〇〇～三〇〇メートルのところは、海が空中高く身を投げる、一つの白い沸騰するかたまりであるのが見えた。

島の南のみさきの沖の魔女たちの台所の外側をかすめるように進路をとった。そして、そこに着いたら、そのみさきをまわって風下に行くか、あるいはとにかく、流れ去ってしまわないうちに、間に合わせの錨で漂流を止めて、風が変わってわれわれを島の風下に置くまで待つことができるような浅い場所に触れるまで、環礁にそって舵をとることができればいいがなあと思った。

お昼頃、陸上の植物が、前景の茂った下生《したばえ》の波打つ垣の上に梢をくっつきあわせている若い緑色の椰子の木から成り立っているということを、望遠鏡で見ることができた。その前の浜辺には、たくさんの大きな珊瑚のかたまりが、キラキラする砂の上にまき散らされていた。そのほかには、生命を表わすものは何もなかった。ただ白い鳥が椰子の房の上を飛んでいるだけだった。

二時に、非常に接近してきていたので、島にそって、邪魔をする暗礁のすぐ外側を進みはじめた。だんだん近づくにつれて、暗礁にぶつかる。滔々《とうとう》たる滝のような、砕け波の轟きが聞こえた。そしてまもなく、波の音は右舷から二〇〇～三〇〇メートル離れたところをわれわれと平行して走る終わりのない急行列車のように聞こえた。こんどもまた、われわれのすぐ内側の、「列車」が轟々と走っているところに、捲《ま》きながら砕ける波の背のうしろに、ときどき空中高く投げ上げられる白いしぶきを見ることができた。

二人一度に立って、舵オールをまわした。その人たちは竹小屋のうしろにいたので、前はぜんぜん見えなかった。エリックは航海長として台所の箱の上に立って、重い舵オールを握っている二人に指図を与えた。われわれの計画は、危険な暗礁に近寄っても大丈夫なだけ近くいつづけることだった。筏を滑りこませようとすることのできる、間隙《かんげき》か、開いたところが暗礁の中にないものかと、檣頭から絶え間ない見張りを続けた。海流はいまわれわれを暗礁にそって端から端まで流し、すこしもいたずらをしなかった。垂下竜骨がゆるんでいたために、風にたいして左右とも約二〇度の角度で舵をとることができた。そして風は暗礁にそって吹いていた。

エリックがジグザグ・コースを指図し、吸引力を考慮してへまをやらない限度で暗礁に近く彎曲して進んでいるとき、ヘルマンとわたしは綱の端につないだゴム・ボートに乗って乗り出した。筏が内側ひらきのときは、われわれは綱につながれて筏の後でまわり、とどろく暗礁に非常に近寄ったので、われわれからうねり去って行くもえぎ色の壁を一瞥し、波が自分自身を吸いもどすときには、錆《さ》びた鉄鉱石の破れ果てたバリケードに似ている、裸の暗礁が姿を現わすさまが見えるほどだった。海岸にそって見ることのできたかぎりでは、間隙や通路はなかった。そこでエリックは左舷の帆脚索を締めて右舷の帆脚索を緩めることによって帆を調節し、舵とりたちは舵オールでそれに従った。だからコン・ティキ号は、次に内側にはいるまでに、鼻をふたたび外に向けて、危険地帯から転がり出るのだった。

コン・ティキ号が暗礁に向かってはいり、またまわって出るたびに、ボートに乗って引かれているわれわれ二人はびっくりした。というのは、いつもあんまり中へはいったので、波の打つ音が高く猛烈になるにつれて、神経にさわるようになるのを感じたからだった。そしていつもわれわれは、こんどはエリックが行きすぎた、こんどは悪魔のような赤い暗礁のほうにわれわれを引っ張りこむ砕け波からふたたびコン・ティキ号を外に出すのぞみはない、と観念した。しかしいつもエリックは敏捷な操作で暗礁を離れ、コン・ティキ号はふたたび外海の中に、吸引力の把握のずっと外に、安全に走り出した。そして始終われわれは島にそって滑って行った。あまり近かったので、岸辺のどんな細かいものまでも見えたが、間に横たわっている泡立つ濠《ほり》のために、そこにあるこの世ならぬ美しさはわれわれにとって高嶺《たかね》の花なのだった。

三時頃、海岸の椰子のしげみが開いて、広い隙間から紺碧《こんぺき》の鏡のような礁湖《ラグーン》がはっきりと見えた。しかし周囲の暗礁はあいかわらず蟻の通る隙間もなく、泡の中でその血のように赤い歯を不吉に歯ぎしりしていた。通路はなく、椰子のしげみは、われわれが風を背に受けて島にそってのろのろ進んで行くにしたがって、また閉じた。後になって椰子のしげみはだんだんまばらになっていって、珊瑚礁の内部を見せてくれた。これは、ちょうど静まりかえった大きな山の湖に似た、この上なく美しく、この上なく輝かしい塩水の礁湖《ラグーン》からできていて、礁湖《ラグーン》のまわりには椰子の木が揺れ、海水浴に適した海岸の砂が白く光っていた。魅惑的な緑の椰子の島自体が、やさしい礁湖《ラグーン》のまわりに広い、やわらかな砂の環を形づくっていた。そして第二の環が島全体のまわりを走っていた——天国の門を守る赤さびの剣だった。

一日中、アンガタウにそってジグザグに進んだ。そしてその美しさは至近の距離に、小屋の入口のすぐ外にあった。太陽が椰子という椰子に照りつけ、内側の島の上ではすべてが極楽で喜びだった。操縦がだんだん当たり前のことになってくるにしたがって、エリックはギターを取り出し、巨大なポリネシアの日除《ひよ》け帽をかぶって甲板に立ち、感傷的な南海の歌を弾いたり歌ったりした。一方ベングトは筏の縁ですばらしいご馳走を供した。われわれはペルーから持ってきた古い椰子の実をあけて、暗礁の内側の木にぶら下っている若い新鮮な実のために乾杯した。あらゆる雰囲気――根深く立ってわれわれに向かって輝いているキラキラする緑の椰子のしげみの上の平和、椰子の梢のまわりを飛ぶ白い鳥の上の平和、鏡のような礁湖《ラグーン》とやわらかな砂浜の上の平和、そして赤い暗礁の邪悪さ、空中の大砲の音と太鼓の響き――すべてが海からやって来たわれわれ六人の上に圧倒的な印象を与えた。われわれの記憶からけっしてぬぐい去ることのできない印象だった。いまやわれわれが向こう側に着いたことは疑いなかった。これ以上正真正銘の南海の島を見ることはできないだろう。上陸するにせよしないにせよ、とにかくわれわれはポリネシアに着いたのだ。海の広がりは永久にわれわれのうしろに横たわっているのだ。

アンガタウ沖のこの記念すべき日は、偶然筏の上の九七日目だった。まったく不思議なことだが、われわれがニューヨークで、理論的に理想的な条件で、ポリネシアのもっとも近い島々に到着できるぎりぎり最短の時間として見積もったのは、九七日だった。

五時頃、岸辺の木の間に横たわっている二軒の椰子でふいた小屋を通りすぎた。煙もなく、生命のしるしもなかった。

五時半、ふたたび暗礁に向かって進んだ。われわれは島の西端に近づいていた。そして通路を見つけようとして、これを最後と見回さなければならなかった。太陽はもう非常に低かったので、前のほうを見ると目がくらんだ。しかし、波が島の最後の点から二〇〇～三〇〇メートル向こうの暗礁に砕けるところで、空中に小さな虹が見えた。島はいまや前方に影絵のように横たわっていた。そして内側の浜に、われわれは一かたまりの動かない黒い点を発見した。突然その一つがゆっくりと水のほうに下りてきた。一方残りのいくつかは全速力で森の縁に走り上がった。それは人間だったのだ！　われわれはできるだけ近く暗礁にそって舵をとった。風はまったく止んでいた。だからわれわれは島の風下にはいるところだと感じた。そのとき一艘のカヌーが下ろされるのが見えた。そして二人の男が跳び乗って、暗礁の向こう側に漕ぎ出した。はるか南で彼らはボートの頭を出した。そしてカヌーが暗礁の中の通路を矢のように通り抜けるときに、波によって空中高く持ち上げられて、われわれのほうに向かってまっすぐにやって来るのが見えた。

それでは、暗礁の中の入口はそこにあったのだ。そこにわれわれの唯一の希望があった。こんどもまた、村全体が椰子の幹の間に横たわっているのを見ることができた。しかし影はもう長くなりつつあった。

カヌーの二人は手を振った。われわれは熱心に振り返した。彼らは速力を増した。それはポリネシアの艇外浮材《アウトリガー》のついたカヌーだった。肌衣を着た二人の褐色の人影が、前を向きながら、漕いでいた。こんどは言葉が通じないという新しい問題があるだろう。筏の上の人たちの中ではわたし一人が、ファツ・ヒヴァの滞在から、マルケサス語を二つ三つ憶《おぼ》えていた。しかしポリネシア語は憶えているのに難しい言葉である。われわれの北の国々では使うことがないからだ。

だから、カヌーが筏の横にぶつかって二人の男が筏の上に跳び上がって来たときに、われわれはいくらかホッとした。というのは、彼らの一人が顔中をニッと笑わせて褐色の手をさし出し、英語で叫んだからだった。

「グッド・ナイト（おやすみなさい）！」

「グッド・ナイト」とわたしは驚いて答えた。「英語を話すんですか」

その男はまたニッと笑ってうなずいた。

「グッド・ナイト」と彼は言った。「グッド・ナイト」

これが彼の外国語の全語彙だったのだ。そしてそれによってさらにおとなしい友達に断然勝っていた。その友達はただ背景に立って、非常に感心しながら、経験のある友達にニッと笑いかけた。

「アンガタウ？」とわたしは、島を指差しながら、聞いた。

「ハンガタウ」とその男はうなずいてみせた。

エリックは得意そうにうなずいた。彼は正しかったのだ。われわれは、太陽が彼に教えてくれた所にいたのだ。「マイマイ・ヘエ・イウタ」とわたしはやってみた。

ファツ・ヒヴァで得た知識によれば、これはだいたい「上陸したい」という意味のはずだった。

彼らは二人とも暗礁の中の見えない通路を指差した。そしてわれわれはオールを下ろして、一かばちかやってみようとした。

その瞬間、さらに強い突風が島の内部からやってきた。小さな雨雲が礁湖《ラグーン》の上にかぶさっていた。風はわれわれを暗礁から引き離そうとした。そして、コン・ティキ号が暗礁の中の開いたところの口に着くことができるほど広い角度では、舵オールに答えていないということがわかった。われわれは海底を見つけようとした。しかし錨の綱はそれほど長くはなかった。いまやわれわれは櫂に頼らなければならなかった。それも、風がわれわれをしっかり捕まえてしまわないうちに、かなり早くやらなければならなかった。全速力で帆を下ろし、おのおの大きな櫂を取り出した。わたしは二人の原住民に余分の櫂を一本ずつ与えようと思った。彼らは筏の上で与えられた巻煙草《まきたばこ》を味わいながら立っていた。

原住民はただ強く首を横に振って、進路を指し示してわからない顔をした。わたしは、みんな漕がなければならないという合図をした。そして「上陸―し―たい」という言葉を繰り返した。すると、二人のうちの進んだほうがかがんで右手で、空中にエンジンをかける動作をして、言った。「ブルルルルルルルルル――――！」

彼がエンジンをかけさせようとしていることはすこしも疑いなかった。彼らは、珍しく深く荷を積んだ舟の甲板に立っていると思ったのだ。われわれは彼をともに連れて行って、丸太の上に触らせ、プロペラもスクリューもないことを明らかにした。彼らは啞然として、巻煙草を口から放して筏の横に飛んで行った。われわれは、おのおのの外側の丸太の上に四人腰を下ろして、櫂を水の中に深く突っこんだ。時あたかも、太陽がみさきのうしろの海の中にまっすぐに沈んで、島の内部から吹いて来る突風が強くなった。まるでわれわれは一センチも動かないようだった。原住民たちはびっくりした様子で、またカヌーに跳び乗って見えなくなってしまった。暗くなってきた。そしてまたもやわれわれだけになった。そしてまた海に流れ出ないように必死になって漕いだ。

暗闇が島の上に襲いかかると、四艘のカヌーが暗礁のうしろから躍るようにして出て来た。そしてまもなく筏の上には大勢のポリネシア人がいた。みんな握手して巻煙草をもらいたがった。土地の事情に通じているこういった人たちが筏の上にいれば、危険はなかった。彼らはふたたびわれわれを海の中へ、見えない所へ行かせはしないだろう。だからわれわれはその晩上陸しなければならなかった！

全部のカヌーのともから、コン・ティキ号のへさきへ、すばやく綱をしばりつけた。そして四艘の頑丈な艇外浮材《アウトリガー》のついたカヌーが、ちょうどそり犬の一団のように、木の筏の前に扇状に広がった。クヌートはボートに跳び乗って、カヌーの間に挽き犬としての場所を見出した。そしてわれわれ残りの者は、櫂を持って、コン・ティキ号の二本の外側の丸太の上に位置を占めた。そのようにして、はじめて長い間背中にあった東風にたいする闘いがはじまった。

月が昇るまでは、真暗だった。そして強い風があった。陸上では、村の住民たちが粗朶《そだ》を集めてどんどん火を焚《た》き、暗礁を通る通路の方向を教えてくれた。暗礁から聞こえる雷鳴は、暗闇の中で、小止《おや》みなくとどろく滝のようにわれわれを取り巻いていた。そしてはじめ、その音はだんだん大きくなっていった。

前方でカヌーに乗って引いている一団は見ることができなかったが、彼らが士気を鼓舞《こぶ》するポリネシア語の軍歌を声をかぎりに歌っているのは聞こえた。クヌートがいっしょに歌っているのを聞くことができた。ポリネシアの音楽が止むごとに、クヌートの声だけがポリネシアのコーラスの中でノルウェーの民謡を歌っているのが聞こえたからだった。コーラスを完成するために、筏の上にいるわれわれは「トム・ブラウンの赤ん坊の鼻の頭にはにきびがあった」で調子を合わせた。そして白人も褐色人も笑って歌いながら力漕《りきそう》した。

われわれは元気溢るるばかりだった。九七日。ポリネシアに到着。今晩は村でお祭りがあるぞ。原住民たちは歓声を上げて喚《わめ》き叫んだ。アンガタウには一年にたった一度、コプラ・スクーナーが椰子の実の中身を取りに来るときに上陸がある。だから本当に今晩は陸上の火のまわりでお祭りがあるぞ。

しかし怒った風は頑固に吹いた。われわれは手足が全部痛くなるまで頑張った。後退はしなかったが、火はすこしも近くはならなかった。そして暗礁から聞こえる雷鳴は前とまったく同じだった。だんだん歌が止んでいった。みんな静かになった。それが人の漕ぎうる限界でありそれ以上だった。火は動かなかった。われわれが波といっしょに上がったり、下がったりするにつれて、ただ躍り下がったり上がったりするだけだった。三時間すぎて、もう九時だった。だんだんわれわれは後退しはじめた。疲れたのだ。

陸上からもっとたくさんの助けが必要だということを原住民に理解させた。彼らは、陸上にはたくさんの人がいるが、島全体にこの四艘の遠洋航海用のカヌーしか持っていないことを説明した。

　するとクヌートがボートに乗って暗闇から現われた。彼は一つの考えを持っていた。彼はゴム・ボートで漕ぎ入って、原住民をもっと連れて来ることができる。いざというときには、ボートの中には五、六人はかたまって腰かけられる。

　これはあまりにも無鉄砲だった。クヌートは土地の事情に通じていなかった。あの真暗闇の中で、珊瑚礁の中の入口にどうして進んで行くことができよう。そこで彼は、原住民たちのかしらを連れて行くことを提案した。かしらは彼に道を教えることができる。わたしはこの計画もまた安全なものとは思わなかった。というのは、その原住民は不恰好なゴム・ボートを操って狭い危険な通路を通り抜ける経験を持っていなかったからである。しかしわたしは、クヌートに、かしらの状況判断を聞くために、前の暗闇の中で漕いでいるかしらを連れて来てくれと言った。われわれがもうとものほうに流れるのを防ぎえないことは明らかだった。

　クヌートはかしらを見つけるために暗闇の中に消えて行った。しばらく経ってクヌートがかしらを連れて帰って来なかったので、われわれは大声で彼を呼んだ。しかし前方のポリネシア人たちの騒々しいコーラスの他は、なんの返事も受け取らなかった。クヌートは暗闇の中に消えたのだ。その瞬間、われわれは何が起こったのか理解した。雑踏、騒音、混乱の中で、クヌートは指示を誤解してかしらといっしょに陸のほうに漕いで行ったのだ。いくら叫んでも無駄だった。というのは、クヌートがいまいるところでは、ずっと障害にそってとどろく雷鳴によって、その他の音は全部呑みこまれてしまうからだった。

　われわれはすばやくモールス・ランプを摑んだ。そして一人が檣頭によじ上って「帰って来い。帰って来い」と合図した。

しかし誰も帰ってこなかった。

二人行ってしまい、一人檣頭で絶えず合図しているので、とものほうへ流されるのがひどくなっていった。そして残りの者は本当に疲れはじめていた。目印を海の中へ投げこんだ。そしてゆっくり、しかし確実にうしろのほうに動いているのを見た。火が小さくなり、砕け波から来る音がすくなくなった。そして椰子のしげみの風下から出れば出るほど、永遠の東風がわれわれをますますしっかりと捕まえた。われわれはいままたその風を感じた。いま風はほとんど海のまんなかにいたときのようだった。あらゆる希望が去ったことが、だんだんはっきりわかってきた。海の中に流れ出つつあった。しかし漕ぐのを緩めてはならない。クヌートがふたたび無事に筏の上に戻るまでは、全力を挙げて漂流にブレーキをかけなければならないのだ。

五分経った。一〇分。三〇分。火は小さくなった。ときどき、われわれ自身が波の谷の中に滑り落ちると、それは見えなかった。砕け波は遠いつぶやきとなった。そのとき月が昇った。その円盤の輝きを陸上の椰子の梢のうしろに見ることができた。しかし空はかすんでいて、なかば雲におおわれているようだった。

原住民たちがぶつぶつ言って目くばせしはじめるのが聞こえた。突然、カヌーの一つがその綱を海の中へ投げ棄てて見えなくなったことに気がついた。他の三艘のカヌーの男たちは、疲れたり驚いたりでもう自分の全体重を利用して舟を漕ぐことはできなかった。コン・ティキ号は外海に流れ出つづけた。

まもなく三本の残っていた綱が緩んで、三艘のカヌーが筏の横にぶつかった。原住民の一人が筏の上に上がって来て、頭を回して静かに言った。

「イウタ（上陸）」

彼は心配そうに火を見た。それはもう、長い間続けて隠れていて、ただときどき火花のように閃くだけだった。われわれは速やかに流れていた。砕け波は聞こえなかった。ただ海がいつものように吼えているだけだった。そしてコン・ティキ号の上のあらゆる綱がギーギー、うんうん言っていた。

われわれは原住民たちにしきりに巻煙草をすすめた。そしてわたしは、彼らが持って行って、もしクヌートを見つけたら渡してくれるようにと、急いで走り書きの短い手紙を書いた。曰く、

「原住民を二人連れてカヌーに乗り、ボートを引かせてこい。ひとりでボートに乗って帰るな」

われわれは――島民たちが海に出ることをすこしでも妥当と考えるとすれば――親切な島民たちが喜んでカヌーに乗ってクヌートを連れて行こうとするだろうということを当てにした。そしてもしそれを妥当と考えないなら、クヌートが走り去る筏に追いつこうと思ってボートで大洋に乗り出すことは狂気の沙汰であろう。

原住民たちはその紙切れを取り、カヌーに跳びこんで夜の中に消えた。最後に聞こえたものは、暗闇の中の最初の友達が丁寧に叫ぶ甲高い声だった。

「グッド・ナイト」

それより語学のできない人たちからは、感謝のつぶやきがあった。それから、一番近い陸から二〇〇海里のところにいたときと同じように、まったく静かで、外界からの音は何も聞こえなくなった。

われわれ四人が外界のまんなかで、風の圧力をいっぱいに受けながら、櫂でこれ以上何かやろうとすることは無駄だった。しかし檣頭からの光の合図は続けた。もうさすがに「帰って来い」は送らなかった。いまはただ規則的な閃光《せんこう》を送るだけだった。月は、雲の堤がときどき切れるときに、顔を出すだけだった。頭上に垂れ下がっているのは、アンガタウの積乱雲に違いない。

一〇時に、クヌートと再会しようという最後のかすかな望みを棄てた。黙って筏の縁に腰を下ろし、

ビスケットを二、三枚かじった。そして交代で檣頭から合図を閃かした。檣頭は、幅の広いコン・ティキの帆がなくて、ただ裸の突き出しのように見えた。

クヌートがどこにいるかわかるまで、一晩中ランプの合図を続けることに決めた。彼が砕け波にとらえられたとは信じたくなかった。荒波だろうと砕け波だろうと、クヌートはいつも足で立っている。彼は大丈夫生きている。ただ、太平洋のへんぴな島の上でポリネシア人にまじっていることは、あまりにもいまいましい。いまわしいことだ！　あの長い航海の後で、われわれができたことは、遠い南海の島に指呼の間まで近づき、一人上陸させてまた出帆することだけだったのだ。最初のポリネシア人たちが筏の上にやって来るか来ないうちに、彼らはコン・ティキ号の荒々しい、我武者羅《がむしゃら》な西方への突進に捕えられないため、一目散に退散しなければならなかった。ピンチだった。そしてその晩は綱があまりにも恐ろしくギーギー鳴った。眠りたいというようすを見せる者は一人もいなかった。

一〇時半だった。ベングトがゆらゆらする檣頭から交代するために下りてきた。そのとき、みんなギクッとした。ハッキリと声が聞こえたのだ。また聞こえた。ポリネシア人が話しているのだった。われわれは声をかぎりに暗夜の中に叫んだ。彼らは叫び返した。そして――他の者の声にまじって、クヌートの声も聞こえるではないか！　われわれは興奮して気が狂ったようだった。疲れがすっ飛んでしまった。暗雲がすっかり晴れてしまった。アンガタウから流れ去ったとしても、それがなんだ。海の中には他の島々がある。われわれ六人がみんな筏の上に集まった以上、いまや旅行ずきの九本のバルサの丸太は、好きなところへ漂流することができるのだ。

艇外浮材《アウトリガー》のついたカヌーが三艘、暗闇から波に乗って、現われた。そして、クヌートが懐《なつ》かしいコン・ティキ号に跳び移った最初の男だった。六人の褐色の男たちが続いた。説明のための時間はほとんどなかった。原住民たちは贈り物をもらって、島へ帰る危険な旅に出なければならない。光も陸も見えず、星もほとんどなく、焚火《たきび》の光が見えるまで、風と波にさからって進路を見つけなければならなかった。われわれは、食糧、巻煙草、その他の贈り物で十分にお礼した。そして最後のお別れに彼らの一人一人と心から握手した。

彼らはわれわれのために明らかに心配していた。西のほうを指さして、われわれが危険な暗礁に向かっていることを示した。かしらは目に涙を浮かべて、やさしくわたしの顎に接吻《せっぷん》した。わたしは顎ひげのあることを神に感謝した。それから彼らはカヌーにはいこんだ。そしてわれわれ六人の同志は、いっしょにそして六人だけで、筏の上に残された。

われわれは筏をなすに任せて、クヌートの話に耳を傾けた。

実にクヌートは、原住民のかしらといっしょに、ボートで陸に向かったのだ。原住民が自分で、小さなオールを握って暗礁の中の入口に向かって漕いでいた。そのときクヌートは、驚いたことには、コン・ティキ号からの光の合図が帰ってこいと言っているのを見た。彼は漕いでいる男に回れ右をするように合図した。しかし原住民は従うことを拒《こば》んだ。そこでクヌートはオールを自分でつかんだ。しかし原住民は彼の手を引き放した。そして暗礁がまわりに雷のように鳴っているのに、喧嘩《けんか》を始めても仕方がなかった。彼らは暗礁の中の入口を通り抜けて、その内側に出、島自体の硬い珊瑚のかたまりの上に持ち上げられた。原住民の群れがボートをつかんで、岸の上高く引っ張り上げた。そしてクヌートは、チンプンカンプンな言葉でしゃべりつづける原住民の大群に取り囲まれて、椰子の木の下にひとりで立った。褐色の、脚を露出した老若男女が、彼のまわりに群らがって、シャツとズボンの布地に触った。彼ら自身ぼろぼろになった古いヨーロッパ人の服を着ていたが、島の上には白人はいなかった。

クヌートは一番利口そうな奴を二、三人捕まえて、いっしょにボートに乗って行かなければならないという合図をした。すると、大きな太った男がよたよた歩いて来た。クヌートは酋長に違いないと思った。というのは、頭に古い制帽をかぶって、大きな命令的な声で話したからだった。みんな彼のために道を開けた。クヌートは、ノルウェー語と英語の両方で、人間が必要なことと、他の者が流れ去ってしまわないうちに筏に帰らなければならないことを説明した。酋長はにこにこ笑ったが、何も理解しなかった。そしてクヌートは、力いっぱい抵抗したにもかかわらず、叫び立てる全群集によって村へ押して行かれた。そこで彼は、犬と豚と、新鮮な果物を運んでやって来た綺麗な南海の娘たちによって迎えられた。原住民たちがクヌートの滞在をできるだけ快適にしようと思っていることは明らかだった。しかしクヌートは誘惑されてはならなかった。彼は西のほうへ消えて行く筏を悲しく思った。原住民たちの意図は明らかだった。彼らは悪い意味でわれわれとの交わりを求めているのだった。白人の船の上にはいい物がたくさんあるということを知っていたのである。もしクヌートを陸上に引き止めておくことができれば、残りの者と奇妙な舟もまた、たしかにはいってくるだろう。アンガタウのようなへんぴな島に、白人を一人残して行く舟はないだろう。

いくつか奇妙な経験をしたあとで、クヌートは逃げ出してボートに急いだ。男女両性の崇拝者が取り巻いていた。彼の国際語と身振りはもう誤解の余地がなかった。彼らは、彼がその夜奇妙な舟に帰らなければならないし帰りたいということ、舟は非常に急いでいるのですぐ行かなければならないということを了解した。

それから原住民たちは一杯食わせようとした。彼らは、われわれの残りの者がみさきの反対側から上がってくるところだということを合図で示した。クヌートは二、三分間めんくらっていた。しかしそのとき大きな声が下の浜辺から聞こえた。そこでは、女子供がちらちらする火の世話をしていた。三艘のカヌーが帰って来たのだ。そして乗っていた人たちはクヌートに短い手紙を持って来た。彼はピンチに追いこまれた。ここには、ひとりで海に漕ぎ出てはならないという指示があった。そして原住民たちはみな、いっしょに行くのは絶対にいやだと言った。

口角泡を飛ばす喧々《けんけん》たる議論が、あらゆる原住民の間で闘わされた。外に出て筏を見た者は、残りの者を上陸させようと思ってクヌートを引き止めておくことは無益の沙汰であることを百も承知していた。ついにクヌートの国際的なアクセントの約束と威嚇が、彼に従って海に出てコン・ティキ号を追う三艘のカヌーの乗組員を引き出した。そして彼らは、引かれて躍りながら進むボートといっしょに熱帯の夜の海に出た。その間原住民たちは、消えようとする火のそばに、じっと立って、新しい金髪の友達が、来たときと同じようにすばやく消えて行くのを見守っていた。

クヌートとその仲間は、波がカヌーを持ち上げるとき、ずっと海の中の筏からのかすかな光の合図を見ることができた。尖った浮材を両側につけて容易に傾かぬようにしてある細長いポリネシアのカヌーは、ナイフのように水を切って進んだ。しかしクヌートには、コン・ティキ号の太く丸い丸太をふたたび足の下に感じるまでの時間は、無限のように思われたのだった。

「陸上は面白かったかい」とトルステインがうらやましそうに聞いた。

「へへッ、フラ・ガールたちを見せたかったね」とクヌートはからかった。

帆は下ろしオールは筏の中へ入れたままにした。そして六人全部竹小屋の中へはいこんで、アンガタウの浜の丸石のように眠った。

三日間、陸影を見ずに海を流れた。

不吉なタクメ暗礁とラロイア暗礁目がけて、まっすぐに流れていた。この二つの暗礁は、いっしょになって、行手の海を六五キロメートルから八〇キロメートルにわたって塞いでいるのだった。これらの危険な暗礁を完全に避けようとして、その北に向かって、必死の努力をした。そして、ある夜当番があわただしくはいってきてみんなを呼び出すまでは、事がうまくいっているように見えた。

風が変わっていた。われわれはタクメ暗礁のほうにまっすぐ向かっていた。雨が降りはじめていた。そして視野がぜんぜん利《き》かなかった。暗礁は遠いはずがなかった。

夜中に、軍事会議を開いた。それはいまやわれわれの生命を救う問題だった。北側を通り抜けることはもう望みなかった。その代わりに南側を通り抜けようとしてみなければならない。帆を調節し、オールを下ろし、当てにならぬ北風を背後に危険な航行をはじめた。もし東風が、長さ八〇キロの暗礁の全正面を通りすぎる前に戻って来たら、砕け波に巻きこまれて、翻弄《ほんろう》されるだろう。

難破が差し迫った場合になすべきあらゆることについて意見が一致した。どんな犠牲《ぎせい》を払ってもコン・ティキ号の上にとどまっていよう。帆柱には上るまい。腐った果物のように振り落とされてしまうだろう。波が降りかかってきたときには、帆柱の支索にしっかりしがみつこう。ゴム・ボートは甲板にほったらかしておいた。そしてそれに小さな防水した無線送信機、少量の食糧、水の瓶、薬のたくわえをしばりつけた。これは、万一われわれ自身が無事ではあるが空手で暗礁を越えた場合には、独立に陸上に打ち上げられるだろう。筏が暗礁の上にエンコした場合、筏全体を引っ張りこむことができるように、コン・ティキ号のともに、浮子《うき》をつけた長い綱をしばりつけた。そして寝床の中へはいこんで、見張りを雨の中の舵とりに任せた。

北風が吹きつづけているかぎり、水平線の下に待ち伏せしている珊瑚礁の正面にそって、ゆっくりとしかし確実に、南に滑って行った。しかしそれからある午後、風がバッタリやんだ。そして風がまた吹きはじめたとき、それは東に回っていた。エリックの計った位置に従えば、われわれはもうずっと南に来ていたので、いまではラロイア暗礁の一番南のみさきをきれいに通り抜ける望みはいくらかあった。それを回って、その向こうにある他の暗礁に行く前に、安全地帯に潜りこもうとした。

夜が来たとき、海に出てから一〇〇日経ったわけだった。

夜が更《ふ》けてから、わたしは妙に落ちつかない不安な気持で目を覚ました。波の動きには何かいつもと違うものがあった。コン・ティキ号の動き方が、そのような条件のときの普通の状態とはかなり違っていた。われわれは丸太のリズムの変化に敏感になっていた。わたしはすぐ、近づいて来ている海岸からの吸引力を考えた。そして休みなしに甲板に出たり、帆柱に上ったりしていた。見えるのはただ海ばかりだった。しかしわたしは落ち着いて眠れなかった。時が経った。

夜明け方、六時ちょっと前、トルステインが大急ぎで帆柱から下りてきた。椰子でおおわれた小さい島の長い列がはるか前方に見えたのだった。なにはさておいて、われわれはオールをできるだけ南のほうに入れた。トルステインが見たものは、ラロイア暗礁のうしろに、糸に通した真珠のようにつらなっている珊瑚島に違いなかった。北向きの海流がわれわれを捕えたに違いなかった。

七時三〇分、椰子におおわれた小さな島々が西のほうの水平線にそってずっと一列になって現われた。一番南のがだいたいわれわれのへさきの行く手に横たわっていた。そしてそこからわれわれの右舷の水平線にそってずっと、島々の椰子の木立ちがつづき、北のほうに点々と連なって消えていた。一番近いのは七、八キロメートル先だった。

檣頭から一瞥すると、たとえわれわれのへさきが一連の島の南端の島を指しているとしても、横流れが大きいのでへさきの指している方向には進んでいないということがわかった。われわれは対角線的に暗礁目がけて流れていた。垂下竜骨がしっかりしていれば、まだきれいに通り抜ける望みはいくらかあったろう。しかしサメがすぐうしろからついて来ていた。だから筏の下に潜って、緩んだ垂下竜骨を新しい控え綱で締め上げることはできなかった。

もうコン・ティキ号の上に二、三時間しかいられないということがわかった。その時間は、暗礁の上の避くべからざる難破にたいする準備に使わなければならない。ひとりひとり、その瞬間が来たときにしなければならないことを覚えた。全員、時がきて一秒一秒が問題になったとき、おたがいの足を踏んで飛びまわらないように、自分自身の限られた責任の分野を知った。コン・ティキ号は、風が引っ張りこむにつれて、上がったり下がったり、上がったり下がったりした——暗礁によってつくり出された波の騒乱がここにあることは疑いなかった。前進する波もあり、まわりを取り巻く壁に空しくぶつかったあとで投げ返される波もあった。

いまになってもきれいに通り抜けられるという望みを持って、まだ満帆の状態だった。なかば横ばいに、だんだん近く流れて行くにつれて、椰子におおわれた一連の小島が、一部水面上、一部水面下の珊瑚礁と結合している有様が、帆柱から見えた。珊瑚礁は防波堤のように横たわっていて、そこでは海が泡で白くなって空中高くはね上がっていた。ラロイア環礁は楕円形で、タクメの隣接礁を除外しても、四〇キロメートルの直径を持っている。その長いほうの側面の全部が東方の海に面している。そこへわれわれは縦に揺れながらはいって来たのだ。暗礁そのものは、水平線から水平線へ一線をなして走っているのだが、たった二〇〇～三〇〇メートルにすぎない。そしてそのうしろには、牧歌的な小さな島々が内側の静かな礁湖《ラグーン》のまわりに数珠《じゅず》つなぎになって横たわっている。

青い太平洋が行く手の水平線にそってずっと、無慙《むざん》に引きちぎられて空中に投げこまれるのを見るのは、複雑な気持だった。わたしは何がわれわれを待っているのかわかっていた。わたしは前にツアモツ群島を訪れて、東の巨大な光景を見渡しながら陸の上に安全に立っていたことがある。そこでは、遮るものもない太平洋から寄せる波が、暗礁を越えて砕けていた。新しい暗礁と島々が南のほうにだんだん現われつづけた。われわれは珊瑚礁の壁の正面の中央の沖に浮かんでいるに違いない。

コン・ティキ号の上では、航海の終わりにたいするあらゆる準備が行なわれていた。すこしでも価値のあるものはみな小屋の中へ運んで、固くしばりつけた。文書や書類は、海水へちょっとでもつけられないフィルムやその他のものといっしょに、水の通らない袋の中に詰めこんだ。そして竹の小屋全体をカンヴァスで包み、特別に強い綱でがんじがらみにしばりつけた。あらゆる望みが去ったことがわかったとき、竹の甲板を上げて、南米の原住民の用いる蛮刀《ばんとう》で下の垂下竜骨を支えている綱を全部切り放った。垂下竜骨を引き上げるのはむずかしい仕事だった。みんな頑丈なフジツボで厚くおおわれていたからである。垂下竜骨を上げると、われわれの船の吃水は材木の丸太の底よりも深くはなかった。だからわれわれは前よりも容易に暗礁を越えて押し入れられることであろう。垂下竜骨を取り、帆を下ろすと、筏は完全に横ざまに浮かんで、まったく風と波のなすに任せた。

一番長い綱を手製の錨に結びつけて、左の帆柱の足場にしばりつけた。だからコン・ティキ号は、錨が海の中へ投げられたときに、ともから先に寄せ波の中へはいって行くだろう。錨そのものは、使用済の無電の電池と重い鉄屑をいっぱい入れた空の水の缶からできていた。そして硬いマングローヴの木の棒が、十字に置かれて、それから突き出ていた。

命令一、それは最初から最後まで筏にしがみつけ！　だった。どんなことが起こっても、筏の上にしっかりつかまっていて、九本の大きな丸太に暗礁からの圧力を受けさせなければならない。われわれ自身は、水の重さに抵抗するために、実力以上のことをしなければならなかった。もし筏から海へ跳びこもうものなら、たちまちわれわれは吸いこみの憐れな犠牲になって、その中に吸いこまれ、尖った珊瑚岩にたたきつけられるにきまっていた。ゴム・ボートもけわしい波の中では転覆《てんぷく》するか、またはその中に乗って重くなっていれば、暗礁にぶつかってリボンのようにズタズタに引き裂かれるだろう。しかし木の丸太だけは早晩、岸に打ち上げられ、われわれも何とかそれにしっかりつかまってさえいれば、もろともに打ち上げられるだろう。

次に、一〇〇日後はじめて靴をはくように、そして救命帯をつけるように、全員に申し渡された。しかしながら、救命帯はあまり値打ちがなかった。というのは、もし海の中へ落ちたら、溺れはせずに、打ち殺されてしまうからだった。旅券と、残していた二、三ドルをポケットに入れる時間もあった。しかし困っていたのは時間の不足ではなかった。

それは、一歩一歩、ただ無抵抗に暗礁のほうへ横ざまに流れて行く不安な時間だった。筏の上は不気味なほど静まりかえっていた。みんな小屋から竹の甲板にはいこんだりはい出たりした。無言であるか言葉少なだった。そして仕事をつづけた。われわれのまじめな顔は、誰も自分を待っているものを疑っていないことを示していた。そして神経質ないらいらした空気が感じられなかったことは、皆がいつのまにか筏にたいして何物にも動かされない信頼の気持を抱くようになったからであった。筏は海を渡ったのだから、こんどもまた何とかして生きたまま岸の上へ届けてくれそうなものではないか。

小屋の中は、しっかりしばりつけられた食料品のボール箱と荷物でごったがえしていた。トルステインは無線コーナーに辛《かろ》うじて自分の席を見いだして、短波送信機を動かしていた。いまや、ペルーの海軍兵学校が定期的にわれわれと連絡を保っていたカヤオの出発基地から四〇〇〇海里以上離れ、合衆国のハルとフランクとその他のラジオ・アマチュアからはそれ以上離れていた。しかし、偶然のチャンスで、この前日、クック群島（南太平洋の群島。ニュージーランド領）のラロトンガ（クック群島の最大の島）に機械を持っている、とある有能な無線愛好家と連絡がとれ、技師たちは、われわれのいつもの慣習とはまったく反対に、朝早く彼との特別の接触を用意した。そして刻一刻暗礁に近づいていたその間中、トルステインはキーをたたきづめ、ラロトンガを呼びづめにしながら坐っていた。

コン・ティキ号の航海日誌の記事は記す。

八・一五――ゆっくり陸に近づいている。もう肉眼で右舷の暗礁の中にある一本一本の椰子の木を見分けることができる。

八・四五――風がさらにもっと有難くない方向に変わっている。だから通り抜ける望みはない。筏の上には神経質ないらいらした空気は感じられず、甲板の上では熱心に準備が進められている。行手の暗礁の上に何かあって、難破した帆船の破片のように見える。しかし流木の山にすぎないのだろう。

九・四五――風は、暗礁のうしろに見える最後から二番目の島に向かって、われわれをまっすぐに持って行っている。もう珊瑚礁全体がハッキリ見られる。ここでは、それはあらゆる島々の前に帯状をなして水の中から突き出ている、白と赤の斑点のついた壁のように建てられている。ずっと暗礁にそって、白く泡立つ寄せ波が空に向かって投げ上げられている。ベングトがおいしい暖かい食事を供しているところだ。大きな戦いの前の最後の食事だ！　あの暗礁の上にあったのは難破船だった。もう非常に接近しているので、暗礁のうしろのキラキラする礁湖《ラグーン》の上を見通して、礁湖《ラグーン》の向こう側にある他の島々の輪郭を見ることができる。

これが書かれていたとき、寄せ波の鈍い轟きがふたたび近寄ってきた。それは暗礁全体から聞こえて来て、大気中にいっぱいに広がっていた。それは興奮に包まれたコン・ティキ号の最後の奮闘の先ぶれをする悲壮な太鼓の響きに似ていた。

九・五〇――もう非常に近い。暗礁にそって流れている。たった一〇〇メートルそこらしか離れていない。トルステインはラロトンガの男と話している。もう終わりだ。もう航海日誌もしまわなくてはならない。全員士気旺盛《おうせい》。うまくいきそうもない。しかし切り抜けなければならないのだ。

二、三分後に、錨が一気に沈んで行って海底に食いこんだ。するとコン・ティキ号はクルリと向きを変えて、ともを内側に、砕け波のほうへ向けた。トルステインが無我夢中でキーを叩きながら坐っている間、筏は貴重な数分間、われわれを支えてくれた。彼はいまやラロトンガを呼び出していた。砕け波は雷のように大気中にとどろき渡り、海はたけり狂って高くなってはくずれ落ちた。われわれはみな甲板で働いていた。トルステインもやっと通信を相手方に通じることができた。彼は、われわれはラロイア暗礁に向かって流れていると言った。彼はラロトンガに、一時間ごとに同じ波長で聞いてくれと頼んでいた。もしこちらが三六時間以上沈黙していたら、ラロトンガはかならずワシントンのノルウェー大使館に知らせてくれなければならない、というのであった。トルステインの最後の言葉は――「よしきた。あと五〇メートル。そうら行くぞ。さよなら」だった。それから彼は発信機をしまい、クヌートは書類を密封して、二人ともわれわれといっしょになるため、大急ぎで甲板の上に出て来た――錨がきかなくなったことはもうはっきりわかったから。

波のうねりは波と波の間に深い谷をつくりながら、一波ごとに大きくなった。そして筏が一波ごとに高く、上がったり下がったり、上に下にと振られるのを感じた。

もう一度命令が叫ばれた。「しがみつけ。荷物のことは考えるな。しがみつけ！」

もう暗礁全体から発するあの同じ調子でいつまでもつづく轟きは聞こえなくなった――これほどわれわれは岩に接近していた。いまではただ、一番近い砕け波が岩の上へくずれかかるたびごとに轟きが起こり、一つ一つの響きだけがわれわれの耳に聞こえた。

われわれ一同は準備し終わって、一人一人自分が一番丈夫と思う綱にしっかりとしがみついていた。ただエリックだけが最後の瞬間に小屋の中にはいこんだ。彼がまだやり遂げなかったプログラムの一部があった――靴を見つけていなかったのだ！

誰もともには立っていなかった。暗礁からの衝撃が来るのはそこだったからだ。檣頭からともに走っている二本のしっかりした支索も安全ではなかった。もし帆柱が倒れたら、その支索は暗礁の上へ垂れ下がることだろう。ヘルマン、ベングト、トルスティンは、小屋の壁の前方にしっかりしばりつけられた箱の上によじ上った。そしてヘルマンが屋根の棟から来ている張り綱にしがみつく一方、他の二人は、他のときに帆を揚げる、檣頭からきている綱につかまった。クヌートとわたしはへさきから檣頭に走っている支索を選んだ。帆柱や小屋やその他のあらゆる物が海の中へ落ちたとしても、われわれはいまへさきを波に向けているので、へさきから出ている綱は筏の中に残っていると思ったからである。

波に捕まえられたなと気づいたとき、錨の綱が切られた。そして筏が持って行かれた。波が足の下からまっすぐ上がってくると、コン・ティキ号は空中へ押し上げられるように感じた。いよいよという瞬間がやって来た——波の背に乗って息も止まるほどの速さでさらわれて行くと、ぐらぐらになった筏は足許で震えながら悲鳴を上げ、うめき声を出した。興奮のために血がたぎった。わたしは、なぜともなく、腕を振って声をかぎりに「万歳！」と怒鳴ったことを覚えている。それはある種の安心感を与え、とにかく害にはならなかった。他の者たちはきっとわたしが気が狂ってしまったと思ったことだろう。しかし彼らはみな、熱狂的に笑ったり歯をむき出したりした。われわれは、うしろから突進する波といっしょに走りつづけた。これはコン・ティキ号の火の洗礼だった。すべてがうまくいかなければならないし、またいくだろう。

しかしわれわれの揚々《ようよう》たる意気はまもなく挫《くじ》かれた。もう一つ新しい波がキラキラ光る緑のガラスの壁のようにともものほうに高く盛り上がった。そしてわれわれが下へ沈んで行くと、そいつはあとを追ってくずれ落ちてきた。それが頭の上に来たのが見えるのと同時に、わたしはグァーンと一撃を食って、洪水のような水の下に潜ってしまった。わたしは五体の中の筋肉という筋肉を硬直させて、ただ一つのことだけを念じなければならなかった――しがみつけ、しがみつけ！　とても大きな力に自分の全身が吸いこまれて行くのを感じたから。そのような必死の場合には、脳が放すことに同意する前に腕がひき放されてしまうだろうと考えた。結果は明白だ。それから、波の山が通りすぎて行って、わたしの体をつかんだ悪魔のような手がすーっと緩むのを感じた。耳が張り裂けるほどの咆哮と大音響とともに山全体が突進して行ってしまったとき、クヌートが、毬《まり》のようになって、そばにぶら下がっているのがまた見えた。うしろから見ると、あの大きな波はほとんど平らで灰色だった。それは突進して行きながら、水から突き出ている小屋の屋根の棟の真上を一掃した。そしてそこには、他の三人が、水が体の上を通って行くとき、小屋の屋根に圧しつけられて、ぶら下がっていた。

われわれはなお浮かんでいた。

ホッと息つく暇もなく、わたしは、腕と脚を強い綱のまわりに巻きつけて、新しくしがみつき直した。クヌートは体を下ろし、虎《とら》のように跳んで、箱の上にいる他の者といっしょになった。そこでは小屋が圧力を引き受けていた。わたしは彼らから大丈夫だという叫び声を聞いた。しかしそれと時を同じくして、新しい緑の壁が盛り上がって、われわれのほうに聳え立って来るのが見えた。わたしは警告の叫びを上げて、ぶら下がっているところで、できるだけ体を小さく硬くした。すると、ホッと息つく暇もなく、地獄はまた頭上にやってきた。そして、コン・ティキ号は水の山の中に完全に姿を没してしまった。海はあらんかぎりの力をふるって、このあわれにも小さな人間の束に襲いかかりながら、引いたり引きずったりした。二番目の波がものすごい勢いで頭上をすぎたかと思うと、三番目の波が続いてやって来た。

それからわたしはクヌートの勝ち誇った叫び声を聞いた。彼はいま縄ばしごにぶら下がっていた。

「筏を見ろ。保《も》ってるぞ！」

三つの波のあとで、ただ二重の帆柱と小屋だけが打たれてちょっと歪んだだけだった。またもやわれわれは自然力にたいする勝利感を味わった。勝利の軒昂《けんこう》たる意気がわれわれに新しい力を与えた。

すると次の波がいままでのどの波よりも高くそびえ立ってくるのが見えた。わたしは大急ぎでできるだけ高く支索によじ上ってしっかりぶら下がりながら、ともにいる他の者にたいしてまた警告の叫び声を上げた。それからわたし自身、われわれの上に聳える緑の壁のまんなかに横ざまに没してしまった。もっとものほうにいてわたしが最初に没するのを見た他の者は、その水の壁の高さを七、八メートルと見積もった。そして泡立つ波がしらが、ガラスのような壁のわたしが没した部分の四、五メートル上を通りすぎた。それからその大きな波は彼らのところに着いた。そしてわれわれはみなたった一つのことを考えていた――しがみつけ、しがみつけ、しがみつけ、しがみつけ！

そのときに暗礁にぶつかったに違いなかった。わたし自身はただ支索の上に圧力を感じただけだった。支索はぐっと曲がって緩んだようだった。しかし、そこにぶら下がっていて、衝突が上から来たのか下から来たのか、わからなかった。水に潜ったのはほんの数秒間だった。がその数秒間こそは、ふつう人間の体力が許す以上の力が必要だった。人間のメカニズムの中には、筋肉だけの力よりも大きな力があるのだ。わたしはもし自分が死ななければならないのなら、このままの姿勢で、帆柱の綱の結び目のままのかっこうで、死のうと決心した。波は頭上をあちらのほうへ、雷のような音を立てながら通りすぎて行った。そして通りすぎざま、そこに見るも無慙な光景をさらけ出した。わがコン・ティキ号は変わりはてた姿になっていた。魔法の杖にさわられたようだった。われわれが海での何週間、何カ月間から知っていた船は、もうなかった。数秒間のうちに、われわれの楽しい世界は見る影もない難破船と成り果てていたのだ。

わたし自身の他には、筏の上にはたった一人しか見えなかった。彼は小屋の屋根の棟と交差して平らに押し潰されていた。顔が下向きだった。腕は両側に広げられていた。そして小屋そのものはトランプの家のように、とものほうに、そして右舷のほうに、押し潰されていた。動かない人影はヘルマンだった。他に生命のしるしはなかった。水の山が暗礁を横切って、とどろきすぎた。右舷の堅木の帆柱はマッチのように折られていた。折れた上のほうは、落ちるときに、小屋の屋根を打ち抜いていた。だから帆柱とその装具は全部、右舷の暗礁の上に低い角度で傾斜していた。ともでは、舵オールの台木が縦にねじ向けられて、横梁が折れていた。そして舵オールは木端微塵に打ち砕かれていた。へさきのしぶき除けは葉巻の箱のように壊れていた。そして甲板は全部ひきちぎられて、濡れた紙のように、小屋の前壁、それから箱、缶、帆布、その他の荷物にひっついていた。竹の棒と綱の端がいたるところに突き出ていた。一般的な印象はまったくの渾沌だった。

わたしは冷たい恐怖が全身を走るのを感じた。しがみついていたとて何の役に立ったのか。もしわたしがここで、ゴールインするところで、たった一人でもなくしたら事は全部駄目になるのだ。そして最後の打撃のあと、ちょっとの間、人間の姿はたった一つしか見えなかった。その瞬間、トルステインの背を曲げた姿が筏の外に現われた。彼は、檣頭から出ている綱に猿のようにぶら下がって、またなんとかして丸太の上に上がろうとしていた。そして小屋の前の破片の山にはい上がった。ヘルマンもいま頭をまわして、わたしに元気づけの作り笑いをしたが、動かなかった。わたしは他の者のいるところがわかるかもしれないというかすかな望みを抱いて、叫び声を上げた。するとベングトの静かな声が、全員筏の上にいると叫ぶのが聞こえた。彼らは、竹の甲板の強靭《きょうじん》な編み細工が打ち建てたこんぐらかったバリケードのうしろの綱にしがみついていたのだった。

これはすべて二、三秒の間の出来事だった。その間コン・ティキ号は逆波によって魔女たちの台所から引き出されていた。そして新しい波がその上にうねって来た。最終的に、わたしは騒擾《そうじょう》のまっただなかで「ぶら下がれ！」と声をかぎりに怒鳴った。それがわたし自身のやった唯一のことだった。わたしはぶら下がり、あの際限なく思われた二、三秒間に突進して来て通りすぎた水のかたまりの中に没した。それだけでわたしはもうたくさんだった。丸太の端が珊瑚礁の尖った階段の上を越えないで、それにゴツン・ゴツン・バン・バンとぶつかるのが見えた。それからわれわれはまた吸い出された。わたしはまた小屋の屋根の棟に交差して伸びている二人を見た。しかし誰ももう笑わなかった。こんぐらがった竹の後で、静かな声で叫ぶのが聞こえた。

「これはまずいぞ」

そしてわたし自身も同じように落胆した。檣頭がだんだん右舷に沈んで行くにつれて、わたしは自分が筏の外のゆるんだ索にぶら下がっていることがわかった。次の波が来た。それが通ってしまったとき、わたしは疲労困憊していた。そしてわたしのただ一つの考えは、丸太に上がってバリケードのうしろに伏すことだった。逆波が後退したとき、わたしははじめて下に露出しているギザギザの赤い暗礁を見た。そしてトルステインが、檣頭から出ている一束の綱の端にしがみついて、キラキラする赤い珊瑚の上にくの字なりになって立っているのを認めた。クヌートは、ともに立っていたが、跳ぼうとするところだった。わたしは、みんな丸太を離れちゃいけないと叫んだ。トルステインは、水の圧力によって海の中へ洗い落とされていたのだが、また猫のように跳び上がった。

なお波が二つか三つ頭上へ打ち寄せて来たが、その力はだんだん衰えていった。そしてそのときどうなったのか、わたしは覚えていない。覚えているのは、水の泡が出たりはいったりしていて、わたし自身が、われわれが持ち上げられて越していた赤い暗礁のほうへだんだん低く沈んで行ったことだけだった。それからただ泡の波がしらだけがあたり一面に塩辛いしぶきを上げて、渦を巻きながら流れこんで来た。わたしは筏のところまでどうやら歩いて行くことができた。われわれはみな暗礁の上の一番高くなった丸太のうしろの端のほうへ向かって行った。

その瞬間に、クヌートは体をかがめて、船尾から離れて横たわっていた暗礁の上へ綱を持って飛び上がった。打ち寄せた波が逆流している間に、彼は駆足《かけあし》で水の中をものの三〇メートルも奥のほうへ歩いて行って、次の波が彼のほうに泡立ちながらはいって来て消滅して、平らな暗礁から広い流れのように走り帰ったときには、綱の端につかまって安全に立っていた。

それからエリックが潰れた小屋の中からはい出てきた。靴をはいていた。もしわれわれがみんな彼のやったようにやっていたら、やすやすと切り抜けていたことだろう。小屋が海の中に洗い落とされずに、帆布の下でかなり押し潰されていたとき、エリックは荷物の間に静かにはいつくばって、潰れた竹の壁が下のほうに曲がってくるとき、雷鳴が上にとどろくのを聞いていたのであった。帆柱が倒れたときに、ベングトは軽い脳震盪《のうしんとう》を起こしていたが、壊れた小屋の下のエリックの横にどうやらはいこんでいた。無数のくくり縄と編んだ竹の板が水の圧力を受けても主な丸太からバラバラにならずにぶら下がっているということがあらかじめわかっていたら、みんなそこに伏していたことだろう。

エリックはもうともの丸太の上に立って待っていた。そして波が退《ひ》くと、彼も暗礁の上に跳び上がった。次はヘルマンの番だった。それからベングトの番。そのたびに筏はすこしずつ奥のほうへ押されていって、トルステインとわたし自身の番が来たときには、筏はもう暗礁の上のずっと奥にいたので、もう筏を見棄てる理由は何もなかった。われわれはみな引き上げ作業を開始した。

われわれはいま暗礁の上のあの悪魔的な段階から二〇メートル離れていた。そして砕け波が長い線をなして後から後からうねって来るのは、そことその先だった。珊瑚虫が非常に高く環礁を建てるように注意していたので、砕け波の一番テッペンだけが、海水の新しい流れをわれわれを通りこして礁湖《ラグーン》の中に送ることができるのだった。礁湖《ラグーン》は魚でいっぱいだった。内側のここは、珊瑚たち自身の世界だった。そして珊瑚たちは実に奇妙な形と色をして遊び戯《たわむ》れていた。

暗礁の上のずっと中に、他の者たちが、漂いながらまったく水浸しになって浮かんでいるゴム・ボートを見つけた。彼らはそれを空けて、難破した筏に引いて帰った。そしてわれわれはそれに、ラジオ・セット、食糧、水瓶といった一番重要な装備をいっぱいに積みこんだ。これをみな暗礁を横切って引っ張り、大きな隕鉄《いんてつ》のように暗礁の内側にひとつだけ横たわっている巨大な珊瑚のかたまりのテッペンに積み上げた。それから新しい荷物を取りに難破した筏に帰った。潮流がまわりに動きはじめると、波がどの高さまで来るかわかったものではなかった。

暗礁の内側の浅い水の中に、何かキラキラするものが陽を受けて輝いているのが見えた。水中を歩いて行ってそれを拾い上げると、驚いたことには、それは二つの空缶だった。これはかならずしもそこに見つけようとは思っていなかった物だった。そして、その小さな缶がまったくピカピカしていて新しく開けられたものであり「パイナップル」という刻印が捺《お》してあって、われわれ自身が主計総監のためにテストしている新しい野戦食糧の刻銘と同じものがついているのを見たときには、さらにもっと驚いた。それはまったく、われわれがコン・ティキ号の上の最後の食事の後で海の中に投げた、自分自身のパイナップルの缶の中の二つだったのだ。われわれはそのすぐうしろについて暗礁の上に上がったのだった。

われわれは尖った、ギザギザした珊瑚のかたまりの上に立っていた。そして凸凹《でこぼこ》した底の上を、暗礁の中の水路や川床に従って、あるいはくるぶし、あるいは胸の深さの水中を歩いて行った。イソギンチャクと珊瑚が、暗礁全体に苔《こけ》やサボテンや、赤、緑、黄、白の化石になった植物におおわれた岩の庭の外観を与えていた。珊瑚や藻類の中や、あるいは貝殻やナマコやいたるところにくねくね泳ぎまわっている怪奇な魚の中に、現われていない色は一つもなかった。もっと深い水路の中では、長さ約一メートルあまりの小さなサメたちが水晶のように澄んだ水の中をわれわれのところまで忍び寄って来た。しかし掌《てのひら》で水を叩きさえすれば、サメは回れ右をして近寄って来なかった。

乗り上げたところは、あたり一面珊瑚礁の中にただところどころ水溜りと濡れた箇所があるだけだった。もっと奥のほうには静かな紺碧の礁湖《ラグーン》が横たわっていた。潮は退潮だったので、だんだん珊瑚がまわりの水の中から突き出て行くのが見えた。一方、暗礁にそって絶え間なく雷のような音を立てていた寄せ波は、いわば、床が低くなるように沈んで行った。潮がまた流れ出したときに狭い暗礁の上に何が起こるかはよくわからなかった。われわれは逃げなければならないのだ。

暗礁はなかば水に潜った城塞《じょうさい》のように北から南へ延びていた。一番南には、椰子のしげみでこんもりおおわれた長い島があった。そしてわれわれの真北には、わずか六〇〇〜七〇〇メートル向こうにもう一つのしかし小さい島が一つ横たわっていて、椰子の梢は空高く聳え、雪白の砂浜が静かな礁湖《ラグーン》の中へ広がっていた。島全体はいっぱいに花でふくれ上がった緑のバスケットのように見え、さては小さく圧縮されたパラダイスのようにも見えるのであった。

この島をわれわれは選んだ。

ヘルマンは顎ひげを生やした顔にこぼれるような明るい笑みをたたえながらわたしのそばに立っていた。彼は一言も発しなかった。ただ片手を差し出して静かに笑っただけだった。コン・ティキ号はまだずっと外のほうの岩の上に横たわって盛んにしぶきを浴びていた。それは難破船だった。だが名誉ある難破船だった。甲板の上のものは何から何まで粉みじんになっていた。しかしエクワドルのキベド森林からきた九本のバルサの丸太はびくともしていなかった。それはわれわれの生命を救ってくれたのだ。荷物はほとんど波にやられたものはなく、小屋にしまいこんだものはまったく無事だった。

ほんとうに値打ちのあるものは何一つ残さず筏からはぎ取って、われわれの手で暗礁の内側の太陽に照らされた大きな岩のてっぺんの安全な所に安置した。

わたしが筏を跳び下りていらい、へさきの前にくねくねしていたあらゆるブリモドキの姿が本当に見えなくなっていた。いまや大きなバルサの丸太は、水中一五センチの暗礁の真上に載っかっていた。そして茶色のナマコがへさきの下でもがいていた。ブリモドキはもういなかった。シイラはもういなかった。ただクジャクのような模様と平たい尾を持った見知らぬ平らな魚が、丸太の間を物珍しそうにくねくね出たりはいったりしていた。われわれは新しい世界に着いていたのだ。ヨハンネスは穴を後にしていた。彼は疑いもなくここに別の隠れ場所を見つけたのだ。

わたしは難破船の上を最後に見回した。そしてペシャンコになった籠の中に小さな赤ん坊椰子を見つけた。それは椰子の実の中の芽から四、五センチも突き出し、二本の根が下に突き出ていた。わたしは手にその実を持って島のほうへ水中を歩いて行った。すこし先に、クヌートが筏の模型を抱えて嬉しそうに水中を歩いて行くのが見えた。彼は航海中にたいへん苦労してそれをつくったのだ。われわれはまもなくベングトを追いこした。彼はすばらしい賄《まかな》い長だった。額にこぶをこしらえ、顎ひげから海水を滴らしながら、箱を押してくの字なりになって歩いていた。箱は外側の砕け波が礁湖《ラグーン》の中へ流れを送りこむたびに、彼の前を躍りながら進んで行った。彼はその蓋を得意そうに持ち上げた。それは台所の箱だった。そしてその中にはプライマスと炊事道具がシャッキリシャンとしていた。

わたしは暗礁を越して天国のような椰子島へかちで渡ったときのことを終生忘れないだろう。島は迎えに出て来てくれるように、一歩一歩大きくなっていった。日光に輝いた砂浜に行きつくと、靴をぬぎ捨てて、暖かい、乾き切った砂の中へはだしの爪先を突っこんだ。それはまるで、椰子の木の幹のところまで上って行く処女砂浜の中に突っこまれる一つ一つの足跡の眺めを楽しむかのようだった。

座礁後の筏の上の混乱。帆柱は折れ、小屋はペシャンコになっている。

ラロイア珊瑚礁の上に座礁したコン・ティキ号。何日かの間、そこに横たわり、絶えず波で中のほうに押しやられた。

まもなく椰子の梢が頭の上を閉ざした。そしてわたしはどんどん歩いて行って、このちっぽけな島のまんまんなかへはいって行った。緑の椰子の実は椰子の葉むれの下に垂れ下がり、生《お》い茂《しげ》ったしげみ一面に咲き乱れた雪白の花は、気も遠くなるほど甘い、魅惑的な香りを放っていた。島の奥深く、二羽のよく馴れたアジサシがわたしの肩から肩へと飛び渡った。空飛ぶ雲の切れはしにも似たその白さその軽さ。小さなトカゲが何匹か、わたしの足許からいきなり走り出した。そして島の一番重要な住民は大きな、真紅のヤドカリで、卵のように大きな盗んだカタツムリの殻を柔らかい後部にくっつけて、あちこちをはいまわっていた。

わたしはまったく圧倒されてしまった。両膝をついて、手の指を乾いた暖かい砂の中へ深く突っこんだ。

ああ、航海は終わったのだ。われわれはみんな生きていた。われわれは小さな、人の住まぬ南海の島に乗り上げたのだ。そして何というすばらしい島だろう！　トルステインがやって来て、袋を投げ棄て、あおむけに倒れて、椰子の梢と、うぶ毛のように軽い白い鳥たちを見上げた。鳥は真上を音もなく、旋回していた。まもなく六人全部そこに横になっていた。いつもじっとしていられない性《たち》のヘルマンが小さな椰子の木によじ上って、一かたまりの大きな緑の実をもぎ取って来た。われわれはまるで卵でも切るように、その柔らかいてっぺんを大きな南米原住民の刀で切って、世界で一番おいしい清涼飲料水、若い種子のない椰子の実から出る甘くて冷たいミルクを、ゴクリゴクリと咽喉を鳴らして飲み下した。外側の暗礁の上では、この極楽の関門の番人が打ち鳴らす太鼓の音が、単調な響きを伝えていた。

「煉獄《れんごく》は少々水気が多かったな」とベングトが言った。「だが、天国はまあだいたいおれが想像したとおりさ」

みんなこの上もなくいい気持で長々と砂浜の上に五体を延ばして、椰子の梢の上高く西のほうに流れすぎてゆく白い貿易風雲を見上げて微笑した。いまはもうそれらの雲をなすこともなく追いかけているのではなかった。いまは、ほんとうにポリネシアの中の、固定した動かない島の上に寝ているのだ。

そしてわれわれが寝て体を延ばしていると、外側の砕け波は、ずっと水平線にそって、行ったり来たり、行ったり来たり、汽車のようにとどろいていた。

ベングトは正しかった。これは天国だった。

第八章　ポリネシア人たちの間で

われわれの小さな島は無人島だった。まもなく、あらゆる椰子の木立、あらゆる浜を知るようになった。その島は直径ほとんど二〇〇メートルにすぎなかったからである。一番高い点でも、礁湖《ラグーン》の上二メートル以下だった。

頭の上には、椰子の梢の中に、青い椰子の実の殻の大きな房がぶら下がっていた。その殻が、中にはいっている冷たい椰子の汁を熱帯の太陽から隔てていた。だから最初の何週かは咽喉の渇くことはないと思われた。熟した椰子の実もあり、礁湖《ラグーン》の中にはヤドカリの群れやあらゆる種類の魚もいた。だからわれわれは快適な生活ができそうだった。

島の北側で、珊瑚の砂に半ば埋まった、古い、塗ってない木の十字架の残骸を発見した。ここから、暗礁にそって北のほうを見ると、最初、座礁する途中にそばを漂ったときもっと近くで見たむき出しの難破船が見えた。さらに北のほうには、青味がかったかすみの中に、もう一つの小さな島の椰子の木立が見えた。南のほうの島は、木が密に生えていたが、もっとずっと近かった。そこにもまた生命のしるしは見えなかった。しかしその当座は他に考えなければならないことがあった。

ロビンソン・ヘッセルベルグが、大きな麦藁帽子をかぶり、はいまわるヤドカリを両手にいっぱい持って、びっこをひきながら上がって来た。クヌートが乾いた木に火をつけた。そしてまもなくわれわれはヤドカリを食べ、椰子の実の汁を飲み、デザートとしてコーヒーを飲んだ。

太平洋を越え最初に上陸したのは、南海の無人島だった。101日の航海を経て固い地面を踏みしめる感触は、味わったことのない経験だった。

筏の設備はほとんどが無事で、ゴム・ボートで島まで運んだ。

「陸の上はいいなあ。そう思わないかい」とクヌートは嬉しそうに聞いた。

彼は前に航海をしたときに、この経験を味わったことがあった。彼はしゃべりながらつまずいて、熱湯を釜に半分、ベングトのはだしの足の上にかけた。みんな、筏の上の一〇一日の後の陸上の最初の日は、すこしばかり足許が定まらなかった。そして来もしない波にたいして足を出すため、椰子の幹の間で突然きりきり舞いをはじめるのだった。

ベングトがめいめいの食器を手渡したとき、エリックは顔いっぱいにニンマリと笑った。わたしは、筏の上の最後の食事の後で、いつものように筏の縁から体を乗り出して皿洗いをしていると、エリックが暗礁越しに中を見て、「きょうはわざわざ皿洗いをしなくてもいいと思うがね」と言ったことを憶えている。彼が台所の箱の中の自分の物を見つけ出したとき、それらの物はわたしのと同じように綺麗だった。

食事をすませ、土の上に十分体を延ばした後で、われわれは水につかった無線の機械を組み立てはじめた。ラロトンガの男がわれわれの悲しい最後を打電しないうちに、トルステインとクヌートが発信することができるように、われわれはそれを素早くやらなければならなかった。

無線器具の大部分はすでに陸上に運ばれていた。そして暗礁の上に漂っている物の間に、ベングトが一つの箱を見つけて、その上に両手を載せた。電気のショックで、彼は空中高く跳び上がった。その中身が、無線の分野に属していることは疑いなかった。そして技師たちがネジを取り、組み立てている間、われわれ他の者はキャンプの準備をはじめた。

難破した筏の上に、水びたしになった重い帆を発見した。そしてそれを陸上に引っぱって来た。礁湖《ラグーン》を見渡す小さな空地の中の二本の大きな椰子の間にそれを広げた。そして他の二隅を、難破した筏から漂って来た竹の棒で支えた。野生の花の咲いているやぶの厚い垣根《かきね》が三方を囲っていたので、われわれは屋根と三方の壁を得たわけだった。そして、その上、輝く礁湖《ラグーン》をハッキリと見ることができた。また、われわれの鼻孔は香《かぐ》わしい花の香りでいっぱいだった。ここはいいところだった。みんな静かに笑って、ゆっくりとくつろいだ。めいめい新鮮な椰子の葉のベッドをつくり、砂の中から突き出していて邪魔になる珊瑚の緩んだ枝をひっこ抜いた。夜の帳《とばり》が下りる前に、われわれは非常に気持よく寝ころんだ。そして頭の上には、なつかしいコン・ティキの顎ひげを生やした大きな顔が見えた。もう、彼はうしろから東風を受けて胸をふくらませてはいなかった。彼はいま、じっとあおむけに寝て、ポリネシアの上にまたたき出た星を見上げていた。

まわりのやぶの上には、濡れた旗と寝袋がぶら下がっていた。そして水につかった品物が乾かすために砂の上に置いてあった。この日当たりのいい島のことだから、もう一日すれば、あらゆる物が綺麗に乾いてしまうことだろう。翌日太陽が機械の内側を乾かすまで、無線ボーイたちさえも仕事をあきらめなければならなかった。われわれは誰の寝袋が一番よく乾いているかということを自慢し合いながら、袋を木から下ろして中へもぐりこんだ。ベングトが勝った。というのは、寝返りをうったときにくちょという音がしなかったからである。神よ、眠ることができるということは何といういいことなんでしょう。

翌日、日の出に起きると、帆が下にたるんで、水晶のように綺麗な雨水がいっぱいたまっていた。ベングトがこの貴重品を預った。それからのそのそと礁湖《ラグーン》に歩いていって、砂の中の水路におびき寄せた奇妙な朝食の魚を陸に引っ張り上げた。

その夜ヘルマンはリーマを出発する前に怪我をした首と背中に痛みを覚えた。そしてエリックは癒《なお》っていた腰部神経痛をぶり返した。その他は、われわれは驚くほど軽く暗礁の上を乗り越えた。かき傷と小さな傷をしただけだった。ただベングトだけは、帆柱が倒れたときに額に一撃くらって軽い震瀏を起こした。綱に押しつけられたために、腕と脚が一面に青黒くなっていて、わたし自身が一番変わっていた。

しかし誰も朝食の前にキラキラする澄んだ礁湖《ラグーン》に誘惑されて一泳ぎしないほど悪い状態にある者はいなかった。それは巨大な礁湖《ラグーン》だった。ずっと沖のほうは、青く、貿易風のためにさざ波が立っていた。そしてあまりにも広かったので、向こう側の環状珊瑚島の曲線を示している青くかすんだ椰子の島々の列の頂《いただき》を見ることができるだけだった。しかしここは、島々の風下だったので、貿易風はギザギザになった椰子の梢の中で平和な音を立て、それをそよがせ揺り動かしていた。そして礁湖《ラグーン》がその下に動かない鏡のように横たわって、椰子の梢の美しさを全部水に映していた。辛い塩水はあまりにも綺麗で澄んでいたので、水の面から三メートル下にある華やかな色をした珊瑚があまりにも近く見え、泳ぎながら足の爪先を切るのではないかと思ったほどだった。そして水は色とりどりの美しい魚でいっぱいだった。遊び戯れるにはすばらしい世界だった。水はちょうど気持のいいくらい冷たかった。そして空気は太陽の熱で暖かくて乾いていた。しかしきょうは素早くまた陸に上がらなければならなかった。その日の終わりに筏から何も聞こえなければ、ラロトンガが警告のニュースを発信するであろう。

コイルと無線の部分品が、からからに乾いた珊瑚の板の上で、熱帯の太陽に干されていた。そしてトルステインとクヌートが組み立ててネジで止めていた。丸一日すぎた。そして雰囲気はだんだん熱狂的になっていった。助けを与えることができるかと思って、われわれはあらゆる仕事を放棄《ほうき》して無線ボーイたちのまわりに群らがった。午後一〇時前に発信しなければならないのだ。そのとき三六時間の時間制限が切れ、ラロトンガのラジオ・アマチュアが飛行機と救助隊にたいする懇請《こんがん》を発信するであろう。

正午が来、午後が来、そして太陽が沈んだ。ラロトンガの男が我慢してくれさえすれば！　七時、八時、九時。緊張は最高点に達した。送信機には生命のしるしはなかった。しかし受信機、NC－一七三が、目盛りの一番底のどこかでガーガー言いはじめた。かすかに音楽が聞こえた。しかしアマチュアの波長ではなかった。しかし、それはだんだん上のほうに上がってきた。おそらく一方の端から中のほうに乾いてゆく濡れたコイルだったのだろう。送信機はまだ石のように死んでいた――いたるところに短絡《ショート》とスパークがあった。

一時間も残っていなかった。これはうまくいきそうもなかった。その送信機はあきらめられて、戦時からの小さな抗独運動の送信機がふたたび試みられた。その日のうちに何度も試験していたが、効果がなかったのだ。いまはたぶんすこしよく乾いているだろう。電池が全部駄目になっていた。そしてわれわれは小さな手動蓄電池を回すことによって力を得た。それは重かった。そして無線のしろうとであるわれわれ四人が、一日中交代で坐ってそのいまわしい物を回した。

三六時間は間もなく切れるだろう。わたしは、誰かが「七分前」、「五分前」とささやいていたのを憶えている。そしてそれからは誰もふたたび時計を見ようとはしなかった。送信機は前と同じように無言だったが、受信機はパチパチ言いながら正しい波長のほうへと上がっていっていた。突然それはラロトンガの男の周波数の上でカチカチと言った。そしてわれわれは、彼がタヒチの電報局と通信の真最中だと推測した。すぐ後で、われわれはラロトンガから送り出された次のような通信の断片をキャッチした。

「――サモアのこちらがわに飛行機なし。思うに――」

それからそれはまた死んだようになってしまった。緊張は耐え難かった。向こうでは何が起こっているのか。もう飛行機と救助隊が送り出されはじめたのか。いまや、疑いもなく、われわれに関する通信は四方八方に発信されつつあったのだ。

二人の技師は狂ったようになって働いていた。彼らの顔からも、坐ってハンドルを回しているわれわれの顔からも、汗がどんどん流れていた。送信機のアンテナにゆっくりと力がはいってきはじめた。そして自分がモールス・キーを下ろしたときにダイアルの上をゆっくり跳び上がった針を、トルステインは有頂天になって指さした。いまや送信機が生きかえりはじめたのだ！

われわれはハンドルを狂ったようにまわし、トルステインはラロトンガを呼んだ。誰も聞いてくれなかった。もう一度。いまや受信機がふたたび目覚めていた。しかしラロトンガは聞いてくれなかった。われわれはロサンゼルスのハルとフランク、そしてリーマの海軍兵学校を呼んだ。しかし誰も聞いてくれなかった。

そこでトルステインはCQ通信を送り出した。すなわち、彼は特別のアマチュア波長でわれわれを聞くことのできる世界中のあらゆる局を呼んだのである。

それはいくらか効果があった。いまや天空のかすかな声がゆっくりとわれわれを呼びはじめた。われわれはもう一度呼んで、聞こえたと言った。すると天空のゆっくりした声は言った、

「わたしの名前はポール。コロラド（米国西部の州）に住んでいる。君の名前は？　そして住んでいるところは？」

これは無線のファンだった。われわれはハンドルを回し、トルステインはキーを握って答えた。

「こちらはコン・ティキ号。われわれは太平洋の無人島に座礁している」

ポールはこの報《しら》せを全然信じなかった。隣町の無線ファンがいっぱい食わそうとしているのだと思ったのだ。そして二度と空中に現われては来なかった。われわれは絶望して髪の毛をかきむしった。ここにわれわれはいる。星の夜、無人島の椰子の梢の下に坐っている。そして誰もわれわれの言うこ

とを信じてさえくれないのだ。

トルステインはあきらめなかった。彼はもう一度キーを握って「異状なし、異状なし、異状なし」と絶え間なく送った。われわれは救助の飛行機が太平洋の向こうから出発することを何とかして止めなければならないのだ。

すると、受信機の中に、かなりかすかに、聞こえた。

「異状ないなら、なぜ心配する」

それから空中はまったく静かになった。それだけだった。

われわれはまったく絶望して、空中に跳び上がって椰子の実を全部ゆさぶり落とすことができるほどだった。そして、もしラロトンガとなつかしいハルの両方が突然聞いてくれなかったならば、われわれが何をしたかは天のみぞ知るだった。ハルは、LI二Bをふたたび聞いて、喜んで泣いたと言った。あらゆる騒ぎはただちにやんだ。われわれはわが南海の島の上で、もう一度六人だけになり、心配がなくなった。そして、疲れはてて、わが椰子の葉のベッドの上の寝袋の中へもぐりこんだ。

翌日はのんびりして心ゆくまで人生を楽しんだ。泳ぐ者もあり、釣りをする者もあり、奇妙な海の生物を探して暗礁の上を探検に出て行く者もあった。また一番エネルギーのある者はキャンプを掃除《そうじ》して、周囲を住みよいものにした。コン・ティキ号のほうを向いた先のみさきの上で、われわれは木立の縁に一つの孔を掘り、それを木の葉で囲って、その中に、ペルーから持ってきた芽を出している椰子の実を植えた。珊瑚の石塚がそのそばに立てられた。コン・ティキ号が座礁した場所のちょうど真正面だった。

コン・ティキ号は夜の間にさらにずっと流されて、二、三の水溜りの中に、暗礁の中にずっと生えている一群の大きな珊瑚のかたまりの間に割りこんで、ほとんど乾いていた。

暖かい砂の中で徹底的に体を焼くと、エリックとヘルマンはまた元気いっぱいになった。そして南のほうに横たわっている大きな島へ渡って行くことができはしまいかと思い、暗礁にそって南のほうへ行きたがった。わたしはサメよりウナギに気をつけろと言った。そこで彼らはめいめいベルトに（中南米原住民の用いる）長い刀をさした。珊瑚礁は、人間の脚をたやすく噛み切ることのできる毒のある長い歯を持った恐ろしいウナギのすみかだった。それは体をくねらせ稲妻のような速さで攻撃した。そしてサメのまわりを泳ぐことは恐れない原住民たちの恐怖の的だった。

二人は長く延びた暗礁の上を南のほうに渡って行くことができた。しかしときどきここかしこにもっと深い水の通り路があって、跳びこんで泳がなければならなかった。彼らは無事大きな島に達して陸に上がった。その島は、長っ細くて椰子のしげみにおおわれており、暗礁に守られた日当たりのいい浜辺の間をずっと南に走っていた。二人は島にそって歩きつづけて、南のみさきに来た。ここから暗礁は、白い泡におおわれて、他の遠い島々へと南のほうに走っていた。彼らはそこに大きな難破船を発見した。マストが四本あって、二つに裂けて陸の上に横たわっていた。レールを積んだ古いスペインの帆船だった。そして錆びついたレールが暗礁にそってずっと散らばっていた。彼らは島の反対側にそって帰って来た。しかし砂の中には足跡も見つけなかった。

暗礁を横切って帰る途中、彼らは絶えず奇妙な魚に出会い、そのうちの何匹かを捕まえようとしたとき、突然八匹を下らぬ大きなウナギに襲われた。彼らはウナギが綺麗な水の中をやって来るのを見て、大きな珊瑚のかたまりの上に跳び上がった。そのまわりと下を、ウナギがうねりまわった。そのぬらぬらしたけだものは人間のふくらはぎのように太く、毒蛇のように緑と黒の斑点がついていた。その小さな頭、意地悪そうな蛇の目、長さ二センチ半で突錐のように鋭い歯。男たちは、自分たちのほうへうねってきた小さな揺れる頭を刀で切った。一匹の頭を切り落とし、もう一匹は傷ついた。海の中の血に若いヨシキリザメの一隊が集まって来て、死んだウナギと傷ついたウナギに襲いかかった。そしてエリックとヘルマンは別の珊瑚のかたまりに跳び移って、難を逃れることができた。

同じ日に、わたしがその島のほうに歩いて渡っていたとき、何かが、稲妻のような動きで、くるぶしの両側を捕まえてしっかりとしがみついた。それはマイカだった。大きくはなかったが、冷たい腕で足を握られて、体を形づくっている、くちばしのある青みがかった赤い色をした袋の中にある邪悪な小さな目と視線をかわすのは、身の毛のよだつ思いだった。わたしはできるだけ強く足を引っこめた。するとマイカは、長さはほとんど一メートルもなかったが、放すことなしについて来た。それを引きつけたものは、わたしの足の包帯だったに違いない。わたしは、気味の悪い体をぶら下げながら、浜のほうへぐいぐいと足を引きずって来た。乾いた砂の縁まで来たときに、やっとそれは足を放して、浅い水の中を通ってゆっくりと退却して行った。両腕を広げ、目は陸のほうに向けられていた。まるで、わたしが欲すれば、新しい攻撃をしかけるぞと言わんばかりだった。珊瑚のかたまりを二つ三つ投げると、矢のように逃げて行った。

外の暗礁の上のいろいろな経験は、中の島の上での天国のような生活に香りを添えただけだった。しかしそこで一生を送ることはできなかった。そして外の世界へどういうふうにして帰るべきかについて、考えはじめなければならなかった。一週間後に、コン・ティキ号は暗礁のまんなかまでどしんどしんとやって来て、乾いた陸の上にしっかりと突きささっていた。大きな丸太は無理矢理に礁湖《ラグーン》のほうへ行こうとして、珊瑚の大きな板を押し除けもぎ取って来たが、いま木の筏は動かずに横たわっていた。そしていくらわれわれが引っぱっても押しても等しく無駄だった。筏を礁湖《ラグーン》の中へ入れることができさえすれば、いつでも帆柱を継ぎ索具を装着して、友好的な礁湖《ラグーン》を横断して向こう側にある物を見ることができた。もし島のどれかに人が住んでいるとすれば、それはずっと西の水平線にそって横たわっている島に違いない。そこでは、環状珊瑚島が風下のほうに正面を向けていた。

何日か経った。

それからある朝、何人かが息せき切って駆けてきて、礁湖《ラグーン》の上に白い帆が見えたと言った。椰子の梢に上って見ると、オパール・ブルーの礁湖《ラグーン》にたいして奇妙に白い小さな点を見ることができた。それは明らかに、向こう側の陸の近くにある帆だった。上手回しをしているのを見ることができた。まもなくもう一つの帆が現われた。

お昼近くになるにしたがって、帆はだんだん大きくなり、近くなって来た。それらの帆はわれわれのほうに向かってまっすぐにやって来た。われわれは椰子の木にフランスの旗を掲げ、竿につけたわれわれ自身のノルウェーの旗を振った。一つの帆はもうずっと近くなっていたので、ポリネシアの艇外浮材《アウトリガー》のついたカヌーであるということを見ることができた。索具はもっと新しい型のものだった。褐色の姿が二つ、カヌーの上に立ってわれわれを見つめていた。われわれは手を振った。彼らは手を振り返して、浅瀬のほうへとまっすぐに帆走してきた。

「イア・オラ・ナ」とわれわれはポリネシア語で挨拶した。

「イア・オラ・ナ」と彼らは声をそろえて叫び返した。そして一人が跳び出して、うしろにカヌーを引っ張りながら、砂地の浅瀬を渡って、われわれのほうにまっすぐに水中を歩いて来た。

二人の男は白人の服を着ていたが、体は褐色だった。すねを出していて、いい体をしていた。そして太陽から体を守るために手製の麦藁帽子をかぶっていた。彼らは陸へ上がって、かなり不安そうにわれわれに近づいて来た。しかしわれわれがほほえんで代わる代わる握手をかわしたとき、彼らは言葉以上のものを言う真珠のような歯並びを見せてにっこりと笑った。

われわれのポリネシア語の挨拶は、アンガタウの沖で「グッド・ナイト」と呼びかけられたときわれわれ自身がだまされたのとまったく同じように、二人のカヌー乗りを驚かし勇気づけた。そしてポリネシア語で長い間熱弁をふるった後で、はじめてそれがまったく的外れだったということに気がついた。そこでもう何も言うことがなかったのだが、愛想よくくすくす笑って、近づいて来るもう一艘のカヌーを指さした。

この中には三人の男がいた。そして陸に上がって来てわれわれに挨拶したときに、彼らの一人がフランス語をすこし話すことができるということがわかった。われわれは礁湖《ラグーン》の向こう側の島の一つに原住民の村があるということを知った。そしてそこからポリネシア人は何日か前から、夜、われわれの火を見ていたのだった。さて、ラロイア暗礁を通って礁湖《ラグーン》のまわりの島々に行く道はたった一つしかなかった。そしてこの道は村のまんなかを走っていたので、村の住民たちに見られることなしには、誰も暗礁の中にあるこの島々に近づくことはできなかった。だから、村の老人たちは、東のほうの暗礁の上に見えた明かりは人間の仕業ではありえない、何か超自然的なものに違いないという結論に達した。このために、自分で礁湖《ラグーン》を渡って見に行こうという気持がすっかり消されてしまった。しかしそれから箱の一部分が礁湖《ラグーン》を横切って漂って来た。そしてその上に、ある印が書かれていた。原住民たちの中に、タヒチに行ってアルファベットを習った者が二人いたが、その文字を解釈して、木の板の上に大きな黒い字で書かれたティキという字を読んだ。そこで、暗礁の上に幽霊がいるということはもう疑いがなかった。というのは、ティキはずっと昔に死んだ、彼ら自身の人種の創始者だったからである。彼らはみなそのことを知っていた。しかしそれから、缶詰のパン、巻煙草、ココア、そして古い靴のはいった箱が、礁湖《ラグーン》を横切って漂って来た。いまや彼らはみな、暗礁の東側で船が難破したのだということに気がついた。そして島の上に見えた火を焚いていた生存者たちを探すために、酋長は二艘のカヌーを送り出した。

他の人たちにうながされて、フランス語を話す褐色の男は、なぜ礁湖《ラグーン》を横切って漂ってきた木の板の上に「ティキ」と書いてあったのかと聞いた。われわれは、「コン・ティキ」はわれわれの装備にはみんな書いてあるということ、そしてそれはわれわれが乗ってきた舟の名前であるということを説明した。

舟が座礁したときに乗っていた者は全部助かったということ、そして先の暗礁の上の平らな難破船が本当にわれわれの乗ってきた舟であるということを聞いたとき、われわれの新しい友人たちは驚いて大声を挙げた。彼らはわれわれをみんなすぐにカヌーに乗せて、村へ連れて行こうとした。われわれは感謝して断った。コン・ティキ号を暗礁から離すまでとどまりたかったからだった。彼らは先の暗礁の上の平らな物を見てあっけにとられた。あのぶっ潰れた船体をもう一度浮かべることなんかできるものか！　とうとうフランス語を話す男が、あなた方はわたしたちといっしょに行かなければならないと力を籠《こ》めて言った。酋長が連れずに帰って来るなと厳命を与えていたのだ。

そこでわれわれは、酋長への使者として誰か一人だけ原住民といっしょに行かなければならない、そして帰って来て、向こうの島の状態について報告しなければならないということを決めた。暗礁の上に筏を残しておくつもりはなかった。そしてわが小さな島の装備を全部棄てることはできなかった。ベングトが原住民たちといっしょに行った。二艘のカヌーは砂から押し離され、順風に乗ってまもなく西のほうに見えなくなった。

翌日、水平線に白い帆がいっぱい見えた。いまや、原住民たちが持っているだけの舟を動員して、われわれを連れに来るところらしかった。

全護送船団がわれわれのほうに上手回しをしてやって来た。そしてそれらの舟が近くなったときに、わがよき友ベングトが最初の舟の中で、褐色の姿に取り囲まれて、帽子を振っているのが見えた。彼は、酋長自身がいっしょだと叫んだ。そして彼らが水中を歩いて陸に上がって来るときに、われわれは浜の上にうやうやしく整列した。

ベングトは大へん儀式張ってわれわれを酋長に紹介した。酋長の名前はテピウライアリイ・テリイファアタウだが、テカと呼べばわかる、とベングトは言った。われわれは彼をテカと呼んだ。

酋長テカは背の高いすらっとしたポリネシア人で、並外れて知的な目を持っていた。彼はやんごとなき人物、タヒチの昔からの王系の子孫で、ラロイア島とタクメ島の両方の酋長だった。彼はタヒチの学校へ行ったことがあった。それでフランス語を話し、読むことも書くこともできた。彼はノルウエーの首府はクリスチャニアと呼ばれるとわたしに語った（一九二四年にオスロと改称された）。そしてビング・クロスビーを知っているかと聞いた。彼はまた、この一〇年間にラロイアを訪れた外国船はたった三艘だが、島には一年に何度か、タヒチから土地のコプラ・スクーナーが訪れる、それは商品を持って来て椰子の実の中身を持って行く、とわれわれに語った。彼らはここ何週間かスクーナー船を待っていた。だからそれはいまにもやってくるかもしれなかった。

ベングトの報告は、要約すると、ラロイアには学校も、ラジオもなく、白人もいないが、村の一二〇人のポリネシア人は、われわれの居心地をよくするためにできるだけのことをしていた、そしてわれわれが来るときのために大きな歓迎会の準備をしていたというのであった。

酋長の最初の頼みは、われわれを暗礁の上に生きたまま運び上げた舟を見たいということであった。われわれは一つなぎの原住民を後に従えて、コン・ティキ号のほうへ水中を歩いて行った。近づいたときに、原住民たちは突然止まって大きな叫び声を上げて、みんな突然話しはじめた。いまやコン・ティキ号の丸太をハッキリと見ることができた。そして原住民の一人が突然言った。

「あれは舟じゃない。パエ・パエだ！」

「パエ・パエ！」と彼らはみんな声をそろえて繰り返した。

彼らは水しぶきを上げながら、全速力で暗礁の上を越えて走って行ってコン・ティキ号の上によじ上った。興奮した子供のように、どこでもかしこでもはいまわり、丸太や竹細工や綱に触った。酋長も他の者と同じように興奮していた。彼は帰って来て、不審そうな顔で繰り返した。

「ティキ号は舟ではない。パエ・パエだ」

パエ・パエは、「筏」と「壇」にたいするポリネシア語である。そしてイースター島では、それはまた原住民のカヌーにたいして使われる言葉だった。酋長は、そのようなパエ・パエはもう存在しないが、村の最年長者たちはパエ・パエの古い伝説を物語ることができると、われわれに語った。彼らはみな、大きなバルサの木に驚いて叫び合ったが、綱にたいしては軽蔑の態度を示した。そのような綱は、塩水と日光の中では何カ月ももたなかった。彼らは自分自身の艇外浮材《アウトリガー》の繋索を得意そうにわれわれに示した。自分で椰子の実の繊維から編んだのだった。そしてそのような綱は、海で五年間も弱くならなかった。

わが小さな島に水中を歩いて帰ったとき、その島はフェヌア・コン・ティキ、すなわちコン・ティキ島と名づけられた。これはわれわれがみな発音できる名前だった。しかしわが褐色の友人たちは、われわれの短い北欧人の名前を発音しようとして大骨を折った。わたしをテライ・マテアタと呼ぶことができると言うと、彼らは喜んだ。というのは、わたしがこのあたりにはじめて来たときに、タヒチの大酋長がわたしを「息子」として養子にして、その名前を与えたからであった。

原住民たちは鶏と卵とパンノキの実をカヌーから取り出した。また他の者たちは三叉の槍で礁湖《ラグーン》の大きな魚を突きさした。そしてわれわれはキャンプ・ファイアのまわりでご馳走を食べた。われわれは海の上のパエ・パエの経験を全部物語らなければならなかった。そして彼らはジンベイザメの話を何度も何度も聞きたがった。そしてエリックがその頭蓋骨に銛を打ちこんだところにくるたびに、彼らは同じような興奮の叫び声を上げた。魚のスケッチを見せると、あらゆる魚をすぐに見分けて、ポリネシア語で即座に名前を言ってくれた。しかしジンベイザメやゲムピュルスのことは見たことも聞いたこともなかった。

夕方になると、ラジオのスイッチをひねった。集まった者はみな大喜びだった。アメリカからの本当のフラ音楽をキャッチするまで、驚いたことには、教会音楽が一番彼らの趣味に合っていた。フラ音楽が聞こえると、一番元気のいい人たちが、腕を頭の上に曲げて、それをくねらしはじめた。そしてまもなく、集まった者が全員跳び上がって、音楽に合わせてフラ・ダンスを踊った。夜になると、みんなして浜の上の火のまわりにキャンプをした。それは、われわれにとって冒険だったと同じように、原住民たちにとっても冒険だった。

翌日目を覚ますと、彼らはすでに起きて新しく捕まえた魚を揚げていた。そして、新しく割った椰子の実が六つ、われわれの朝の渇きをいやそうとして待ちかまえていた。

暗礁は、その日、いつもよりも高い音を立てていた。風は力を増していた。そして波は筏のうしろで空中高く跳び上がっていた。

「ティキ号はきょうはいって来るでしょう」と、筏を指さしながら、酋長は言った。「高潮があるでしょう」

一一時頃、水がわれわれを通りこして礁湖《ラグーン》の中へ流れこみはじめた。礁湖《ラグーン》は大きなたらいのようにいっぱいになりはじめた。そして島の四周の水が高くなった。その日、後になって、海から本当に水が流れこんで来た。水が階段状をなして次から次へとうねって来た。そして暗礁は次第次第に海面の下へと沈んで行った。滔々たる水が島の両側にそって前に進んだ。大きな珊瑚のかたまりをひきちぎり、大きな砂州を掘り返した。それが風のために粉のように吹き飛ばされて、一方では他の砂州がうち立てられた。筏のゆるんだ竹がわれわれを通りこして行った。そしてコン・ティキ号は動きはじめた。浜にならんでいた物は、潮に捕まえられないように、みんな島の中のほうへ運び上げなければならなかった。まもなく、暗礁の上の一番高い石だけが見えるようになり、わが島のまわりの浜は全部なくなった。そしてホットケーキのような島の草に向かって水が流れた。これはむずむずする光景だった。海全体がわれわれを侵略しているみたいだった。コン・ティキ号はくるっと回って、他の珊瑚のかたまりに捕まえられるまで漂った。

　原住民たちは身を躍らして水に跳びこみ、泳いだり、渦巻の中を歩いて渡ったりして、とうとう浅瀬から浅瀬へ渡って、筏に着いた。クヌートとエリックが従った。綱が筏の上にしばりつけられた。そして筏が最後の珊瑚のかたまりの上を乗りこえて暗礁から離れたとき、原住民たちは海の中に跳びこんで筏を捕まえようとした。彼らはコン・ティキ号と、その西のほうへ押し進もうとする抑えることのできない気持を知らなかった。だから、彼らは筏といっしょになすことなく引っ張られた。そして筏はまもなく、暗礁を横切って礁湖《ラグーン》の中へと、かなりのスピードで動いていた。筏は静かな水に達すると、ちょっと途方に暮れた。そしてまるでこれからどうしたらいいかなあと見渡すかのように見回しているようだった。筏がまた動き出して、礁湖《ラグーン》の向こうに出口を見つける前に、原住民たちはもう陸の上の椰子のまわりに綱の端を巻きつけることに成功していた。そして礁湖《ラグーン》の中にしっかりとしばられて、コン・ティキ号はぶら下がっていた。陸と水の上を行った筏は、バリケードを横切って、ラロイアの内部の礁湖《ラグーン》の中へ進んだのであった。

「ケ・ケ・テ・フル・フル」というおはやしのはいる、勇壮なときの声といっしょに、われわれは力を合わせてコン・ティキ号を、それと同じ名前の島の岸へと引っ張った。潮が普通の高潮よりも一メートルあまり高い点まで達した。島が全部消えてなくなってしまうのではないかとわれわれは考えた。波が風に打たれて、礁湖《ラグーン》一面に砕けていた。そして狭い、濡れたカヌーの中へたくさんの装備を入れることはできなかった。原住民たちは急いで村へ帰らなければならなかった。そしてベングトとヘルマンは、村の小屋の中で死にかけている小さな男の子を診察するためにいっしょに行った。男の子の頭に腫物《はれもの》ができているのだった。そしてわれわれはペニシリンを持っていた。

翌日、われわれは四人だけでコン・ティキ島にいた。東風があまり強くて、原住民たちは礁湖《ラグーン》を渡って来ることができなかった。礁湖《ラグーン》のあちこちに珊瑚や浅瀬があった。いくぶん後退していた潮は、長い階段状をなして、また猛烈に押し寄せていた。

翌日はまた静かになった。われわれはいまやコン・ティキ号の下へ潜りこんで、暗礁が三、四センチ底をけずっていたけれども、九本の丸太が元どおりだということを確かめることができた。綱が溝の中に非常に深く喰いこんでいたので、たくさんの綱のうち、珊瑚で切られたのはたった四本だけだった。われわれは筏の上を片づけはじめた。われわれの自慢の舟は、甲板からがらくたが取り除かれ、小屋が手風琴《てふうきん》のようにもう一度引っ張り出され、帆柱がつぎ木されてまっすぐに立てられると、見たところがよくなった。

その日のうちに、また水平線の上に帆が現われた。原住民たちが、われわれを連れ、残りの荷物を持って行くためにやってきたのだった。ヘルマンとベングトがいっしょだった。そして彼らは原住民たちが村で大きなお祭りの準備をしていたと語った。われわれが向こうの島へ着いたときには、酋長自身がそうしてもよろしいと言うまで、カヌーから下りてはならないと言った。

われわれはすがすがしい微風を受けて、礁湖《ラグーン》を走った。湖の幅はここでは一一キロメートルだった。コン・ティキ島の見慣れた椰子が手を振っているのを見るのは本当に悲しかった。椰子は一つの木立

となり、東のほうの暗礁にそって並んでいる他の島のように、小さな見分けのつかない島になってい
った。しかし行手には、もっと大きな島々がだんだん大きくなってきた。そしてその一つの上に、桟
橋が見え、椰子の幹の間の小屋から立ちのぼる煙が見えた。

村はまったく死んだようだった。ひとっ子一人見えなかった。いったい何が起ころうとしているの
か。浜の上の、珊瑚のかたまりの桟橋のうしろに、二つの人影がポツンと立っていた。一人は背が高
くて痩せており、一人は大きくて樽のように太っていた。われわれははいって行きながら、両方に敬
礼した。彼らは酋長テカと、副酋長ツプホエだった。われわれはみな、ツプホエの大きな、心からの
微笑にほれこんだ。テカは明せきな頭脳の外交家だったが、ツプホエは純粋の自然児で、信頼のでき
る男だった。そして稀《まれ》に見るユーモアと原始的な力を持っていた。その力強い体と王様のような顔立
ちは、ポリネシアの酋長にピッタリだった。本当に、ツプホエが島の本当の酋長だったのだが、テカ
がフランス語を話し、数を数え、字を書くことができるために、スクーナーがタヒチからコプラを取
りに来るときに、村がだまされないというので、次第に最高の地位を獲得していったのだった。

テカは、われわれは村の礼拝所までいっしょに行進して行くのだと説明した。そして全員が陸に上
がると、われわれは儀式的な行列をつくってそこへ出発した。ヘルマンが銛の柄に旗をひらめかせて
先頭に立ち、それからわたし自身が二人の酋長の間に挟まれてつづいた。

村は、タヒチとコプラの取引きをやっているという明らかな特徴を表わしていた。板となまこ鉄板
がスクーナーに乗せて輸入されていた。小屋の中には、小枝と椰子の葉を編んだものとでつくった絵
画的な古い様式のものもあり、小さな熱帯のバンガローのように板を釘で打ちつけてつくったものも
あった。椰子の間にポツンと立っている、板でつくった大きな家が、村の新しい礼拝所だった。そこ
にわれわれ六人の白人が泊まることになっていた。われわれは旗を掲げて小さな裏口から中へはいり、

正面の前の広い階段へと出て行った。われわれの前の広場には、村の人たちが、歩いたりはったりすることのできる人は——女も子供も、老いも若きも、みんな立っていた。みんな大真面目だった。コン・ティキ島で友達になった元気のいい人たちも、他の人たちの間に整列して、知っているというような顔一つ見せなかった。

　われわれがみんな階段の上に出てしまうと、集まった人たちがみな一斉に口を開いて、いっしょに歌を歌った——マルセーイェーズだ！　言葉を知っているテカが歌の音頭をとった。そしてお婆さんが何人か調子の高いところでひっかかった他は、かなりうまくいった。一生懸命練習したのだ。フランスとノルウェーの国旗が階段の正面に掲げられた。そしてこれが酋長テカによる公式の歓迎の終わりだった。彼は静かにうしろのほうに引き下がった。そして今度は太ったツプホエが前に跳び出して、儀式の長になった。ツプホエが素早い合図をした。すると集まった人たちがみな新しい歌を歌いはじめた。今度はもっとうまくいった。というのは、節が自分たちでつくったものであり、言葉もまた自分たちの言葉で、自分たちでつくったものであり、自分たちのフラを歌うことができたからだった。メロディーが素朴で心を打ち、とても魅力的だったので、南海がわれわれのほうにとどろきながらやって来るように、背中がぞくぞくした。二、三人の人が歌の音頭をとり、全唱歌隊が規則正しくいっしょに歌った。言葉はいつも同じだったが、メロディーには変化があった。

「ようこそ、ラロイアのわたしたちのところへパエ・パエに乗って海を渡って来られたテライ・マテアタとその仲間の人たち。そうです、ようこそおいでくださいました。長い間わたしたちの間にとどまって、遠い国へ行ってしまわれたときでも、いっしょにいることができるように、わたしたちと追憶を分かってください」

　われわれはその歌をもう一度歌ってくださいと頼まなければならなかった。そして集まった人たちがみな緊張を感ずることがすくなくなりはじめるにつれて、しだいに元気がよくなってきた。それから、ツプホエがわたしに、あなたがたはなぜパエ・パエに乗って海を渡って来たのか、皆に説明してくださいと言った。彼らはみんなこのことを待っていたのだ。わたしがフランス語で話をすると、テカがすこしずつ通訳することになっていた。

わたしが話すのを待って立っているのは、教育はないけれども、高い知性を持った褐色の人々の集まりだった。わたしは、自分は前にこの南海の島々のあなたがたと同じ民族の間にいたことがあった。そして、もう誰もどこにあるか知らない神秘的な国から島々へその人たちの祖先を連れて来た最初の酋長、ティキの話を聞いたと語った。しかしペルーと呼ばれる遠い国に、かつてティキという名前の強い酋長が支配していた。人々は彼をコン・ティキ、すなわち太陽・ティキと呼んでいた。というのは、彼が、自分は太陽の子孫であると言っていたからであった。ティキと何人かの家来が、とうとうパエ・パエに乗って自分の国から姿を消した。だからわたしたち六人は、彼はあの島々に来たのと同じティキだと考えたのだ。誰もパエ・パエが海を航海できるということを信じる人がいなかったので、わたしたち自身パエ・パエに乗ってペルーを出発した。そしてわたしたちはここにいる。だから航海することができたのだ。

その短い演説がテカによって通訳されると、ツプホエは火と焔のかたまりのようになった。そして一種の恍惚《こうこつ》状態になって会衆の前に跳び出した。彼はポリネシア語でまくし立て、腕を広げ、天とわれわれを指さし、そして洪水のような演説の中で絶え間なくティキという言葉を繰り返した。あまり早くて、彼の言葉の筋を追うことはできなかったが、集まった人たちは、みな一語一語を呑みこんで、目に見えて興奮した。テカは、これに反して、通訳しなければならなくなったとき、まったく当惑したようだった。

ツプホエは、父と祖父、そしてその父たちがティキの話をしていたと言ったのだ。そしてティキはいま天国にいる彼らの最初の酋長であると言ったのだ。しかしそれから白人たちがやって来て、お前たちの伝説は嘘《うそ》だと言った。ティキは存在しなかった。彼は全然天国にはいない。というのはエホバ（旧約の神の名）がそこにいるからだ。ティキは異教の神だ。そしてお前たちはもうティキの存在を信じてはいけない。しかしいまわれわれ六人がパエ・パエに乗って海を渡って彼らのところへやって来た。われわれが、彼らの父が本当のことを語ったということを認めた最初の白人だった。ティキは生きていたのだ。彼は実在の人物だったのだ。しかしいまは死んで天国にいる。

宣教師たちの仕事を覆《くつがえ》すことを恐れて、わたしは急いで前へ出て、ティキは生きていた、それは確かである、そしていまは死んでいる、と説明しなければならなかった。しかしこんにち天国にいるか地獄にいるかはただエホバだけが知っている。というのは、エホバは天国にいるが、ティキ自身は人間であり、テカやツプホエのような、偉大なおそらくもっと偉大な酋長であったからである。

これで褐色の人たちは機嫌をよくし満足した。そして彼らがうなずいたりもぐもぐ言ったりしているのを見ると、説明が当を得ていたということがハッキリわかった。ティキは生きていた。それが主な事だったのだ。彼がいま地獄にいるとすれば、困るのは彼自身だけなのだ。それどころか、たぶんそのためにふたたび彼にお目にかかる可能性が増すことだろう、とツプホエは言った。

三人の老人が前へ出て来て、われわれと握手をしたがった。人々の中で生き生きしたティキの記憶を持ちつづけているのは彼らだということは疑いなかった。そして酋長は、その老人たちの一人が祖先の時代から伝わった膨大《ぼうだい》な数の伝説と歴史的な民謡を知っていると語った。わたしはその老人に、伝説の中にティキの来た方向について何か言われていないかと聞いた。しかし、その老人たちは一人もそのことを聞いたことを思い出すことができなかった。しかし、長い間丹念に考えた後で、三人のうち一番年とった人が、ティキにはマウイと呼ばれていた近い親類があった。そしてマウイの民謡の中に、彼はプラから島々へやって来た、そしてプラは太陽が昇る空の部分にたいする言葉であるということが言われていると言った。マウイがプラから来たとすれば、ティキが同じ所から来たことは疑いない。そしてパエ・パエに乗ったわれわれ六人もまたプラから来た。それはまったく確かなことだ、と老人は言った。

わたしは褐色の人たちに、イースター島のほうに近い、マンガレヴァと呼ばれる孤島では、住民はカヌーの使用を知らないが、現代に至るまで、ずっと海で大きな、パエ・パエを使っていると語った。このことを老人たちは知らなかったが、自分たちの祖先もまた大きなパエ・パエを使っていたということを知っていた。しかしこういったパエ・パエはしだいにまったく使用されなくなって、いまでは名前と伝説が残っているだけだった。ほんとうの古代には、筏はロンゴ・ロンゴと呼ばれていたが、その言葉はもうポリネシア語には存在しないと一番年とった人が言った。しかし、ロンゴ・ロンゴは最も古い伝説には残っている。

この名前は興味深いものだった。というのは、ロンゴ——ある島々ではロノと発音されている——は、ポリネシア人たちの最もよく知られた伝説的な祖先の一人の名前だったからである。彼は色が白く、金髪だったとハッキリ描かれていた。クック船長（ジェームズ・クック。イギリスの探検家。南太平洋、南氷洋、オーストラリア、ニュージーランド海岸などを探検して英領植民地の基礎をきずいた。ハワイの原住民に暗殺された）がはじめてハワイに来たとき、島人たちは両手を広げて歓迎した。というのは、彼が自分たちの白色の親類ロンゴで、何代か留守にした後で、大きな帆船に乗って祖先たちの故国から帰って来たと思ったからであった。そしてイースター島では、ロンゴ・ロンゴという言葉は、字を書くことのできる最後の「長耳族」が死ぬと同時に読むことができなくなった神秘的な象形文字にたいする名称だったのだ！

老人たちがティキとロンゴ・ロンゴを論じたがると、若者たちはジンベイザメと航海の話を聞きたがった。しかし食べ物が待っていた。そしてテカは通訳に疲れた。

いまや、村中の人が近寄ってきて、われわれ一人一人と握手することが許された。男たちは「イア・オラ・ナ」とつぶやいて、ほとんど関節がはずれるほどわれわれの手を握った。娘たちはもじもじしながら出て来て、あでやかに恥かしそうに挨拶した。そしてお婆さんたちはぺちゃくちゃ言ってわれわれの顎ひげと肌の色を指さした。親しさが一人一人の顔から輝き出ていた。だから言葉の混乱がひどかったけれども、まったく取るに足らなかった。彼らがポリネシア語で何かわからないことを言うと、われわれはノルウェー語でしっぺ返しをした。そしていっしょにとても面白がった。われわれがみな覚えた最初の現地語は、「好き」にたいする言葉だった。そして、さらに、好きで、すぐ欲しいと思う物を指さすことができるときは、至極簡単だった。「好き」が言われるときに鼻に皺を寄せると、それは「嫌い」を意味した。そしてこれに基づいて、われわれはかなりうまくやっていくことができた。

われわれが村の一二七人の住民と知り合いになるやいなや、長いテーブルが二人の酋長とわれわれ六人のために置かれた。そして村娘たちが一番おいしいご馳走を持ってやって来た。ある者がご馳走をならべると、ある者がやって来てわれわれの首のまわりに花環をぶら下げた。そしてもっと小さな花環が頭の上に載せられた。花環は悩ましい香りを発散し、暑さの中で冷たくて気持よかった。そのようにして歓迎のお祭りが始まった。それは何週間か後にわれわれが島を後にするまで終わらなかった。われわれの目は大きく見開かれ、口には唾がにじみ出た。というのは、テーブルが、焼いたブタの乳児、雛、焼いたカモ、新鮮なイセエビ、ポリネシアの魚料理、パンノキの実、パパイヤ、そして椰子の実の汁でいっぱいだったからである。そしてわれわれがご馳走を平らげている間、群衆がフラの歌を歌ってもてなし、若い娘たちがテーブルのまわりを踊った。

われわれは笑って思う存分に楽しんだ。顎ひげを垂らし髪の毛の中に花環を載っけて坐って、飢えた人間のようにがっついている有様は、どいつもこいつもおそろしく馬鹿げたものに見えた。二人の酋長もわれわれ自身のように大っぴらに人生を楽しんだ。

食事のあとで大がかりなフラ・ダンスがあった。村人はわれわれにその地方のフォーク・ダンスを見せようとした。われわれ六人とテカとツプホエには、一人一人特別席の床几《しょうぎ》が与えられた。ギター奏者が二人進み出て、うずくまって本当の南海のメロディーを弾きはじめた。尻のまわりにさらさら鳴る椰子の腰みのをつけた踊る男女が二列、うずくまって歌っている見物人たちの環を通りぬけて、体をくねらしながら滑るように進み出て来た。サメに片腕を噛み切られた、でぶでぶに太ったヴァヒネ（ポリネシア語で女）が、元気のいいピチピチした音頭とりだった。はじめ、踊り手たちはすこしかたくなっているようだったが、パエ・パエから来た白人たちが彼らの祖父たちのフォーク・ダンスを鼻であしらわないのを見ると、ダンスはだんだん活気づいてきた。もっと年とった人たちも何人か加わった。彼らはすばらしいリズムを持っていて、たしかにもう普段は使われないダンスを踊ることができた。そして太陽が太平洋に沈むと、椰子の木の下のダンスはだんだん活気を帯びてきた。そして見物人の拍手はだんだん自然になってきた。彼らは、自分たちを見守りながら坐っているわれわれが六人の異邦人であるということを忘れてしまった。われわれはもう六人の同民族だった。そしていっしょに楽しんでいた。

演芸種目は無限だった。魅惑的な出し物が次から次からとつづいた。最後に、一群の青年がわれわれの真正面に小さな環をつくってうずくまり、ツプホエからの合図で掌で地面の上にリズミカルに拍子をとりはじめた。はじめゆっくり、それからもっと速く、そして鼓手が突然彼らに加わって伴奏すると、そのリズムはだんだん完全になっていった。鼓手は、二本の棒で、鋭い強烈な音を発出する白骨のように乾いた空洞の木のかたまりの上をものすごい速度でたたいた。リズムが望ましい程度の活気に達すると、歌が始まって、突然、首に花環をかけ、片方の耳のうしろに花をつけた一人のフラ・ガールが環の中に跳びこんだ。彼女は素足と曲げた膝で音楽に合わせて、本当のポリネシア風に尻をリズミカルに振り頭の上で手を曲げていた。彼女はみごとに踊った。そしてまもなく全会衆が手で拍子をとった。もう一人の娘が環の中に跳びこんだ。そしてそのあとにもう一人。娘たちは完全なリズムで信じられないほどしなやかに動いた。優美な影のように踊りながら滑るようにおたがいのまわりをまわった。地面を打つ鈍い手拍子と、歌と、陽気な木の太鼓はだんだんテンポを速めた。そしてダンスがだんだん奔放になっていく一方、見物人たちは完全なリズムで掛け声をかけ、手を鳴らした。

これは、昔そのままの南海の生活だった。星はまたたき椰子は揺れた。夜は穏やかで長く花の香りとコオロギの歌に満ちていた。ツプホエは顔を輝かしてわたしの肩をポンと叩いた。

「マイタイ？」と彼は聞いた。

「うん、マイタイ」とわたしは答えた。

「マイタイ？」と彼は他の者全部に聞いた。

「マイタイ」とみな力を強めて答えた。そしてみんな本当にそう思っていた。

「マイタイ」とツプホエは、自分自身を指さしながら、言った。彼もまたいま楽しんでいるのだった。テカさえ、大変いいお祭りだと思っていた。白人たちがラロイアのダンスに居合わせたのはこれがはじめてだ、と彼は言った。太鼓の音、手拍子、歌、ダンスは、だんだん、だんだん速くなっていった。いまや娘の踊り手の一人が環のまわりを動くのを止めて、同じ点にとどまり、ヘルマンのほうに腕をさし伸べて恐ろしいテンポでくねくねするダンスを踊った。ヘルマンは顎ひげのうしろでくすくす笑った。まったく彼にはどう受けていいのかわからなかったのだ。「つきあってやれよ」とわたしはささやいた。「きみはダンスがうまいんじゃないか」

そしてヘルマンが環の中へ跳びこんで、半分かがみ、フラのむずかしいくねくねする動きを全部やってのけようとすると、群衆は無茶苦茶に喜んだ。歓喜は無限だった。まもなくベングトとトルステインがダンスの中へ跳びこんで、テンポに遅れないように、汗が顔を流れるまで奮闘した。テンポはものすごい速さまで上がりに上がって、ついに太鼓だけが音を長く引っ張って打っており、三人の本当のフラ・ダンサーがそれに遅れずに白楊《はこやなぎ》の葉のように震えているようになり、ついにその人たちが終楽章でしゃがみこんで太鼓の音がだしぬけに止んだ。

いまや夜はわれわれのものだった。熱狂には限りがなかった。

プログラムの次の項目は小鳥の舞いだった。それはラロイアにおける最古の儀式の一つだった。二列になった男女が、リズミカルに踊りながら前に跳び出して、ダンスの音頭とりに導かれて小鳥の群れの真似をした。ダンスの音頭とりは小鳥たちの酋長という称号を持っていて、ダンスには実際には加わらずに奇妙な動作をしていた。そのダンスが終わると、ツプホエは、あれは筏を讃《たた》えるために行なわれたもので、また繰り返されるだろう、しかしダンスの音頭とりはわたし自身が交代するのだ、と説明した。ダンスの音頭とりの主な仕事は荒々しい掛け声を掛け、尻を曲げて跳ねまわり、尻をくねらせて両手を頭の上で振ることにあるようにわたしには見えたので、わたしは頭の上の花環をずっと引き下ろして、舞台の中に進み出た。わたしが踊りながら体を曲げていると、ツプホエ老人が床几から転げ落ちそうになるほど笑っているのが見えた。そして歌い手と弾き手がツプホエの例にならったので、音楽は弱くなった。

いまや、老いも若きも、誰でも踊りたがった。そしてまもなく鼓手と地面打ちたちがまた現われて、火のようなフラ・ダンスの音頭をとった。はじめフラ・ガールが環の中に跳びこんで、だんだん奔放になっていくテンポでダンスを始めた。それからわれわれが順番にダンスに誘われた。一方だんだん大勢の人がつづいた。そしてだんだん速く、足を踏み、くねりながら進んだ。

しかしエリックは動かすことができなかった。筏の上の隙間風と湿気のために、癒っていた腰部神経痛がぶりかえしたのだった。そしてこわばって顎ひげを生やし、パイプを吹かしながら、年とったヨットの船長のように坐っていた。彼は、自分を舞台の中に誘い出そうとするフラ・ガールたちによって、動かされようとはしなかった。彼は、フンボルト海流の中の一番寒い時期に夜はいていた幅の広い羊の毛皮のズボンをはいていた。そして、大きな顎ひげを生やし、体を腰まで裸にして、羊の毛皮のズボンをはいて椰子の下に坐っていると、ロビンソン・クルーソーの忠実な複製だった。綺麗な娘があとからあとから彼に取り入ろうとしたが、無駄だった。彼はただ、ぼさぼさした髪の毛の中に花環を載せて、真面目くさってパイプをふかしているだけだった。

それから筋肉隆々たる奥さんが舞台の中にはいってきて、二、三歩多少優美なフラのステップを踏んだ。それから決然としてエリックのほうに進んできた。彼はぎょっとしたようだったが、その奥さんはバターの小さなかたまりのように嫣然《えんぜん》と笑って、彼の腕を断乎《だんこ》としてつかんで床几から引き離した。エリックの滑稽なズボンは内側が羊の毛で外側は皮だった。そして、うしろにほころびがあったので、白い毛がちょびっとウサギの尻尾のように突き出ていた。エリックは不承不承について行って、片方の手にパイプを持ち、片方の手を腰部神経痛で痛む点に押し当てて、環の中にびっこを引き引きはいって行った。跳びまわろうとしたとき、花環が落っこちそうになったので、ズボンから手を放さなければならなかった。それからこんどは花環を片腹に押し当てて、またズボンをつかまなければばならなかった。ズボンがそれ自身の重みでずり落ちて来たからだ。彼の前をどさくさフラを踊りまわっているでぶの奥さんも同じように滑稽だった。だから笑いの涙がわれわれの顎ひげを滴り落ちた。まもなく環の中にいた他の連中はみんな足を止めてしまった。そしてフラ・エリックと女子ヘビー級選手が優美にまわって行くと、どっという笑いが椰子の木立ちの中に響き渡った。とうとう彼らもまた止まらなければならなかった。歌い手たちも弾き手たちも抱腹絶倒せざるをえなかったからである。

お祭りは白昼までつづいた。われわれはまた一二七名の一人一人と握手したあとでちょっと休むことを許された。あの島に滞在中ずっと毎朝毎晩彼らの一人一人と握手をした。ベッドが六つ、村の小屋という小屋からかき集められて、礼拝所の中の壁にそってならべて置かれた。そしてその中でわれわれは、頭の上に香り高い花環をぶら下げて、おとぎ話の中の七人の小人のように一列になって眠った（グリム童話の「白雪姫」参照）。

翌日、頭に腫物のできていた六歳の男の子の容態が悪化したようだった。四一度近い熱があり、頭のテッペンの腫物は大人の拳のように大きくて痛そうに動悸《どうき》をうっていた。

テカは、このようにして子供をたくさん失った、そしてもしあなたがたの中に何か治療を施すことのできる人がいなければ、その子供は何日も生きられないだろう、と明言した。われわれは新式の錠剤の形をしたペニシリンの瓶を持っていたが、小さい子供が堪えられる分量を知らなかった。もしその子供がわれわれの治療を受けて死んだら、われわれ全員に重大な結果をもたらすかもしれなかった。

クヌートとトルステインはまた無線を取り出して、一番高い椰子の間にアンテナを張った。夕方になると、彼らは、ロサンゼルスの家の部屋の中にいる、わが見えざる友ハルとフランクとふたたび連絡をとった。フランクは医者に電話をかけた。そしてわれわれはモールス・キーで子供のあらゆる症状とわれわれが薬箱の中に持ち合わせているもののリストを打電した。フランクは医者の答えを中継した。そしてその夜われわれは、小さなハウマタが熱に浮かされて転げまわり、村の半分ほどの人がそのまわりで泣きながら騒いでいる小屋へ出かけて行った。

ヘルマンとクヌートが治療を行なう一方、他の者は村人たちを外に出しておくためにてんやわんやだった。われわれが鋭いナイフを持って来て、熱湯を要求したとき、母親はヒステリカルになった。子供の頭は丸坊主にされ、腫物が切開された。膿《うみ》がほとんど天井まで上がった。五、六人の原住民がものすごく怒って押し進んで来たので、追い出さなければならなかった。それは冗談ではなかった。腫物が掃除され消毒されると、頭はすっかり包帯を巻かれ、われわれはペニシリンの治療をはじめた。二日二晩、子供は四時間毎に治療を受けた。その間熱は最高で、腫物は開かれたままだった。そして毎晩ロサンゼルスの医者が意見を求められた。それから子供の熱が突然下がって、膿がなおるしるしの血漿《けっしょう》に変わった。そして子供はニコニコ笑って、自動車や牛や何階もの家のある白人の珍しい世界の写真を見たがった。

一週間後に、ハウマタは他の子供たちといっしょに浜で遊んでいた。頭は大きな包帯で巻かれていたが、それもまもなく取ることを許された。

これがうまくいくと、村に発生する病気には限りがなかった。歯痛と胃痛はどこにでもあった。そして老いも若きもあちこちに腫物ができていた。われわれは患者をクヌート博士とヘルマン博士にまかせた。彼らは食物を規定し、丸薬と軟膏《なんこう》の薬箱をからにした。なおった者はいたが、悪くなった者はいなかった。そして薬箱がからになると、われわれはココアとオートミールの粥をつくった。それはヒステリーの女にみごとな効果があった。

われわれが褐色の崇拝者たちの間に来てから何日も経たないうちに、祝賀の催しが最高潮に達して新しい儀式が行なわれた。われわれはラロイアの市民として受け入れられて、ポリネシアの名前をもらった。わたし自身はもうテライ・マテアタではないだろう。タヒチではわたしをそう呼ぶことができた。しかし、ここでは、彼らの間では、できなかった。

床几が六つ、われわれのために、広場のまんなかに置かれた。そして村中の人が、周囲の輪の中にいい場所を取ろうとして早くから出かけてきた。テカは彼らの中に厳粛《げんしゅく》に坐っていた。彼は酋長ではあったが、地方の古い儀式が行なわれるところではそうではなかった。そのときにはツプホエが引き継いだ。

みんな坐って待っていた。黙ってまじめくさっていた。大兵肥満のツプホエが、節のある頑丈な杖を持って静々と近づいて来た。彼はその瞬間の厳粛さをみずから知っていた。そして彼が、考えに沈んで、近寄って来て、われわれ六人の正面に位置を占める間、全員の目が彼に注がれていた。彼は生まれながらの酋長、すばらしい弁士であり俳優だった。

彼は主な歌い手たち、鼓手たち、ダンスの音頭とりたちのほうを向いて節のある杖で順番に指さした。そして低い慎重な調子で短い命令を与えた。それからまたわれわれのほうに向いて、突然大きな目を広く見開いた。だから大きな白い眼球が表情に富んだ銅褐色の顔の中に歯のようにキラキラ輝いた。彼は節のある杖を上げた。そして、言葉が彼の唇から豆が袋から流れ出るように流れ出、彼は一番年とった人たちの他は誰も理解することのできない古代の祝詞《のりと》を誦《そら》んじた。それは古い忘れられた方言だった。

それから彼はわれわれに、テカを通訳として、ティカロアというのがこの島で王位に就《つ》いた最初の王の名前である、彼は北から南へ、東から西へ、人間の頭の上の空の中へと、この環礁を治めていた、と語った。

全聖歌隊がティカロア王に関する古い民謡を歌っている間に、ツプホエは大きな手をわたしの胸に置き、聴衆に向かって、彼はわたしをヴァロア・ティカロア、すなわちティカロアの霊と名づけているのだと言った。

歌がやんだとき、それはヘルマンとベングトの番だった。彼らは胸の上に順番に大きな褐色の手を置かれた。そしてツプホエ・イテタフアとトパキノという名前をもらった。これは、海の怪物と闘ってラロイア暗礁の入口でそれを殺した古代の英雄の名前だった。

鼓手が二、三回烈しい音を出した。すると褌《ふんどし》を締めた屈強な男が二人、両手に一本ずつ長い槍を持って跳び出した。彼らは駆け足で、膝を胸まで上げ、槍を上のほうに向け、頭を左右にまわしながら、いきなり進み出した。太鼓の新しい音とともに、彼らは空中に跳び上がり、完全なリズムで、一番純粋なバレエ様式で儀式的な闘いを始めた。全体が短くて素早く、海の怪物との英雄たちの闘いを表わしていた。それからトルステインが歌と儀式で名づけられた。彼は、この村の前の王にちなんで、マロアケと呼ばれた。そしてエリックとクヌートが、二人の昔の航海者で海の英雄だった人にちなんで、タネ・マタラウとテファァウヌイの名前をもらった。彼らの命名につづいた長い単調な祝詞は、むちゃくちゃな速さと絶え間ない言葉の流れで誦んじられた。その信じられないほどの速さは印象的でもあり面白くもあった。

儀式は終わった。もう一度、ラロイアのポリネシア民族の中に白色で顎ひげを生やした酋長たちが現われたのだ。男女の踊り手が二列、編んだ腰みのをつけ、頭にゆらゆらするシナの木の内皮の冠《かんむり》を戴《いただ》いて、前へ出てきた。彼らはわれわれのほうに踊り進んで、自分自身の頭からわれわれの頭に冠を移した。われわれはカサカサいう腰みのを腰につけた。そして祝賀の催しはつづいた。

ある夜、花を着た無電技師たちがラロトンガのラジオ・アマチュアと連絡をつけた。先方はタヒチからわれわれにあてた電信を中継してくれた。それはフランス太平洋植民地の総督からの心からの歓迎の言葉だった。

パリからの訓令にもとづいて、彼は、われわれをタヒチに連れて行くために総督府のスクーナー、タマラ号をよこしていた。だからわれわれはコプラ・スクーナーの不確かな到着を待つ必要はないだろう。タヒチはフランス植民地の中心地だった。そして一般世界と接触を持っている唯一の島だった。われわれ自身の世界へ帰る定期船を得るためには、タヒチ経由で行かなければならないであろう。

祝賀の催しはラロイアでつづいた。ある夜、何か奇妙な叫び声が海から聞こえた。そして物見たちが椰子の梢から下りてきて、船が礁湖《ラグーン》の入口にいると報告した。われわれは椰子のしげみを通って、風下の浜へ走った。ここで、われわれが来た方向と反対の海を見渡した。こちら側に砕ける波はずっと小さかった。全環礁と暗礁に保護されているからだった。

礁湖《ラグーン》の入口のすぐ外側に、船の灯が見えた。晴れた星の夜だった。そして二本マストの幅の広いスクーナーの輪郭が見えた。これがわれわれを迎えにきた総督の船だろうか。どうしてはいって来ないのだろうか。

原住民たちがだんだんそわそわしてきた。そのときわれわれにもまたわかった。船はひどく傾いて顚覆《てんぷく》しそうだったのだ。水面下の目に見えぬ珊瑚礁の上にエンコしていたのだ。

トルステインが灯火をつかんで信号を送った。

「ケル・バトー（フランス語で「何という船か」）？」

「マオアエ」と閃光が答えた。

マオアエ号は島々の間を走っているコプラ・スクーナーだった。ラロイアへコプラを取りにくる途中だった。船の上にはポリネシアの船長と船員がいた。そして彼らは暗礁を知っていた。しかし海流は闇の中では油断がならなかった。スクーナーが島の風下にいることと、天候が穏かなことは幸せだったが、礁湖《ラグーン》から出る海流はかなり危険だった。マオアエ号の傾斜はだんだんひどくなっていった。そして船員たちはボートに乗り移った。強い綱が檣頭にしばりつけられて、陸に引き入れられた。原住民たちがそれを椰子にしばりつけて、スクーナーを顚覆から防いだ。船員たちは、潮流が礁湖から流れ出るときにマオアエ号を引き離そうと思って、他の綱を手に、ボートに乗って暗礁の入口の沖に位置した。村人たちはカヌーを全部下ろして、コプラの荷を救い出すために出発した。船の上には九〇トンの貴重なコプラがあった。あとからあとからとコプラの袋が横揺れするスクーナーから移されて乾いた陸上に持って来られた。

満潮時に、マオアエ号はなおエンコしていた。そして珊瑚にばんばんぶつかったり横揺れしたりして、ついに漏れ口ができた。夜が明けたとき、船はいままでよりも悪い姿勢で暗礁の上に横たわっていた。船員たちは何もすることができなかった。重い一五〇トンのスクーナーを、それ自身のボートとカヌーで暗礁から引き離そうとすることは無駄だった。もし船がずっといまのところにぶつかりながら横たわっていれば、木端微塵になってしまうだろう。そして、もし天気が変われば、吸いこみによって中へ持ち上げられて、環礁にぶつかる寄せ波の中で元も子もなくなってしまうであろう。

マオアエ号は無線を持っていなかったが、われわれは持っていた。とは言うものの、マオアエ号が横揺れの結果壊れてしまうまで、タヒチから救助船を得ることは不可能だった。しかしその月、再度、ラロイア暗礁はその餌食《えじき》を取り上げられてしまったのだった。

その日のお昼頃、スクーナー、タマラ号が西のほうの水平線の上に見えてきた。われわれをラロイアから連れて行くためによこされたのだ。そして船の上の人々は、筏の代わりに、大きなスクーナーの二本のマストが暗礁の上になすこともなく横たわって横揺れしているのを見たときには、すくなからず驚いた。

タマラ号の上には、ツアモツとツブアイ群島のフランス行政官、フレデリック・アーンヌ氏がいた。総督がわれわれを出迎えるためにタヒチからの船といっしょにお遣《つか》わしになったのだった。船の上にはまた、フランス人の映画撮影技師とフランス人の電信技師もいたが、船長と船員はポリネシア人だった。アーンヌ氏自身はタヒチでフランス人の両親から生まれた。そしてすばらしい船乗りだった。彼はタヒチ人の船長の同意を得て船の指揮を引き継いだ。船長はあの危険な海で責任から解放されることを喜んだ。タマラ号が無数の暗礁と渦を避けている間、丈夫な大索《おおづな》が二艘のスクーナーの間に張られた。そしてアーンヌ氏はその巧妙で危険な操作を始めた。その間潮は両方の船を同じ珊瑚礁の堤の上に引っ張り上げようとした。

満潮時に、マオアエ号は暗礁から離れた。そしてタマラ号はそれを深い水の中へ引き出した。しかしいまは水がマオアエ号の船体の中へ流れこんでいた。で、全速力で礁湖《ラグーン》の中の浅瀬に引いて行かなければならなかった。三日間、マオアエ号は村の沖に沈没の状態で横たわっていた。ポンプというポンプが日夜動いていた。島のわが友人たちの中の最上の真珠潜水者たちが、鉛板と釘を持って下りて行って、一番ひどい漏れ口をふさいだ。そこでマオアエ号は、ポンプを動かしながら、タマラ号によってタヒチの船舶修理所へ護送されることができたのであった。

マオアエ号が護送される準備ができたとき、アーンヌ氏は礁湖《ラグーン》の中の珊瑚の浅瀬の間をコン・ティキ島へと、タマラ号を操った。筏が引いて行かれた。それから彼はコン・ティキ号と、漏れ口が海上で優勢になったら船員たちを移すことができるほど近くにマオアエ号を引いて、入口に進路を戻した。

ラロイアに別れることは悲しみ以上だった。歩いたりはったりできる者は残らず桟橋の上にやってきた。そして船のボートがわれわれをタマラ号に連れ出すときに、われわれのお気に入りの調べを弾いたり歌ったりした。

ツプホエは中央にどっしりとかまえて、小さなハウマタを手に抱えていた。ハウマタは泣いていた。そして涙が大力無双の酋長の頰《ほお》を滴り落ちた。桟橋の上には乾いた目は一つもなかったが、暗礁の砕け波がわれわれの耳の中で他のあらゆる音を消してからずっとずっと後まで、彼らは歌と音楽をやりつづけていた。

歌いながら桟橋に立っていたあの忠実な人たちは、六人の友達を失いつつあった。桟橋が椰子によって隠され、椰子が海の中に沈むまでタマラ号の欄干のところに無言で立っていたわれわれは、一二七人を失いつつあった。内なる耳にはまだ異国の音楽が聞こえていた。

「――遠い国へ行ってしまわれたときでも、いっしょにいることができるように、わたしたちと追憶を分かってください」

四日後に、タヒチが海の中から上がってきた。椰子の葉むれのついた一つなぎの真珠のようではなかった。荒々しい青い鋸山が天に聳え、花環のような雲の切れっぱしが頂のまわりに棚引《たなび》いていた。だんだん近づくにつれて、青い山々は緑の傾斜を見せてきた。緑また緑。南国のみずみずしく繁茂した植物が、赤さび色の山と絶壁をころがり落ちて、海のほうに走り出る深い峡谷と谷間の中に跳び下りていた。そして海岸が近づいて来ると、すらっとした椰子が、谷という谷を上り、金色の浜のうしろにある海岸にそってずっと、くっつき合って立っているのが見えた。タヒチは古い火山群によってつくられていた。火山群はいまは死火山だった。そして珊瑚虫が、海が島を浸蝕することができないように、島のまわりに守護の暗礁を張りめぐらしていた。

ある朝早く、暗礁の中の入口を通って、パペーテ（タヒチにある海港。ソサイエティ群島の首都、人口一万三〇〇〇）の港の中に向かった。われわれの前には巨大な木々の葉と椰子の梢に半ば隠れた教会の尖塔《せんとう》と赤い屋根が横たわっていた。パペーテはタヒチの首都、フランス大洋州のただ一つの町であった。それは快楽の町、政府の所在地、東太平洋のあらゆる交通の中心だった。

港にはいると、タヒチの住民の全体が待っていた。派手な色の生きた壁のようにぎっしり詰めかけていた。ニュースが風のようにタヒチに広がった。そしてアメリカから来たパエ・パエは誰もが見たがっているものだった。

コン・ティキ号は海岸の散歩道の横に名誉の場所を与えられた。パペーテの市長がわれわれを歓迎した。そして小さなポリネシア娘がポリネシア学会に代わってタヒチの野生の花の巨大な花環をわれわれに贈った。それから若い娘たちが出て来て、南海の真珠、タヒチ島への歓迎のしるしとして、香り高い白い環をわれわれの首にかけた。

わたしが大勢の中に特に探していた顔が一つあった。タヒチにおけるわたしの昔の養父、テリイエロー酋長、島の一七人の原住民の酋長の頭《かしら》の顔だった。彼は紛《まぎ》れもなかった。大きくてがっちりしていて、昔のように晴れやかで元気旺盛な彼は、「テライ・マテアタ!」と呼びながら、そして広い顔いっぱいにほほえみながら、群衆の中から現われた。彼は老人になっていたが、同じように印象的な酋長らしい人物だった。

「おそかったね」と彼はほほえみながら言った。「しかしいいニュースを持って来た。お前のパエ・パエは本当に青空(テライ・マテアタ)をタヒチに持ってきたのだよ、これでわれわれは祖先が来たところがわかったのだからね」

総督の官邸で歓迎会、市役所でパーティーがあった。そして招待が親切な島のあらゆる隅々から押し寄せて来た。

昔のように、大きな祝祭がテリイエロー酋長によって、わたしのようく知っているパペノの谷の彼の家で催された。そしてラロイアはタヒチではなかったので、新しい儀式が行なわれて、まだタヒチ名前を持っていない者にタヒチ名前が与えられた。

これは太陽と流れる雲の下の屈託のない日々だった。われわれは礁湖《ラグーン》で水を浴び、山々に登り、そして椰子の下の草の上でフラを踊った。何日かすぎ、何週かすぎた。まるで、われわれを待っている義務に連れ帰る船が来ないうちに、何カ月もすぎてしまうかのようだった。

それからラーシュ・クリステンセンが四〇〇〇トンの船トール（北欧神話で雷神）号に、サモアかタヒチに進んで探検隊を拾い上げ、アメリカに連れて行くように命令したという報せが、ノルウェーから来た。

ある朝早く、大きなノルウェーの汽船がパペーテ港に滑りこんで来た。そしてコン・ティキ号はフランス海軍の舟によって大きなノルウェー船の横に引き出された。ノルウェー船は巨大な鉄の腕を出して、小さな筏を甲板に持ち上げた。大きなサイレンの音が椰子で包まれた島の上に木魂《こだま》した。褐色と白色の人々がパペーテの岩壁に群がって、お別れの贈り物と花環を持って船の上に押し寄せた。われわれはいや増す花の重荷から首を解放するために、キリンのように首を差し延べながら欄干によりかかっていた。

「もしタヒチに帰りたいなら」とテリイエロー酋長は、汽笛が最後に島の上に響き渡ったときに叫んだ。「船が行くとき花環を礁湖《ラグーン》の中へ投げこまねばなりませんよ！」

綱は投げられた。エンジンはうなり出した。そしてプロペラが水を緑色にかきまわす中を、われわれの汽船は横ざまに港からすべり出した。

まもなく赤い屋根は椰子のうしろに見えなくなり、椰子の茂みは、山々の青い色の中に呑まれ、やがてその山々も太平洋の中に影のように沈んで行ってしまった。

波は紺碧の海の上に砕けていた。われわれがその波に手を差し延べても、もう届かなかった。白い貿易風の雲は青空にただよっていた。もうわれわれはその風の道を旅しているのではなかったのだ。われわれはいまや造化の神に挑戦しているのであった。われわれはあの遠くの、遠くのほうに横たわっている二〇世紀へ帰って行くのだ。

しかし甲板のわれわれ六人は、わが九本のなつかしい丸太の横に立って、みんな生きていることを感謝していた。そしてタヒチの礁湖《ラグーン》の中には、六つの白い花環だけが浮かんで、浜のさざ波のままに、出たりはいったり、出たりはいったりしていた。

追記

わたしの人種学説は、コン・ティキ遠征隊の成功だけでは、かならずしも証明はされなかった。* われわれが証明したことは、南米のバルサの筏が現代の科学者にこれまで知られていなかった諸性能を持っているということと、太平洋諸島はペルーから出た先史時代の筏の到達範囲内に位置しているということであった。原始人は大洋の上の広大な航海をすることができる。距離というものは、大洋の移民の場合には決定的な要因ではなく、風と海流が、昼も夜も——一年中、同じ一般的なコースを持っているかどうかということが決定的な要因である。貿易風と赤道海流は地球の回転によって西のほうにまわされている。そしてこの回転は、人類の歴史を通じて、一度も変わったことはなかったのだ。

＊しかしそれはその後、「太平洋のアメリカ・インディアン——コン・ティキ号の探検の背後にある理論」の中で証明された。読者はそれを参照されたい。

訳者あとがき　トール・ヘイエルダールについて

本書の著者トール・ヘイエルダールは、一九一四年、ノルウェーのオスロ・フィヨルドの入り口にある小さな海辺の町ラルヴィックで生まれた。

オスロ大学で動物学と地理学を専攻し、一九三七年、卒業するとすぐ結婚し、妻を連れてマルケサス群島のファツ・ヒヴァに行き、一年近くの間原住民と同じ生活をした。一九三八年、その生活を描いた『楽園を求めて』（ノルウェー語）を出版。一九七四年、同書の英語による増補版、『ファツ・ヒバ　楽園を求めて』（山田晃訳、社会思想社　現代教養文庫・一九七六年）が出版されている。

ファツ・ヒヴァに滞在中、彼の脳裏にポリネシア人の祖先の中には南米から来た者もいるのではないかというアイディアがひらめいた。それいらい、彼は人類学に転向して、そのアイディアの立証に努め、「ポリネシアとアメリカ、先史時代の諸関係の研究」という膨大な原稿を書いた。コピーを学者や大学に送ったが反応はゼロだった。ブルックリン博物館の館長で探検家クラブの会長であった有名な考古学者、ハーバート・スピンデン博士を訪ねて、南米からポリネシアに行く船がなかったと言われ、バルサの筏があったと答えると、

「そう、あなたはバルサの筏に乗って、ペルーから太平洋諸島へ旅行を試みることがおできになる」

と一蹴《いっしゅう》された。これがヘイエルダールにバルサの筏で太平洋を横断することを決心させる直

接のキッカケとなった。

一九四七年、古代ペルーの筏を複製し、太陽神の名をとってコン・ティキ号と名づけ、五人の仲間といっしょに、みごと太平洋横断に成功した。

翌一九四八年、『コン・ティキ号探検記』を出版したが、計画の奇抜さと珍しい海の動物の記述やユーモラスな筆致のゆえに一大ロング・セラーとなった。

一九四九年、乗組員のひとり、ハウグランドとともにコン・ティキ号を保存するための建物を作り、一九五七年、オスロ郊外のフラム号博物館の隣にコン・ティキ号博物館を新設した。

一九五二年、ヘイエルダールは『太平洋のアメリカ・インディアン　コン・ティキ号の探検の背後にある理論』を出版した。

一九五三年、ヘイエルダールはガラパゴスを探検した。南米からポリネシアに移住が行われたというならなぜ南米にいちばん近いガラパゴスに移住しなかったのかという反論があったからである。発掘の結果、人が訪れた形跡が多数発見された。水がなかったので、定住はしなかったのだ。一九五六年、彼は『ガラパゴス諸島へスペイン人以前に人が訪れた考古学的証拠』（共著）を出版した。

一九五五〜五六年、ヘイエルダールはイースター島を探検、一九五八年、その探検記『アク・アク』（山田晃訳、光文社・一九五八年。社会思想社　現代教養文庫・一九七五年）を出版。

一九六一年、ホノルルに三千人の学者が集まって開かれた第一〇回太平洋学術会議は、太平洋諸島に住民と文化を供給したおもな源泉地域は東南アジアと南アメリカであるという考古学部門から提出された決議案を、全会一致で採択した。一九四七年のコン・ティキ号の探検から実に一四年ののちであった。

その後、彼は『イースター島と東太平洋へのノルウェーの考古学的探検の報告』（共編）

第一巻『イースター島の考古学』　一九六二年
第二巻『諸報告』　一九六六年

を出版。さらに、

『イースター島の美術』　一九七五年

を出版した。

一九六二年、ヘイエルダールはメキシコで開催された国際アメリカニスト会議で、「先コロンブス時代にあったと思われる、アメリカから、そしてアメリカへの大洋航海ルート」という発表を行い、それは一九六四年、『議事録』に収録された。その中で彼は大洋を渡って新世界へ向かう主要なルートは三つあり、そのうち二つは大西洋、一つは太平洋を越えるものであると言い、大西洋を越える二つをそれぞれレイヴ・エイリークスソンのルートとコロンブスのルートと呼び、コロンブスのルートについては、コロンブス以前に、大洋をこのルートで横断したことがあったかどうかはまだわかっていないと言っている。

一九六九年、ヘイエルダールはパピルスで古代エジプトの葦舟《あしぶね》を複製し、太陽神の名をとってラー号と名づけ、モロッコから大西洋横断に乗り出した。

これは古代エジプトの葦舟がコロンブスのルートによって大西洋を横断できたことを証明しようとする試みである。

しかし、いま一息のところで失敗した。

このときのラー一世号は、中央アフリカのシャド湖地方に住むブドゥマ族の漁民によって造られたが、船尾の造り方と船尾の先端から後甲板に斜めに張られた一本の短い太綱をとりはずしてしまったことに失敗の原因があった。

翌一九七〇年、ヘイエルダールは、南米のチチカカ湖から連れてきたアイマラ族インディオによって、ラー二世号を建造し、大西洋横断に成功した。

一九七〇年、『葦舟ラー号航海記』（永井淳訳、草思社・一九七一年）を出版したが、その中で彼は、コン・ティキ号のときと違って、ラー号のときには古代エジプト人がその文明を大西洋上に運んだという説も持たず、それを立証するつもりもなかった、と述べる一方、「実験の目的がアフリカとアメリカの古代文明の接触を実証することである以上……」とも書いている。

一九七一年に出版された『アメリカ探求』という論集に、彼は、

「孤立論者か、拡散論者か？」

「あごひげのある神々は語る」

を寄稿し、前者においては、いんげん豆、ひょうたん、棉《わた》、バナナ、それから犬について拡散論を展開し、その拡散の手段としての葦舟について論じ、後者においては、南米のひげのある神々の人種について詳細に論じたのち、その人種が大西洋を越えて東からやって来たことを示唆《しさ》したが、「いままでのところ、孤立論者も拡散論者も、それぞれの見解を支えるだけの完全に論理的な証拠を提出できずにいるとはいえ」とことわっている。

「先コロンブス時代にあったと思われる、アメリカから、そしてアメリカへの大洋航海ルート」以下は、一九七五年、カール・イェトマルがヘイエルダールの論文を編集・出版した『海洋の道』（関楠生訳、白水社・一九七六年）に、あとのふたつは、一九七八年に出版された

『海洋の人類誌』（国分直一・木村伸義訳、法政大学出版局・一九九〇年）にも収録されている。

ヘイエルダールは、コン・ティキ号博物館に、ラー二世号を展示する新館を増築した。なお、ラー二世号の乗組員には日本人カメラマンの小原啓《おはらけい》氏が含まれ、『葦舟の冒険野郎』（毎日新聞社・一九七三年）を出版している。

英国生まれの有名な考古学者、ジェフリイ・ビビイは、『ニューヨーク・タイムズ』の『葦舟ラー号航海記』の書評のなかで、次にはメソポタミアの葦舟もテストしてみては、と挑戦した。彼と共同研究者たちは、バーレイン島の砂中に埋もれた神殿や墳墓を発掘し、五千年以上も昔の商人たちの活動や遠隔地との海上交易を実証して、文明の起源についての既成概念をゆるがせてきていた。

一九七七年、ヘイエルダールは、メソポタミアに赴《おもむ》き、五千年前の古代シュメールのベディ葦の舟を複製し、建造された場所にちなんでティグリス号と名づけ、ティグリス河とユーフラテス河の合流点、アルクルナから船出し、パキスタンを経て、アフリカのジブチまで航海した。

一九八〇年、『ティグリス号探検記』（小川英雄・田中昌太郎訳、筑摩書房・一九八一年。ちくま文庫・一九八九年）を出版したが、同書には「文明の起源を求めて」という副題がつけられている。『コン・ティキ号探検記』のちくま文庫での出版を契機に、『ティグリス号探検記』の重版を期待したい。

なお、ティグリス号には日本人カメラマンの鈴木公《とおる》氏が参加した。はじめラー二世号に乗り組んだ小原啓氏に白羽の矢が立てられたが、目の故障で参加できず、鈴木氏が選ばれたという。同氏は『古代文明の謎　葦舟チグリス号大航海』（日本テレビ放送網・一九八〇年）を出版している。

ティグリス号以後も、ヘイエルダールは、左記のように、休むことを知らない。

一九八二年以降、インド南方のモルディブ諸島の考古学的探検を行い、八五年、『モルディブの謎』（木村伸義訳、法政大学出版局・一九九五年）を出版。

一九八六〜八八年、イースター島を考古学的に探検、八九年、『イースター島　解明された謎』を出版。

一九八八年以降、ペルーのトゥクメの考古学的プロジェクトを統括、一九九五年、『トゥクメのピラミッド群　ペルーの忘れられた都市の探求』（共著）を出版。

一九九〇年以降、カナリア諸島のテネリフェ島の考古学的プロジェクトを統括。

ヘイエルダールの伝記には、左記の二点がある。

アルノルド・ヤコービー『キャプテン　コン・ティキ』（一九六五年出版。木村忠雄訳、朝日新聞社・一九六九年。社会思想社　現代教養文庫・一九七六年）

クリストファー・ラリング『コン・ティキ・マン』（一九九〇年出版。一九九一年大活字本出版）

拙訳『コン・ティキ号探検記』の最初の出版は一九五一年であったから、今年で四五年になる。その間、いろいろな形で出版され続け、今回がちょうど一〇回目に当たる。今回は、校閲部、編集部からもご助言をいただき、小改訂を行った。この機会に、最初の出版いらいお世話になった大勢の方々に厚くお礼を申し上げる次第である。

水口志計夫

トール・ヘイエルダール（1914 − 2002）

ノルウェーの動物学者で人類学者。1947年、ポリネシア人の祖先の中にはペルーから漂流してきた者もいたのではないか、という自らの仮説を立証すべく複製した古代の筏に乗ってペルーから南太平洋までの漂流を敢行。1969年には、古代エジプトの葦舟の複製ラー号に乗って太平洋横断を試みるなど、太平洋民族の研究に貴重な一石を投じた。

水口志計夫（1926 − 2005）

宮城県仙台市生まれ。1950年東京大学文学部英文学科を卒業。立教大学名誉教授。主要訳書にベネー『アメリカの歴史』、パール・バック『生きる葦』、スロックモートン『海底考古学の冒険』、アトキンソン『ユーラシア横断紀行』、ヤングハズバンド『カラコルムを越えて』、ベニョフスキー『ベニョフスキー航海記』、ディーコン『コロンブスへの挑戦』、バス『水中考古学』などがある。

［監修］ 井上靖・梅棹忠夫・前嶋信次・森本哲郎

［ブックデザイン］ 大倉真一郎

［カバー装画・肖像画・地図（見返し）］ 竹田嘉文

［編集協力］ 清水浩史

本書は『世界探検全集 14 コン・ティキ号探検記』（1978年、小社刊）を復刊したものです。本文及び訳者あとがきは小社 2013 年刊の文庫版を底本にし、新たにナビゲーションを加えました。本書には、今日の人権意識では不適切と思われる表現が使用されています。しかし、差別助長の意図がなく、資料的・歴史的価値が認められること、および著者・訳者が故人であるため表現の変更ができないことを考慮し、発表時のままといたしました。また、地名・人名をはじめとする固有名詞や用語に関しては、当時と現在とでは呼称に一部相違があるものの、前掲の事情を考慮して発表時のままといたしました。（編集部）

世界探検全集 14
コン・ティキ号探検記

2023年10月20日　初版印刷
2023年10月30日　初版発行

著　者　トール・ヘイエルダール
訳　者　水口志計夫
発行者　小野寺優
発行所　株式会社河出書房新社
〒151-0051
東京都渋谷区千駄ヶ谷2-32-2
電話 03-3404-1201（営業）
03-3404-8611（編集）
https://www.kawade.co.jp/

印　刷　株式会社亨有堂印刷所
製　本　加藤製本株式会社

Printed in Japan
ISBN978-4-309-71194-2

世界探検全集

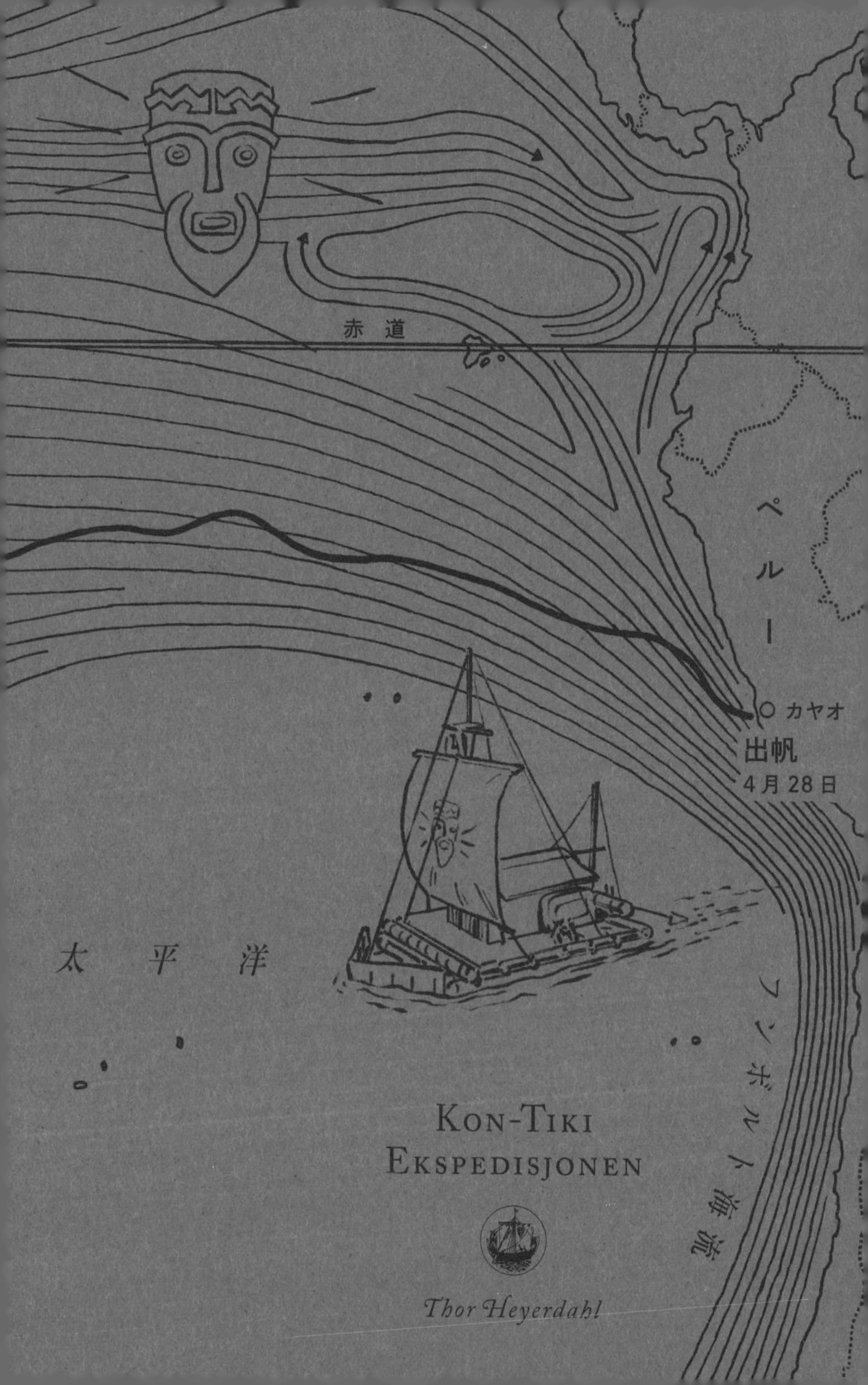
赤道
ペルー
カヤオ
出帆
4月28日
太平洋
フンボルト海流
KON-TIKI
EKSPEDISJONEN
Thor Heyerdahl